UNTERNEHMEN BARBAROSSA

DIE RUSSLAND-INVASION DER DEUTSCHEN ARMEE 1941

WILL FOWLER

UNTERNEHMEN BARBAROSSA

DIE RUSSLAND-INVASION DER DEUTSCHEN ARMEE 1941

tosa

BILDNACHWEIS:
Aerospace (War Machine): 26;
Will Fowler: 34, 45, 46, 72, 84, 85, 87, 94, 95, 101, 103, 116, 117, 119, 120, 126, 139, 141, 151, 158, 159, 163, 166, 182, 185;
Novosti: 128;
Photo: akg-images, London: 73, 156;
Photos12.com (Bertelsmann Lexikonverlag): 114–5, 145;
POPPERFOTO: 62, 64–65, 173;
Süddeutscher Verlag: 8, 40–41, 76–77, 81, 88–89, 92, 112, 121, 130, 134, 137, 142, 147;
Topham Picturepoint: 12, 14, 43, 60;
TRH Pictures: 6–7, 10, 11, 13, 17, 18, 20, 21, 25, 28, 31, 32–33, 36, 37, 39, 57, 58–59, 66, 78, 83, 91, 96, 100, 107, 108–9, 110, 124 (both), 125, 129, 132, 136, 150, 152–3, 154, 157, 162, 170, 179;
Ukrainisches Staatsarchiv: 22, 48, 50, 55, 61, 69, 71, 75, 97, 105, 122, 133, 138, 144, 149, 161, 164, 168, 169, 172, 176, 177, 180, 181, 184.

Alle Karten und Zeichnungen © Aerospace/Art-Tech

Übersetzung: Die Textwerkstatt/Caroline Klima, Werner K. Müller, Lea Susemichel
Covergestaltung: Joseph Koó
Druck: MKT Print d.d., Slovenia

www.tosa-verlag.com

Inhalt

KAPITEL EINS

EINE NEUE ORDNUNG

Ende der 30er-Jahre war Deutschland wieder voller Selbstvertrauen. Das Land hatte die Schmach der Niederlage von 1918 überwunden und spielte eine bedeutende Rolle in der Weltpolitik. Die Deutschen erkannten, dass Adolf Hitler, der Führer der nun herrschenden Nazi-Partei, dies zu Wege gebracht hatte. Er hatte die Wehrpflicht wieder eingeführt und aufgerüstet, sodass seine Feinde – Frankreich und England – Deutschland ernst nehmen mussten.

EUROPA BADETE IM SONNENSCHEIN des Spätsommers 1939 und die Bevölkerung genoss die letzten Wochen eines Jahres in angespanntem Frieden. Dieser sollte bald zerbrechen und einem fünfjährigen Krieg weichen, der den Charakter des ganzen Kontinents für immer verändern sollte.

Die Berliner wanderten teils in die Sanddünen der Havelseen im Westen der Stadt aus, teils zogen sie sich in den kühlen Grunewald zurück. An der Ostseeküste aalte man sich in der Sonne und genoss das Angebot von „Kraft-durch-Freude"-Ferien. Die Jungen waren in Lagern der Hitler-Jugend, die Mädchen in denen des Bundes Deutscher Mädel, in anregender Umgebung in der freien Natur, was ihre Eltern in den trostlosen 20er-Jahren nie hatten erleben können. Deutschland genoss nun das so genannte Führer-Wetter als stolze, kraftvolle und zuversichtliche Nation, im Gegensatz zu der gedemütigten, bankrotten und dekadenten Nachkriegsrepublik, die im provinziellen Badeort Weimar residierte und

Links: Auf dem Nürnberger Parteitag nimmt Adolf Hitler den Massenaufmarsch der SA (Sturmabteilung) in ihren typischen braunen Uniformen ab. Die SA half ihm 1933 an die Macht, aber danach wurden ihre Anführer in der so genannten „Nacht der langen Messer" liquidiert.

unter Kriegsschulden und Reparationen litt, die der Versailler Vertrag ihr auferlegt hatte.

1933 war die Nationalsozialistische Deutsche Arbeiterpartei (NSDAP) an die Macht gekommen. Geleitet wurde sie von einem Veteranen, der an der Westfront gedient hatte. Er sprach die nationale Stimmung aus Scham und Zorn an und verband seinen Groll mit einem Ruf nach einer besseren Welt, indem er seine Zuhörer mit einer vagen, aber eingängigen Mischung aus Nationalismus, Rassismus und Mythos bearbeitete. In Reden und Schriften walzte er in den 20er- und 30er-Jahren seinen Antisemitismus, seine Verachtung für die Demokratie und seinen Hass auf den Bolschewismus aus, was seine Zuhörer begeisterte. Die Kommunisten hätten Deutschland im Ersten Weltkrieg zu Fall gebracht und wollten nun ganz Europa versklaven. Die Demokratie war für zwei Wirtschaftskrisen verantwortlich, wodurch die hart arbeitenden Deutschen verarmten. Es war Zeit für eine neue Ordnung.

Unten: Ein Berliner Polizist versucht in den 20er-Jahren, eine aufgebrachte Menge unter Kontrolle zu halten. Die Inflation hatte den Wert der Mark zerstört und selbst die Mittelklasse radikalisiert, die bald der eingängigen Rhetorik der Nazis und der Kommunisten verfallen sollte.

Der Mann, der sich diese Mischung aus Wut und Verbitterung zu Nutze machte, war ein Österreicher, ein Amateur-Künstler, der seine Einberufung zur österreichisch-ungarischen Armee umgangen, sich aber 1914 freiwillig zur deutschen Armee gemeldet hatte. Sein Name war Adolf Hitler.

AUFEINANDERPRALL DER IDEOLOGIEN

Aber sein politischer Stil hatte einen starken Rivalen. Nach dem Ersten Weltkrieg, in dem die Monarchien und der Kapitalismus im schlimmsten Krieg aufeinander geprallt waren, den die Welt je erlebt hatte, sahen viele Europäer im Kommunismus eine Bewegung zum Guten und einen Glauben an etwas Größeres als das Individuum, der im religiösen Fundamentalismus des 21. Jahrhunderts ein Echo finden sollte. Für die Komintern, die kommunistische Internationale, eine Bewegung ohne nationale Grenzen, konnte kein Opfer zu groß sein. Kommunistische Sympathisanten, die als Spione im besetzten Europa und in England lebten, unterstützten Moskau loyal und effektiv. Um 1939 schien vielen Konservativen die Komintern als etwas Bedrohliches, sodass der Faschismus vielen als eine attraktive Alternative im Totalitarismus erschien.

Die Angst vor dem Marxismus sowie der Antisemitismus wurden durch die jüdische Herkunft von Revolutionären wie Leo Trotzki, geborener Lew Dawidow Bronstein, genährt, sowie des in Deutschland geborenen Karl Marx, dessen Familie vom Judentum zum Christentum übergetreten war. Nach 1918 verbreitete die „Dolchstoßlegende" die Ansicht, Deutschland sei durch Juden, Verräter und Sozialdemokraten von innen heraus und nicht auf dem Schlachtfeld besiegt worden. Es gab linke Aufstände unter der Führung von bolschewistischen Revolutionären wie Rosa Luxemburg in Berlin und Kurt Eisner in München; beide wurden 1919 ermordet und als antideutsche jüdische Agitatoren dargestellt.

Obwohl es deutsche Kommunisten gab, übte Hitler zwölf Jahre lang eine fast hypnotische Macht über Deutschland, seine Militär- und Wirtschaftsführer aus, die mit vielversprechenden Aussichten auf eine bessere Zukunft begann und zu den Ruinen von 1945 und einer schlimmeren Niederlage als 1918 führte. In den 20er-Jahren konnte jedoch nichts so schlimm sein wie die Schande, die Inflation und die Armut, die im einst so stolzen Deutschland residierten.

In seinem Streben nach politischer Macht wandte Hitler sowohl demokratische Vorgehensweisen wie illegale Methoden an, um diese bedrückende Stimmung für sich auszunutzen. Ausgehend von einem der großen Münchner Bierkeller versuchte er am 23. November 1923 einen Staatsstreich gegen die bayrische Landesregierung, der jedoch fehlschlug und 19 Todesopfer forderte. Hitler wurde verhaftet und in der Festung Landsberg festgesetzt, wo er Besucher empfing und Zeit fand, sein politisches Vermächtnis, „Mein Kampf", zu diktieren. In der Weimarer Republik lieferten sich in den 20er-Jahren die Braunhemden der paramilitärischen Sturmabteilung (SA) unter der Führung des ehemaligen Soldaten Ernst Röhm Straßenschlachten mit den Kommunisten (KPD) und deren paramilitärischer Organisation, dem Rotfrontkämpferbund (RFB).

Die SA sprengte KPD-Versammlungen und schüchterte rivalisierende Politiker ein. Für Hitler wurde die SA jedoch bald überflüssig. In der „Nacht der langen Messer" oder der „Blutreinigung" am 30. Juni 1934 benutzte Hitler seine Schutzstaffel (SS) aus 280 Mann, die 1929 zu seinem persönlichen Schutz aufgestellt worden war, zur Eliminierung der SA-Führung. Die Wehrmacht lehnte Röhms Absicht ab, alle bewaffneten Streitkräfte in die SA zu übernehmen. Hitler wusste nur zu genau, dass er die Wehrmacht mehr brauchte als die aufwieglerische SA.

NATIONALSOZIALISTISCHE AUTOPRODUKTION

Der Volkswagen, der ursprünglich KdF-Wagen heißen sollte, wurde 1933–34 von Dr. Ferdinand Porsche entworfen, damals Entwicklungsingenieur bei Daimler-Benz, Stuttgart. Es gibt Berichte, dass Hitler die Entwicklungskriterien für den robusten, käferförmigen Viersitzer festgelegt habe. Es sollte ein billiges Auto werden, welches sich jeder Arbeiter über eine wöchentliche Ratenzahlung leisten können sollte. Bis zu dieser Zeit waren Autos ein Luxus. Hitler kündigte das Projekt 1935 an und am 26. Mai wurde der Grundstein für die Fabrik bei Fallersleben nahe Braunschweig gelegt, in der das Auto gebaut werden sollte. Mehr als 330.000 Arbeiter schrieben sich mit einem Finanzvolumen von 280 Millionen Reichsmark ein. Pilotmodelle wurden gebaut, aber während des Krieges musste die Fabrik die PKW-Typen 62 und 82 (Kübelwagen) bauen; dieser war ein Vierrad-Geländewagen, quasi ein deutscher Jeep. Einige der VW-Käfer, die während des Krieges gebaut wurden, fanden in der Armee als 4x2-le-PKW-Typ 82E/Typ51-Limousine Verwendung. Nach dem Krieg half die britische Militärregierung der Fabrik wieder auf die Beine, um Arbeitsplätze zu schaffen. In Westdeutschland wurde die Produktion erst 1974 eingestellt, doch wurde der Käfer in einem VW-Werk in Mexiko weiter produziert, weil er guten Absatz in den USA fand. Der letzte Käfer lief im Juni 2003 in Mexiko vom Band.

Oben: Eingerahmt von hohen Nazifunktionären nimmt Adolf Hitler in den Straßen von Nürnberg die Parade von SA-Kolonnen ab. Das Ritual, die Disziplin und der Prunk beeindruckten viele Deutsche, die sich nach einer Welt der Ordnung und Sicherheit sehnten.

DAS NEUE DEUTSCHLAND

In den frühen 30er-Jahren konnte sich niemand vorstellen, dass die Nazi-Regierung eine monolithische Organisation mit Hitler als „Führer" an der Spitze werden würde, mit acht Verwaltungs- oder Kontrollebenen unter ihm. Von der Spitze bis zum einfachen Mitglied, dem Parteigenossen, war jeder Mann und jede Frau stolze nationalsozialistische Deutsche, Bürger des Dritten Reiches. Dieses absorbierte und durchdrang jeden gesellschaftlichen Aspekt mit dem Gedanken der Gleichschaltung, von den Gewerkschaften bis hin zu akademischen und beruflichen Verbänden. Das vielleicht bizarrste und beängstigendste Beispiel war die Neugestaltung des Wappens der deutschen Jägerschaft. Der ursprüngliche Entwurf, welcher auf die alte christliche Hubertussage zurückging, zeigte einen Hirschkopf mit einem Kreuz im Geweih. Nach 1933 wurde das Kreuz zum Hakenkreuz stilisiert. Letzteres stammt aus dem 4. Jahrhundert v. Chr. und wurde auf der Spitze stehend von den Nazis übernommen; in Kombination mit dem Adler wurde es zum Symbol des deutschen Staates. In der Nazi-Mystik war es ein arisches Symbol und die Vision der Arier – blond, blauäugig, nordisch – stand an der Spitze der Rassenbewertung.

Zwischen den Weltkriegen gab es in Deutschland zahlreiche kirchliche und soziale Jugendbewegungen für Jungen

> Im Westen waren die Armeen zu groß für das Land.
> Im Osten war das Land zu groß für die Armeen.
>
> *Winston Churchill, 1931*

> 1933/34 kam Hitler wie der rettende Ritter an die Macht; wir dachten, dass Deutschland nichts Besseres passieren konnte, nachdem wir gesehen hatten, dass er etwas gegen die Arbeitslosigkeit, die Korruption usw. unternahm.
>
> *Bernhard Schmitt*

und Mädchen, die aber alle in der Hitlerjugend (HJ) für die Jungen und im Bund deutscher Mädel (BdM) aufgingen. Die HJ war im Rahmen der Gleichschaltung innerhalb von zwei Jahren von einer Organisation mit 100.000 Mitgliedern auf das 33-fache angewachsen und wurde damit zur größten Jugendbewegung der westlichen Welt.

Im Juni 1935 wurde das Gesetz zur Schaffung des Reichsarbeitsdienstes (RAD) erlassen. Demnach waren alle körperlich gesunden deutschen Männer zwischen 19 und 25 verpflichtet, einen Arbeitseinsatz von sechs Monaten zu absolvieren. Große Bauprojekte und Arbeit in der Landwirtschaft waren die Aufgaben des RAD, der in Wirklichkeit ein Programm zur Körperertüchtigung für den späteren Militärdienst darstellte.

Mit dem Ausbau des Reichsautobahnnetzes hatte man schon vor dem Aufstieg der Nazis begonnen, er wurde aber nach 1933 erheblich beschleunigt. 6.900 km wurden projektiert und am 23. Januar 1933 vollführte Hitler den ersten Spatenstich für die Strecke von Frankfurt nach Darmstadt. Im Dezember 1938 waren in etwa 3.000 km vollendet. Die meis-

Unten: Mädchen des „Bundes deutscher Mädel" (BdM) auf einem Marsch im Sommerlager. Wie schön auch Kampieren und Aktivitäten im Freien gewesen sein mögen, der BdM sollte eine politisch korrekte Einstellung, ausgerichtet auf Ehe und Mutterschaft, fördern.

Oben: Polizisten umstellen einen älteren jüdischen Ladeninhaber nach der Zerstörung jüdischen Eigentums in der Kristallnacht im November 1938. Damit begannen Repressalien, die in den 40er-Jahren mit Deportationen und Gaskammern in den Konzentrationslagern endeten.

ten Autobahnen waren 24 m breit und in zwei Bahnen von je 7,5 m geteilt. In der Mitte lag ein 5 m breiter Grünstreifen und je ein Seitenstreifen von 2 m Breite auf jeder Seite der Fahrbahnen. Letztere trugen eine 20 cm dicke Betondecke und waren in die Landschaft eingepasst; einen besonderen Schwerpunkt bildeten die Brückenkonstruktionen. Das Bauprogramm war Bestandteil eines größeren Programms zum Abbau der Arbeitslosigkeit und Tausende arbeitslose Männer wurden zu den Baustellen geschickt. Die Löhne waren niedrig und die Männer lebten in Baracken entlang der Autobahn.

AUFBLÜHENDE WIRTSCHAFT

Ein „Arbeitsbeschaffungsprogramm" hatte die Arbeitslosigkeit in Deutschland drastisch reduziert, welche im Juni 1933 durch 5,4 Millionen Arbeitslose gekennzeichnet war. Arbeitsprogramme waren auch schon von der verachteten Weimarer Republik aufgestellt worden, aber die Nazis ernteten das Lob dafür, weil sie die Zahl der Arbeitslosen drastisch senken konnten. Die Zahl der Arbeitslosen fiel von Jahr zu Jahr; gleichzeitig stiegen die Wirtschaftskraft und das nationale Selbstwertgefühl:

Januar 1934: 3,7 Millionen Arbeitslose
Januar 1935: 2,9 Millionen
Januar 1936: 2,5 Millionen
Januar 1937: 1,8 Millionen

Ein Übungs- und Wiederbewaffnungsprogramm, das man vor Juni 1933 betrieben hatte, wurde nun publik gemacht und die kleine Reichswehr wurde zur Wehrmacht. 1935 wurde schließlich auch die allgemeine Wehrpflicht wieder einge-

REICHSWEHR

Die Entwaffnung der alten kaiserlichen Armee nach 1918 war eigentlich ein Vorteil, da die neue Streitmacht dadurch nicht mit veralteten Waffen und Ausrüstung belastet wurde, sondern auf klarer Basis neu aufbauen konnte. Von 1919 bis 1935 firmierte das deutsche Militär unter der Bezeichnung Reichswehr. Nach dem Versailler Vertrag war sie auf eine Armee von 100.000 Mann und eine Marine von 15.000 Mann beschränkt; eine Luftwaffe war verboten.

Die Reichswehr mag klein gewesen sein, bestand aber aus erfahrenen und begeisterten Soldaten, die begierig waren, neue Ideen und Taktiken unter Einsatz von Panzern und Luftwaffe zu erproben. Diese Männer waren handverlesen und sollten den Kern der 1935 gegründeten Wehrmacht bilden.

Die Stabsoffiziere fochten Kriegsspiele auf dem Kartentisch aus und schickten Soldaten und Fahrzeuge ins Gelände, um mit Panzern, bestehend aus PKWs mit Papp-Aufbauten, zu üben. Schon vor der Nazizeit hatte die Reichswehr geheime Kontakte zur Roten Armee: Von 1924 an trainierten Panzerbesatzungen in der UdSSR in der Nähe des Flusses Karma und ab 1930 gesellten sich auch Flugzeugbesatzungen dazu. Geheime Bewaffnungsprogramme liefen ebenfalls unter Verwendung von Produktionsstätten in neutralen Staaten wie Schweden und der Schweiz. In einer Rede vor seinen Generälen am 3. Februar 1933 versprach Hitler ein Aufrüstungsprogramm. Die Wehrpflicht wurde am 16. März 1935 eingeführt und die Streitkräfte in Wehrmacht umbenannt.

führt; ein Jahr später erhielt die Armee neue Ausgeh- und Felduniformen.

In Nazideutschland gab es Arbeit, aber auch organisierte Freizeit. Die NS-Gemeinschaft „Kraft durch Freude" (KdF) war eine Erholungsorganisation zur Hebung der Moral in der Arbeiterschaft. Unter der Führung von Robert Ley, der für sein ausschweifendes Leben und seinen Antisemitismus bekannt war, wurde die KdF nach dem Vorbild der italienisch-faschistischen *Dopo Lavoro* aufgezogen und zuerst mit „Nach der Arbeit" bezeichnet. Daraus wurde schließlich eine große Freizeitorganisation mit zwei neuen Kreuzfahrtschiffen, Ferienlagern, verbilligten Theaterkarten und dem Volkswagen. Letzterer überlebte als der berühmte VW-Käfer als Einziger den Krieg.

Für Außenstehende erschien Deutschland ungeheuer dynamisch und stark. Einige ausländische Besucher empfanden die Atmosphäre jedoch nicht als die einer friedvollen Nation, sondern einer, die sich auf einen neuen Krieg vorbereitete.

Und es gab einen noch dunkleren Aspekt. Wenige Tage nach der Machtergreifung organisierten die Nazis in der Nacht vom 10. Mai in gespenstischen Szenarien die Bücherverbrennung, die rituelle Zerstörung von Büchern von „degenerierten und jüdischen Literaten", die in große Feuer geworfen wurden, die vor den Bibliotheken deutscher Universitäten brannten.

ANTISEMITISMUS

Die ersten antisemitischen Gesetze wurden im September 1935 erlassen, nachdem schon zwei Jahre zuvor zum Boykott jüdischer Läden aufgerufen worden war. Die Geschäfte wurden mit Hakenkreuzen und antisemitischen Parolen beschmiert und SA-Männer standen zur Abschreckung der Käufer davor. Im November 1935 definierte das Reichsstaatsangehörigkeitsgesetz, wer ein Jude oder Mischling war. Im April 1938 musste alles jüdische Eigentum registriert und im Juni alle jüdischen Läden erfasst werden. Ab Oktober wurde in Pässe jüdischer Bürger ein „J" gestempelt. In der „Kristallnacht" im November 1938 wurden Synagogen und jüdische Geschäfte zerstört und mehr als 20.000 Juden interniert. Mit Ausbruch des Krieges wurde über die Juden ein Ausgangsverbot verhängt. Die ersten Deportationen begannen 1940 und ab September 1941 mussten alle Juden einen gelben Stoffstern tragen.

Links: Das Plakat für einen Film über die Berliner Olympiade 1936. Die Spiele liefen mit deutscher Perfektion ab. Nur der sportliche Erfolg des schwarzen Amerikaners Jesse Owens strafte das Nazikonzept der rassischen Überlegenheit Lügen.

Sobald die Nazis an die Macht kamen, gab es die ersten Anzeichen dafür, was kommen sollte. Die SA, die Polizei und sogar höhere Nazis schufen so genannte „Wilde Lager" oder „Wilde KZs", die ersten Konzentrationslager. Die meisten wurden nach dem Abebben der ersten Verhaftungswelle wieder geschlossen. Der deutschen Öffentlichkeit erklärte man, dass diese Lager der Aufrechterhaltung der öffentlichen Ordnung und der Sicherheit dienten und laut Artikel 48 der Weimarer Verfassung legal seien. Das Gesetz vom 28. Februar 1933 hob konstitutionelle Klauseln auf und gestattete es, Dissidenten in Schutzhaft zu nehmen. In Wirklichkeit gaben die Lager den SA-Männern die Gelegenheit, an ihren Feinden Rache zu nehmen und sie zu erpressen.

DIE WIEDERBESETZUNG DES RHEINLANDES

Drei Jahre nach der Machtübernahme festigte Hitler seine Popularität unter den Deutschen durch die Wiederbesetzung des Rheinlandes. Dies war sein erster außenpolitischer Coup. Als Rheinland galt ein 60 km breiter Streifen östlich des Rheins mit den Städten Köln, Düsseldorf und Bonn und das gesamte linksrheinische Gebiet. Es war seit 1918 als Folge des Versailler Vertrages, ratifiziert im Pakt von Locarno, demilitarisiert. Am 7. März 1936 befahl Hitler einer Division deutscher Truppen im Rahmen einer Operation mit dem Decknamen *Winterübung*, das Rheinland zu besetzen. Er führte an,

Unten: Die Enigma-Verschlüsselungsmaschine, die von den deutschen Streitkräften und der Polizei zum Chiffrieren von Funksprüchen verwendet wurde. Nach der Codierung gab es hunderte Millionen Kombinationen und es schien unmöglich, den Code zu knacken.

ENIGMA (ULTRA)

1923 entwickelte der deutsche Ingenieur Arthur Scherbius aus einem Konzept des Holländers H. A. Koch die Enigma-Verschlüsselungsmaschine, die eine Schreibmaschinentastatur hatte und für den kommerziellen Markt gedacht war. Die deutsche Armee und die Marine erkannten ihr Potenzial und kauften sie 1929. In ihrer einfachsten Version gab es für jeden Buchstaben, den sie verschickte, Hunderte Millionen Lösungen. Die Deutschen waren fest überzeugt, dass das Verfahren absolut sicher war. Zu ihrem Pech übersahen sie, dass die Zahl der Buchstaben im Alphabet begrenzt ist, kein Buchstabe allein steht und die Maschine keine Zifferntasten hatte, sodass Zahlen ausbuchstabiert werden mussten. So lasen die Polen schon 1932 Funksprüche, der französische Geheimdienst 1938 und die Briten ab 1940. Den Briten, die eine spezielle Dechiffrierabteilung in Bletchley Park einrichteten, war die Geheimhaltung des Projektes so wichtig, dass sie sie als „Ultra Secret" bezeichneten; das Projekt wurde zu „ULTRA".

Am 19. Juli 1941 entschied Premierminister W. Churchill, dass Erkenntnisse aus ULTRA dem sowjetischen Oberkommando über die britische Militärmission in Moskau mitgeteilt werden sollten. Die Daten sollten aus einer verlässlichen Quelle in Berlin stammen. Am Abend des 25. August beschuldigte Churchill via Rundfunk die Deutschen der gnadenlosen Schlächterei im Osten. Man hatte Enigma-Berichte der Einsatzgruppen über ihre Aktionen an das SD-Hauptquartier in Berlin aufgefangen und die traurigen Details an den Premierminister weitergeleitet. Churchill berichtete über ihre Operationen und betonte, dass es seit dem Einfall der Mongolen in Europa im 14. Jahrhundert keine so methodische und gnadenlose Vernichtung von Menschen in solchem Umfange mehr gegeben habe. Er mag riskiert haben, damit das ULTRA-Geheimnis aufzudecken, aber sein Zorn über die selbstzufriedenen Berichte der Mörder in den Einsatzgruppen zwang ihn, zu sprechen.

dass ein französisch-sowjetischer Pakt das Abkommen von Locarno gebrochen habe und er sich deshalb nicht mehr an den Vertrag gebunden fühle. Er setzte auf die pazifistischen Strömungen in Frankreich und England und bot zur Beschwichtigung einen 25-jährigen Nichtangriffspakt mit Frankreich, Holland und Belgien an, der von England und Italien garantiert werden sollte. Viele hohe Militärberater rieten Hitler, nicht ins Rheinland einzumarschieren, weil sie wussten, dass die Wehrmacht einem konzertierten Angriff der Engländer, Belgier und Franzosen nicht gewachsen war. Der glückliche Ausgang der Aktion überzeugte ihn jedoch, dass es sich lohnte, den Westen zu weiteren Zugeständnissen zu bringen, während er seine Macht über das Militär vergrößerte.

Während wir vorher nur selten einen vernünftigen Fußball zum Spielen hatten, versorgte uns die HJ mit Sportgerät und vorher völlig unerreichbaren Turnhallen, Schwimmbecken und selbst Stadien, die uns nun offen standen. Nie hatte ich bislang richtige Ferien erlebt, mein Vater war viel zu arm für solche Extravaganzen. Jetzt unter Hitler konnte ich für sehr wenig Geld an wundervollen Ferienlagern in den Bergen, an Flüssen oder an der See teilnehmen.

Heinrich Metelmann

OLYMPISCHE ERFOLGE

Für die XI. Olympischen Spiele in Berlin investierte die Regierung den Gegenwert von 15 Millionen Pfund in neun Arenen, darunter ein großartiges Stadion. Am Eröffnungstag brüllten 110.000 Zuschauer begeisterte, als Hans Woellke Gold für Deutschland im Kugelstoßen errang. Siegten Sportler aus anderen Ländern, verließ Hitler desillusioniert das Stadion; er fühlte sich besonders beleidigt, als der schwarze amerikanische Athlet Jesse Owens vier Goldmedaillen beim Laufen und Springen errang. Trotz dieser Begleiterscheinung waren die Spiele für die neue deutsche Regierung ein Erfolg, da man die meisten Medaillen gewonnen hatte. Leni Riefenstahls international anerkannter Film über die Spiele feierte die solide, selbstsichere Gemeinschaft, welche diese Spiele inszeniert hatte.

Am 12. März 1938 ließ Hitler seine nächste territoriale Annexion folgen, als die Wehrmacht die Operation *Otto* durchführte, den Anschluss Österreichs an Deutschland. Das Unternehmen wurde nach Otto von Habsburg benannt, dem jungen Thronfolger, der im Exil in Belgien lebte. Maßnahmen zur Verhinderung seiner Inthronisation gaben den Deckmantel für die bewaffnete Intervention ab. In Wirklichkeit war es eine Invasion mit Hilfe österreichischer Nazis unter der Führung des Rechtsanwalts und Politikers Arthur Seyß-Inquart, der Probleme schürte und die Regierung des Kanzlers Kurt Schuschnigg untergrub. Seyß-Inquart war ein Verfechter des

Anschlusses und stand mit nationalistischen Vereinigungen wie der Österreichisch-Deutschen Nationalliga und dem paramilitärischen Steirischen Heimatschutz in engem Kontakt.

Am 30. September 1938 unterschrieben Deutschland, Italien, Frankreich und England das Münchener Abkommen, laut dem das deutschsprachige Sudetenland der Tschechoslowakei an Deutschland fiel. Im August hatte Hitler mobilisiert und gedroht, die Tschechen wegen angeblich übler Behandlung der Sudetendeutschen anzugreifen. Die britischen und französischen Premierminister Chamberlain und Daladier hatten etliche Treffen, in welchen sie, von Hitler unter Druck gesetzt, ihrerseits die Tschechen unter Druck setzten. In München wurde eine modifizierte Version von Hitlers Forderungen akzeptiert. Durch Chamberlains Beschwichtigungspolitik konnte Hitler über seine Generäle triumphieren, die geglaubt hatten, dieses Mal würden Frankreich und England des Führers Bluff durchschauen. Die Briten hatten Zeit gewonnen, ihre Rüstung aufzubauen und sich auf den Krieg vorzubereiten, der ein Jahr später kommen sollte.

DAS VERÄNDERTE GESICHT DES KRIEGES

Nach dem Münchener Abkommen begannen England, Frankreich und Polen wegen der gemeinsamen Bedrohung durch Nazideutschland, die deutsche Enigma-Verschlüsselung zu knacken. Hierbei handelte es sich um eine rasche mechanische Verschlüsselung von Funksprüchen. Die deutschen Streitkräfte glaubten, die Maschine sei durch die veränderbaren Einstellungen absolut sicher.

Im Juli 1936 brach in Spanien der Bürgerkrieg zwischen den Republikanern, die Hilfe von Europa und der UdSSR erwarteten, und den Nationalisten unter General Franco aus, der von Nazideutschland und dem faschistischen Italien unterstützt wurde. Für die Sowjets, die Italiener und die Deutschen bot der Konflikt die Möglichkeit, ihre Theorien über den Panzer- und Luftkrieg zu testen. Die Sowjets lieferten den Republikanern 730 Panzer Vickers T-26s und einige neue BT-Panzer mit der amerikanischen Christie-Aufhängung, während die Deutschen den Panzer I und die Italiener den kleinen Fiat-Ansaldo CV33 an die Nationalisten schickten.

Am 29. Oktober unternahm der Sowjet-General Pawlow, der für die Republikaner arbeitete, einen tiefen Vorstoß mit 50 Panzern bei Esquivias. Er versuchte es im März 1937 bei Guadalajara noch einmal. Beide Versuche scheiterten an mangelnder Unterstützung und fehlender Logistik, sodass viele Beobachter folgerten, Panzer sollten im Tempo der Infanterie operieren und nicht tiefe Vorstöße unternehmen.

In der UdSSR arbeitete unterdessen ein Entwicklungsteam unter M. I. Koschkin, A. A. Morozow und N. A. Kutscherenko Pläne für einen mittelschweren Panzer aus, der die schnellen BT-Panzer ersetzen sollte. Er sollte mit der Christie-Aufhängung, breiten Ketten, schräger Panzerung und einer 76-mm-Kanone ausgestattet sein. Unter der Bezeichnung T-34 sollte er die Panzerkriegsführung für immer verändern.

Die Deutschen lernten durch ihre Legion Kondor viel über den Wert, aber auch über die Grenzen der Luftkriegsführung. Die brutalste Demonstration war der Angriff auf die unverteidigte baskische Stadt Guernica am 26. April. Für die Welt war dies ein Willkürakt. Neun Maschinen warfen 7.950 kg Bomben ab, die militärische Ziele außerhalb der Stadt treffen sollten. Die Zahl der Opfer ist widersprüchlich; manche Quellen sprechen von 100, andere von 1.600 Toten. Außer Zweifel steht, dass 71 % der Stadt zerstört wurden. Guernica zeigte, dass taktische und später strategische Bombardements ein zweischneidiges Schwert sein können; wenn sie das Ziel verfehlen, erhalten sie meist eine schlechte Presse.

Im März 1939 annektierten die Deutschen die Tschechoslowakei und konnten die exzellenten einheimischen Panzer Skoda LT-35 und Ceskomoravska Kolben Danek (CDK) LT Vz 38 in ihren Bestand gepanzerter Fahrzeuge aufnehmen. Die Tschechen hatten Panzer nach Schweden, Ungarn, Jugoslawien, Litauen und sogar nach Afghanistan und Peru geliefert. Die Wehrmacht bekam ungefähr 300 LT-

LEGION KONDOR

Der Spanische Bürgerkrieg begann 1936 und die Deutschen setzten Ju-52-Transporter ein, um Francos 15.000 spanische Legionäre aus Marokko nach Spanien zu bringen. In dem Maße, wie sich der Krieg ausdehnte, nahm auch das deutsche Engagement zu; bis zu seinem Ende 1939 hatten die 6.000 Mann der Panzer- und Flugzeugbesatzungen sowie Logistiker, die nach dem Rotationsprinzip abgestellt wurden, 420 Tote zu beklagen. Als sie im Sommer 1939 auf einem KdF-Dampfer nach Hause kamen, fand in Berlin eine Parade statt, bei welcher goldene Tafeln mit den Namen der Toten der Legion mitgeführt wurden. Für die Luftwaffe war der Spanische Bürgerkrieg ein exzellenter Übungsplatz für die Ju-87-Stuka und die Sturzflugtaktik. Die Piloten der Me109 Bf machten ihre ersten Erfahrungen im Luftkampf. Auf dem Boden entdeckten die Mannschaften der 8,8-cm-Flak, dass ihre Kanone aufgrund ihrer ballistischen Stärke eine höchst effektive Panzerabwehrkanone war – und dies sollte im ganzen Zweiten Weltkrieg so bleiben.

35, die unter der Bezeichnung PzKpfw 35(t) eine eigene Panzerdivision bildeten. Zwei weitere Divisionen wurden auf der Basis des außergewöhnlichen LT Vz 38 (PzKpfw 38 [t]) aufgestellt. Sie bildeten eine wertvolle Ergänzung zu den leichten PzKpfw I und II sowie dem mittelschweren Panzer III und zu den wenigen PzKpfw IV-Panzern, aus denen die Panzerdivisionen bestanden.

„FRIEDE IN UNSERER ZEIT"

Am 20. August 1939 telegrafierte Hitler an Josef Stalin, den Führer der Sowjetunion, und bat ihn um eine Übereinkunft bezüglich der „sich zuspitzenden Lage in Polen". Für viele Deutsche war der Kontakt mit der finsteren, destruktiven Sowjetunion eine erschreckende Überraschung, ja sogar ein übler Verrat. Drei Tage später unterzeichneten der deutsche Außenminister Joachim von Ribbentrop und der sowjetische Minister Wjatscheslaw Molotow vor den Kameras der Wochenschau in Moskau den deutsch-sowjetischen Nichtangriffspakt. Der Pakt wurde mit Champagner besiegelt. Stalin erschien auf den Fotos lächelnd im Hintergrund mit einem Glas in der Hand. Die Nazis waren Erzfeinde für russische

Unten: Unter dem Jubel der Menge rücken deutsche Truppen in voller Marschausrüstung 1938 in Österreich ein. Vielen Österreichern war der Anschluss sehr willkommen, weil der Nachbar im Norden stark war und eine Führungsposition im Europa der 30er-Jahre innehatte.

Kommunisten und ihre bolschewistischen Freunde in Europa. Einfache Nazis waren verwirrt, konservative Deutsche schockiert und die Kommunisten in Europa, von denen viele gegen die Faschisten in Spanien gekämpft hatten, erschüttert. Die übrigen Deutschen atmeten auf, ähnlich wie die Engländer, als ihr Premier Neville Chamberlain im September 1938 aus München zurückkam und dem Land versicherte, dass man sich des Friedens in unserer Zeit erfreuen dürfe.

Der Pakt mit Stalin bedeutete, dass Deutschland nicht an zwei Fronten kämpfen musste wie im Ersten Weltkrieg. Ein seltsames Ergebnis des Paktes war auch, dass nun einige loyale Kommunisten in Frankreich und England meinten, sie müssten Nazideutschland in einem besseren Licht sehen; sie unterstützten bis zum 22. Juni 1941 deshalb kaum die Kriegsbemühungen der Alliierten. Der deutsch-sowjetische Pakt vom August 1939 mag die Nazis geschockt und die Loyalität der Kommunisten weltweit auf eine harte Probe gestellt haben, er ebnete allerdings den beiden Ländern den Einmarsch in Polen. Der Pakt sah vor:

1. Keine Partei greift die andere an.
2. Sollte eine von beiden Parteien das Ziel kriegerischer Aktionen einer dritten Kraft werden, würde die andere Partei die dritte Kraft in keiner Weise unterstützen.
3. Weder Deutschland noch die UdSSR würden sich an Gruppierungen beteiligen, die gleich in welcher Weise direkt oder indirekt gegen den anderen gerichtet waren.

Dem Pakt wurde ein Geheimprotokoll beigefügt, in dem die Interessensphären in Polen und im Baltikum festgelegt wurden. Die UdSSR erhob Ansprüche auf Finnland, Estland, Lettland und Litauen. In Polen sollte der sowjetische Einfluss bis an die Linie der Flüsse Narew, Weichsel und San reichen. Brutal pragmatisch hatte sich Hitler rückversi-

Lasst uns annehmen, Hitler richtet seine Waffen gegen den Osten und marschiert in Gebiete der Roten Armee ein. Dann würden die Partisanen der Vierten Internationale – ohne ihre Einstellung zur Kremel-Oligarchie zu ändern – in die vorderste Front treten, weil das wichtigste Gebot der Stunde der militärische Widerstand gegen Hitler wäre. Die Arbeiter werden sagen: „Wir können Hitler nicht gestatten, Stalin zu stürzen, dies ist *unsere eigene Aufgabe*."

Leo Trotzki
25. September 1939

Links: Piloten der Messerschmidt Bf 109 C der Legion Kondor erhalten ihre morgendliche Instruktion in Spanien. Die Luftwaffe machte im Spanischen Bürgerkrieg wertvolle Erfahrungen zu Taktik und Einsatz der Waffen.

chert, dass die UdSSR den Polen nicht helfen würde. Für Frankreich und England war dieser Angriff sein letzter fataler Zug.

In der Verpflichtung, Polen laut Vertrag vom 23. August zu helfen, erklärte England Deutschland am 3. September um 11 Uhr den Krieg. Frankreichs Kriegserklärung erfolgte um 17 Uhr. In England stellte man die Radios auf die Landeswelle ein und hörte Premierminister Neville Chamberlain seinen Hörern erklären, dass die britische Regierung Deutschland aufgefordert habe, seine Truppen aus Polen zurückzuziehen. Resigniert beendete er seine Rede mit dem Satz: „Eine Antwort der deutschen Regierung ist bisher nicht eingegangen, sodass nunmehr ein Kriegszustand zwischen Deutschland und England besteht."

Oben: Der tschechische PzKpfw 38 (t) war mit einer 37-mm-Kanone und zwei 7,92-mm-Maschinengewehren bewaffnet. Der wendige Panzer wog 9.400 kg und hatte eine Maximalgeschwindigkeit von 42 km/h. Sein Aktionsradius betrug 250 km.

Die polnischen Armeen waren gemäß Plan Z oder „West" an der Grenze linear aufgestellt – eine schlechtere Abwehrstellung gegen einen Panzerangriff mit gut koordinierter Luftunterstützung konnte es kaum geben. Die polnischen Strategen hofften, dass die Engländer und Franzosen Deutschland im Westen angreifen und so den Druck auf Polen verringern würden. Die Felder Polens boten kaum natürliche Hindernisse zum Aufbau einer Verteidigung, nur Flüsse wie Bzura, Narew, Bug und Weichsel waren größere Barrieren.

BLITZKRIEG

Gemäß dem Plan *Fall Weiß* überschritten am 1. September 1939 vier deutsche Armeen die polnische Grenze und schnitten in großen Zangenbewegungen die polnischen Armeen entlang der Grenze vom Hinterland ab. In vier Wochen hatten die Deutschen mit der 3. und 4. Armee der Heeresgruppe Nord unter General Fedor von Bock und der 8., 10. und 14. Armee unter General Gerd von Rundstedt die Polen besiegt. Der Zusammenbruch wurde allerdings durch die Invasion der Rote Armee am 17. September in Ostpolen beschleunigt. Warschau kapitulierte am 27. September, der letzte Widerstand erlosch am 5. Oktober. Der Feldzug kostete die Deutschen 8.082 Tote, 27.278 Verwundete und 5.029 Vermisste. Die Polen verzeichneten 70.000 Tote und 130.000 Verwundete.

Die deutschen und sowjetischen Truppen trafen sich bei Brest-Litowsk, einer polnischen Stadt am Zusammenfluss von Bug und Muchaviec. Es war für beide Armeen eine Gelegenheit, sich aus der Nähe zu begutachten. Die Deutschen waren wenig beeindruckt. Ein Veteran, der als junger Artillerie-Unteroffizier gedient hatte, erinnerte sich nach dem Krieg: „Die Russen machten einen armen Eindruck. Ihre Fahrzeuge, besonders die Panzer, waren ... ein Haufen öliger Schrott."

Konventionelle Stellungen, wie von den Polen verwendet, bestanden aus Infanterie in Gräben und Bunkern, Artillerie dahinter für den Feuerschutz und mobilen Reserven dahinter, um Löcher zu schließen oder Durchbrüche des Feindes zu stoppen. Das Tempo, in dem Polen besiegt wurde, entsetzte die Alliierten und Neutralen. Zur Beschreibung verwendete ein Journalist, der über den Krieg berichtete, den Ausdruck, der jetzt allgemein verwendet wird: „Blitzkrieg". In einem Kriegsbericht hatte Eugene Hadamovsky die Operationen als „Blitzmarsch nach Warschau" bezeichnet und da-

PzKpfw 38(t)

In der Tschechoslowakei als TNH/PS oder LT Vz 38 für die tschechische Armee gebaut, wurde er von den Deutschen nach der Annexion des Landes übernommen. Der Panzer hatte ursprünglich drei Mann Besatzung, aber durch Senkung der Munitionsaufnahme schafften die Deutschen Platz für einen vierten Mann, der als Ladeschütze die Bedienung des Turmgeschützes erleichterte. Der 38 (t) wurde in Polen, Frankreich und der UdSSR eingesetzt; das Chassis wurde für einige Geschütze auf Selbstfahrlafetten verwendet. Als 1942 die Produktion eingestellt wurde, waren rund 1.168 Stück vom Band gerollt.

Oben: Stalin lächelt, als sein Außenminister Molotow am 28. August 1939 den deutsch-sowjetischen Nichtangriffspakt unterzeichnet. Der deutsche Außenminister von Ribbentrop steht während der Zeremonie in Moskau neben Stalin. Die Unterschriften ebneten beiden Staaten den Weg, Polen zwischen sich aufzuteilen.

raus entstand das Wort „Blitzkrieg". Die Nazi-Propagandisten erkennten das Potenzial dieses Wortes sofort: es war neu, voll Dramatik und für den Feind furchterregend.

In den folgenden Jahren sollte der Blitzkrieg die taktische Gewinnformel werden, mit der die deutschen Streitkräfte diese festen Stellungen durchbrachen, um bis vor die Tore Moskaus und Kairos zu kommen. Für die Taktik brauchte man gut ausgebildete und ausgerüstete Soldaten in Panzern und Halbkettenfahrzeug-Transportern vom Typ SdKfz 251, unterstützt von Messerschmidt Bf 109 und Sturzkampfbombern wie Ju 87 Stuka, die alle eng kooperierten. Ein effizienter Funkkontakt ermöglichte es diesen Einheiten, rasch zu reagieren, die Initiative an sich zu reißen und zu behalten.

Zu Beginn einer Offensive griffen konventionelle Truppen mit Artillerie im Schlepptau den Feind auf breiter Front an. Frontalangriffe waren am wenigsten geschätzt, weil sie auf die am stärksten befestigten Stellungen der Feinde trafen, aber sie banden seine Truppen. Dann griffen an unerwarteten Stellen nach kurzem, aber intensivem Luft- und Artillerieeinsatz die Panzerdivisionen an, die die feindlichen Stellungen durchbrachen. Diese Punkte höchsten Drucks, häufig relativ schmale Abschnitte, wurden zum „Schwerpunkt". Wenn die Front durchbrochen war, stießen mehr Panzer und Transporter durch die Lücke, gefolgt von motorisierter Infanterie, in den Rücken des Feindes, von schnellen Aufklärungsfahrzeugen geleitet, die Lücken in den feindlichen Stellungen oder unbewachte Brücken fanden. Das Tempo brachte den Gegner aus dem Gleichgewicht. Die Panzerdivisionen scherten dann aus, um die Gegner in großen Kesseln einzuschließen.

Ständige intensive Luftangriffe hinderten den Feind daran, Truppen und Fahrzeuge zu bewegen, zerstörten Verbindungen, Hauptquartiere und Nachschublager. Sturzkampfbomber fungierten als fliegende Artillerie für die Panzer, die mit ihnen auf dem Vormarsch Schritt halten konnte. In den Kesseln wurden die feindlichen Einheiten mit Artilleriefeuer eingedeckt, während die konventionelle Infanterie die Schlinge um die Eingeschlossenen enger zog.

Die französische und die englische Regierung sahen verblüfft zu, wie Polen fiel; sie schickten nur kleine Patrouillen los, um die deutschen Grenzbefestigungen zu sondieren. Diese Zeit wurde als „Drôle de Guerre" oder, von einem US-Kongressmann, als „Schein-Krieg" bezeichnet.

SOWJETISCHE AMBITIONEN

Der sowjetische Führer Josef Stalin hatte mit von Ribbentrop abgesprochen, dass die baltischen Staaten Estland, Lettland und Litauen im sowjetischen Einflussbereich lagen. Im Oktober 1939 wurde der gegenseitige Beistandspakt zwischen der UdSSR und Lettland geschlossen. Im Juni 1940 annektierte die UdSSR mühelos die drei kleinen baltischen Staaten, während die Welt die deutsche Invasion im Westen verfolgte.

Finnland war dagegen ein anderes Kaliber. Stalin betrachtete die Nähe der befestigten finnischen Grenze als eine Bedrohung für Leningrad, die zweitgrößte Stadt der UdSSR. Er bot einen gegenseitigen Beistandspakt an, für den Finnland die Gegend des karelischen Isthmus an Russland abtreten sollte. Finnland lehnte beides ab und am 30. November 1939 fiel die Rote Armee in Finnland ein.

Im bitterkalten Winter brachten 15 finnische Divisionen 45 russischen, die über Land und über das Wasser angegriffen hatten, eine empfindliche Niederlage bei. Bei Suomussalmi in Karelien führten zahlenmäßig unterlegene Finnen auf Skiern gegen die 163. und 44. Division am 5. Januar 1940 einen Gegenangriff und vernichteten sie. Deutsche Stabsoffiziere verfolgten die inkompetente Vorstellung der russischen Divisionen und schlossen daraus, dass die UdSSR ein leichtes Opfer für ihre Panzerdivisionen sein würde.

Unten: Männer der Waffen-SS gehen im September 1939 bei einem Straßenkampf in Socharzow in Polen in Deckung. Die Armee behandelte die Waffen-SS zunächst geringschätzig; sie erwarb sich aber bald den Ruf einer rücksichtslosen Kampforganisation, besonders im Osten.

Links: Soldaten der 123. Lenin-Banner-Infanteriedivision, einer der Einheiten, welche die Mannerheim-Linie in Finnland durchbrachen. Der jüngere Mann vorne rechts trägt ein besonderes Zeichen am Ärmel, welches ihn als Politoffizier der Division oder Kommissar ausweist.

Die schlechten Leistungen der Roten Armee waren nicht zuletzt die Folge von Stalins Säuberungen. In seiner Paranoia hielt Stalin 1938 Schauprozesse in Moskau ab, in denen fast 10.000 höhere Offiziere wegen Verrat angeklagt wurden. Die meisten „gestanden", wurden für schuldig befunden und exekutiert oder ins Arbeitslager (*Gulag*) nach Sibirien geschickt.

Unter den vielen erfahrenen und talentierten Kommandeuren, die die Rote Armee verloren hatte, war auch Marschall Michail Tuchatschewskij, der Vater der sowjetischen Panzerarmee. Er entstammte einer aristokratischen Familie und geriet als Leutnant bei den Kämpfen um Warschau 1915 in deutsche Gefangenschaft. Diese Zeit mag ihn radikalisiert haben, denn nach der Revolution wurde er Kommunist. Leo Trotzki, der die Rote Armee aufbaute, erkannte Tuchatschewskijs Talent und der ehemalige Zaren-Offizier erwies sich als fähiger Kommandeur. Seine Verbindung zu Trotzki, der sich mit Stalin überwarf und 1929 ins Exil floh, führte zu seinem eigenen Fall, aber sein Erbe lebte weiter, da er den Grundstein für die Entwicklung des legendären T-34 Panzers gelegt hatte. Viele Offiziere aus seinem Umfeld, die die Grundzüge des Panzerkrieges mitbekommen hatten, wurden aus den Gulags entlassen, als die Deutschen die UdSSR angegriffen hatten. Sie brachten auf allen Ebenen Professionalität und gesunde Militärdoktrin in die Rote Armee und kauften sich damit in den Augen der politischen Führer frei.

Trotz großer Verluste konnte Anfang 1940 die verstärkte sowjetische Nordwestfront mit der 7. und 13. Armee unter General Merestokow die finnischen Stellungen der Mannerheim-Linie durchbrechen. Das kleine Land wurde danach einzig durch die Überzahl bezwungen. Schließlich zwang die Sowjetunion Baron Carl Mannerheim, den 72-jährigen finnischen Premier, am 12. März 1940 zur Kapitulation. Der Krieg hatte die Sowjets 200.000 Mann, fast 700 Flugzeuge und 1.600 Panzer gekostet. Die Finnen verloren 25.000 Mann.

SdKfz 251-HALBKETTENFAHRZEUG

Die Planung des ausgezeichneten SdKfz-251-Halbkettenfahrzeugs, das die Panzergrenadiere zum Einsatzort brachte, begann 1935; bei der Einführung der Ausführung D im Jahre 1943 waren von Borgward und Hanomag 2.650 Fahrzeuge produziert worden. Es war ein beliebtes, vielseitiges Fahrzeug, wenn auch der Zugang zum Motor problematisch war. Es fand Verwendung als Plattform für Waffen, Kommandostellen und Ambulanzfahrzeuge und inspirierte das amerikanische M3-Halbkettenfahrzeug.

DER VORSTOSS IN DEN WESTEN

Frankreich und England waren dabei, den Finnen mit Truppen zu Hilfe zu kommen, als die Entwicklung anderswo andere Wege nahm. Am 9. April um 4.15 Uhr startete unter dem Namen *Weserübung* die deutsche Invasion von Dänemark und Norwegen: Zwei motorisierte Brigadegruppen überfuhren die dänische Grenze. Unterstützt von Fallschirmjäger- und Luftlandeaktionen auf den Flugplätzen von Ålborg in Nordjütland und den wichtigsten Brücken zwischen den Inseln wurde das Land rasch überrollt. Dänemark war das Sprungbrett für die deutsche Invasion in Norwegen.

Die Truppen, deren Aufgabe die Invasion Norwegens war, unterstanden dem Kommando von Generaloberst von Falkenhorst und gliederten sich in fünf Gruppen: Gruppe 1 landete in Narvik im Norden, Gruppe 2 bei Trondheim, Gruppe 3 bei Bergen, Gruppe 4 bei Kristiansand und die 5. bei Oslo, der norwegischen Hauptstadt, wo sie von Luftlandeeinheiten unterstützt werden sollten. Südnorwegen fiel rasch, aber in Narvik erreichten französische, britische und norwegische Truppen ein Patt, wobei sie schwere Verluste auf

Das ausgezeichnete deutsche SdKfz-251-Halbkettenfahrzeug. Bei zwei Mann Besatzung nahm es zehn Soldaten auf, konnte auf der Straße 52 km/h fahren und hatte einen Aktionsradius von 180 km. An die 22 Versionen wurden für verschiedene Zwecke gebaut.

BMW R-75 MOTORRAD-KOMBINATION

Die BMW R-75 mit 750 ccm und Seitenwagen war eine Spezialkonstruktion für das Militär, von der die Bayrischen Motorenwerke, München, zwischen 1940 und 1944 16.510 Stück baute. Die Besatzung bestand aus zwei oder drei Mann; hinzu kam ein Ersatzrad am Beiwagen sowie Doppelpacktaschen für Werkzeug und Munition. Ein MG 34 oder 42 konnte an einem Stab am Beiwagen montiert werden, wodurch das R-75 eine beachtliche Feuerkraft erhielt.

Die R-75 war ein Verbindungsfahrzeug zum Transport höherer Offiziere, aber auch zur Aufklärung. Motorrad-Aufklärungseinheiten in ihren gummierten Umhängen und mit Schutzbrillen an ihren Helmen wurden zum Symbol des Blitzkrieges in Europa und Russland. Sie mögen eindrucksvoll ausgesehen haben, aber nach einem Tag im Einsatz konnten die Fahrer ziemlich müde sein, da das Fahrzeug einen Sprungfedersattel hatte.

Auf einem doppelten Rohrschleifenrahmen montiert, wurde das Motorrad samt Seitenwagen durch einen mit Kardanwelle und Kreuzspindel ausgestatteten Motor mit vier Gängen und einem Rückwärtsgang angetrieben. Es verfügte über ein feststellbares Differenzial und hydraulische Bremsen an den Antriebsrädern, eine mechanische Bremse am Vorderrad und eine wartungsfreie vordere Teleskopgabel. Es war nicht das erste Motorrad mit einer Teleskop-Frontgabel, aber das erste mit hydraulischer Dämpfung in Serienproduktion. Das Fahrzeug wurde von einem 2,4-l-BMW-Zweizylinder-Viertakt-Benzinmotor mit 746 ccm getrieben, mit 26 PS bei 4.400 U/min, für heutige Verhältnisse ein mittleres Kraftverhältnis.

Sein Gesamtgewicht belief sich auf 420 kg, 670 kg mit Beiwagen. Die maximale Straßengeschwindigkeit betrug 92 km/h mit Beiwagen, der Aktionsradius betrug 340 km. Dieser konnte durch zusätzliche Kanister am Beiwagen auf 800 km ausgedehnt werden. Die kleinen Gänge erlaubten der BMW, praktisch überall zu fahren. Bis zur Entwicklung von leichten Vierradantriebsfahrzeugen war dieses Motorrad das beste Allweg-Fahrzeug. In der Hand erfahrener Fahrer waren sowohl die BMW als auch die ähnlich gebaute Zündapp KS 750 sehr effiziente Fahrzeuge, aber ohne intensives Training des Fahrers konnten beide für Fahrer und Beifahrer gefährlich werden. Sie gehörten auch zu den aufwändigsten Militärkrafträdern, die je gebaut wurden. Dies und die Kosten waren Gründe, warum ihre Herstellung vor 1945 eingestellt wurde.

Für die extreme Kälte an der Ostfront wurde der Auspuff mit einem hochgezogenen einzelnen Schalldämpfer und Wärmetauscher versehen, der einen Strom warmer Luft über Füße und Hände des Fahrers und in den Seitenwagen schickte. Eines der Originalkonzepte für beide Motorräder sah vor, dass sie leichte Feldkanonen für die Fallschirmjäger ziehen sollten. Ihr Gewicht hob aber das Vorderrad in die Höhe. Sie konnten jedoch einfache Zweirad-Anhänger ziehen.

See verursachten. Nur der Angriff auf Frankreich rettete die deutschen Gebirgs- und Fallschirmjäger vor der Niederlage.

Am 10. Mai 1940 startete *Plan Gelb*, der lang erwartete Angriff auf Frankreich und die Niederlande, mit einer neuen Waffe, den Fallschirmjägern, neben konventioneller Infanterie. Die Deutschen begannen mit Luftangriffen auf holländische und belgische Flugplätze und Fallschirmjägereinsätzen auf die Brücken von Moerdijk und Rotterdam sowie den Sitz der holländischen Regierung in Den Haag. Als die Brücken in deutscher Hand waren, wurde Hollands Flussverteidigungssystem durchbrochen und nach schweren Luftangriffen auf Rotterdam kapitulierten die Holländer am 14. Mai. Das 1. deutsche Fallschirmjägerregiment, eine Elite-Einheit, landete in zehn Lastenseglern in der belgischen Festung Eben Emael, das die Ostgrenze des Landes bewachen sollte, und schaltete es mit revolutionär geformten Sprengladungen aus.

In einer vorgeplanten Operation marschierten britische und französische Truppen nordwärts nach Belgien, mit dem Ziel, den deutschen Angriff auf Holland und Belgien zu beschränken. Sie wussten nicht, dass sich die deutschen Panzer und Panzergrenadiere mit Unterstützung der Luftwaffe durch Südbelgien und Luxemburg gekämpft und das Ostufer der Maas bei Sedan erreicht hatten.

General Heinz Guderian, der Kommandeur des XIX. Panzerkorps, wusste, wie wichtig es war, die Franzosen unter Druck zu halten. Als seine Panzer mit Hilfe der Stukas des VIII. Fliegerkorps unter General Wolfram von Richthofen den Fluss erreichten, setzte er seine Sturmtruppen ein, überquerte ihn am folgenden Tage und eroberte das westliche Steilufer. Bis zum Abend hatten seine Pioniere trotz zeitweiligen Artilleriebeschusses Brücken gebaut und damit der 1., 5.

Rechts: Eine deutsche Aufklärungsschwadron mit Motorrädern und Panzerspähwagen vom Typ SdKfz 222 pausiert in einer französischen Stadt. Die BMW R-75 konnte mit Beiwagen maximal 95 km/h fahren und hatte einen Aktionsradius von 340 km.

Oben: Obwohl 1940 schon veraltet, setzte man den PzKpfw I, ein Übungsfahrzeug mit schwacher Zwillings-MG-Bewaffnung, noch bei der Invasion in Frankreich ein. Ein Jahr später kam er auch noch bei Barbarossa *zum Einsatz, doch war hier das Gelände ganz anders.*

und 10. Panzerdivision den Weg bereitet. Bei Monthermé im Norden hatte das XLI. Panzerkorps unter Reinhardt am 15. Mai einen Brückenkopf gebildet und die 6. und 8. Panzerdivision steuerten auf die Küste zu. Bei Dinant und Onhaye hatte das XV. Panzerkorps schon am 14. Mai die Maas überschritten. Die Aufklärungseinheiten von General Erwin Rommels 7. Panzerdivision fanden ein unbewachtes Wehr und steuerten ihre Motorräder vorsichtig über den Fußgänger-Übergang. Die 5. Panzerdivision folgte dem Zug nach Westen. Im Norden bog das XVI. Panzerkorps unter General Erich Höppner, der eigentlich zur Heeresgruppe B gehörte, nach links durch Belgien nach Frankreich.

INS MEER GEWORFEN

Am 16. Mai war der deutsche Vorstoß 20 bis 40 km tief. Bei Montcornet gab es eine kurze Verzögerung, als eine französische Panzerdivision unter General de Gaulle einen Gegenangriff versuchte. Die Aisne und die Somme deckten die linke Flanke der Deutschen auf ihrem Marsch nach Westen. Am 20. Mai erreichten die Panzer und Motorräder der 2. Panzerdivision die Küste bei Noyelles; die Falle war zugeschnappt und die britischen und französischen Truppen waren bei Dünkirchen zur See hin eingeschlossen.

Die britischen Expeditionsstreitkräfte (BEF), die belgische Armee und die 1. französische Armee waren an der Kanalküste um Dünkirchen eingekesselt. Ursprünglich erstreckte sich der Kessel, der von Panzern der Heeresgruppe A und von Infanterie der Heeresgruppe B abgeriegelt wurde, im Westen von Gravelines an der Küste bis nach Ostende jenseits der belgischen Grenze im Osten und im Landesinneren bis nach Valenciennes. Nach der Kapitulation Belgiens schrumpfte er jedoch rapide auf ein Gebiet von 50 mal 50 km zusammen.

Die Operation *Dynamo*, die Evakuierung der BEF von den Stränden um und in Dünkirchen durch die Royal Navy begann am 26. Mai um 19 Uhr und endete am 4. Juni um 3.40 Uhr. Mehr als 1.000 Schiffe kamen zum Einsatz, auch Privatjachten, Fischkutter und kleinere Kriegsschiffe wie Zerstörer. Ca. 338.000 britische und französische Soldaten wurden nach England gebracht, wobei sechs britische und drei französische Zerstörer versenkt und 19 beschädigt sowie 56 andere Schiffe und 161 kleinere Boote versenkt wurden. In Luftkämpfen verlor die Royal Airforce über 100 Jagdflugzeuge und schoss etwa die gleiche Zahl ab. Die Aktion war möglich geworden, da ULTRA den Briten verraten hatte, dass die Panzer auf Hitlers Befehl den Kessel nicht eliminieren würden.

Am 20. Mai ersetzte General Maxime Weygand Gamelin und stellte die französische 2., 6., 7. und 10. Armee an der Somme neu auf. Als die Deutschen am 5. Juni *Fall Rot* – die zweite Phase des Angriffs auf Frankreich – starteten, kämpften die Franzosen tapfer, waren nun jedoch erheblich geschwächt. Wenn das XIV. oder XVI. Panzerkorps auf Widerstand stieß, verlegte das OKW sie einfach und sie brachen weiter südlich durch. An der Kanalküste überschritten die 5. und 7. Panzerdivision die Seine bei Rouen und erreichten Cherbourg und Brest am 19. Juni.

Die französische Regierung verließ Paris, die Stadt wurde zur offenen Stadt erklärt und die Deutschen marschierten am 19. Juni ein. Guderians Panzer erreichten am 17. Juni Pontarlier an der Schweizer Grenze und schnitten die französische Armeegruppe 2 unter General Prételat von der Maginot-Linie ab. Am 22. Juni unterzeichneten die Franzosen die Kapitulation in einem Eisenbahnwagen in Compiègne, 100 km nordöstlich von Paris. Es war eine symbolische Rache auf Hitlers Befehl; es war der gleiche Wagen, in dem der französische Marschall Foch die Kapitulation der deutschen Armeen im November 1918 entgegengenommen hatte.

Unten: Der PzKpfw II war mit einer 2-cm-Kanone und einem 7,92-mm-Maschinengewehr ausgerüstet. Seine Besatzung bestand aus drei Mann; der Panzer blieb bis 1942 in Produktion. Danach wurde nur noch sein Chassis für eine Reihe von Selbstfahrlafetten verwendet.

ITALIENISCHE SCHLAPPEN

Einer der Nutznießer des deutschen Sieges über Frankreich war das faschistische Italien. Am 10. Juni hatte Benito Mussolini, der selbsternannte „Duce“, Frankreich und England den Krieg erklärt. Obwohl seine Angriffe in Südfrankreich scheiterten, brachte er es doch zustande, sich einige französische Gebiete anzueignen, nachdem der Kampf vorbei war.

Von seiner nordafrikanischen Kolonie Libyen aus startete Italien nun einen Angriff auf das britisch besetzte Ägypten. Die Operation lief langsam an und bei einem gewagten Gegenangriff warf eine zahlenmäßig weit unterlegene Einheit aus britischen und Commonwealth-Truppen unter General Sir Archibald Wavell die Italiener aus Ägypten hinaus und weit nach Libyen zurück. Bis Anfang Februar 1941 hatten die Italiener 20.000 Mann, 200 Geschütze und 120 Panzer gegen eine Truppe von weniger als 3.000 Mann verloren.

Nicht zum ersten Mal musste Deutschland seinen unzuverlässigen Partner heraushauen. Am 12. Februar landete das Deutsche Afrikakorps (DAK), bestehend aus der 15. Panzer- und 5. Leichten (später 21. Panzer-) Division, zur Unterstützung der Italiener in Tripolis. Ihr Kommandeur war der aktive und energische Generalleutnant Erwin Rommel, der angriff, bevor seine Einheiten überhaupt vollständig waren.

Einige Monate vorher, am 28. Oktober 1940, meldete Mussolini an Hitler: „Führer, wir sind auf dem Marsch!“ und informierte ihn, dass die italienischen Streitkräfte in Albanien Griechenland angegriffen hätten. Einen Tag später trafen sich die beiden Führer am Brennerpass. Hitler, obwohl wegen der nicht erfolgten Konsultation wütend, bot Mussolini deutsche Militärhilfe an. Der Duce lehnte ab, weil er den Balkan als sein Interessengebiet betrachtete.

Um 5.30 Uhr rückten sechs italienische Divisionen der 11. und 9. Armee unter General Visconti-Prasca bei miserablem Wetter in vier Stoßkeilen in die griechischen Berge ein. In Begleitung albanischer Einheiten und Freiwilliger waren sie angeblich zur Befreiung von in Griechenland lebenden Albanern aufgebrochen. Ihnen gegenüber

standen vier Divisionen der 1. griechischen Armee. Die Griechen erschienen in Unterzahl, ihre Divisionen waren aber mit 18.500 Mann größer als die italienischen mit 12.000 bis 14.000. Sie verfügten auch über eine bessere leichte und mittlere Artillerie und hatten mehr Maschinengewehre.

Der italienische Vormarsch wurde gestoppt und am 4. November griff das II. Korps unter Oberst Papadopoulos die 11. italienische Armee unter General Gelsos an. Die griechische Armee aus Mazedonien brachte der italienischen Elite-Gebirgsdivision Julia eine vernichtende Niederlage bei. Die griechischen Einheiten eroberten die Grenzgebiete und drängten die Italiener zurück nach Albanien. Mitte November hatten sie elf Infanteriedivisionen, zwei Infanteriebrigaden und eine Kavalleriedivision gegen 25 Infanterie- und eine Panzerdivision der Italiener im Einsatz. Mussolinis Generäle warnten den Duce, so spät im Jahr in so unwegsamem Gelände anzugreifen, und sein Generalstabschef Pietro Badoglio trat aus Protest zurück. Am 4. Dezember schlug der Unterstaatssekretär im Kriegsministerium, General Ubaldo Suddo, einen Waffenstillstand vor. Am 23. Februar 1941 akzeptierte die griechische Regierung unter Alexandros Korizis ein britisches Angebot für Militärhilfe. Dieses so genannte W-Korps unter General Maitland Wilson bestand aus 50.672 Mann aus der Neuseeland-Division sowie der 6. und 7. australischen Division des I. australischen Korps unter Generalleutnant Blamey. Hinzu kam Panzer- und Artillerieunterstützung aus dem Kommando im Mittleren Osten von General Wavell in Ägypten. Am 1. März standen griechische Truppen in Schussweite vor der albanischen Hauptstadt Tirana und drei Tage später landete das W-Korps in Piräus, dem Hafen von Athen.

Jenseits des Mittelmeeres durchbrachen die Deutschen die britischen Stellungen bei Al Ageila, und als sich die erschöpften britischen Einheiten zurückzogen, konnte das DAK tief in die Wüste vorstoßen. Bengasi fiel am 4. April, Derna am 7., und Rommel hatte am 25. April die ägyptische Grenze erreicht. Die deutschen und italienischen Einheiten waren jedoch nicht stark genug, um den Hafen Tobruk einzunehmen, der sechs Monate bis zu seinem Entsatz aushielt.

Hitlers Pläne für den Einmarsch in die Sowjetunion waren schon weit gediehen, als ihn die Nachricht erreichte, dass das W-Korps in Griechenland landete. Er befürchtete sofort, dass seine rechte Flanke gefährdet sei. Rumänien versorgte damals Deutschland mit Treibstoff und Öl aus den Ölfeldern von

Links: In einer Szene, die aus dem Französisch-Preußischen Krieg stammen könnte, nimmt General Kurt von Briesen am 14. Juni 1940 in Paris die Parade einer berittenen Artillerie-Einheit ab, die eine der Straßen hinabzieht, die sternförmig vom Arc de Triomphe ausgehen.

Ploësti, die von Bombern aus dem feindlichen Griechenland leicht zu erreichen waren.

1939 hatte Deutschland 861.600 Tonnen Erdöl aus Rumänien importiert. Diese Zahl stieg 1940 auf 1.196.000 Tonnen, die, mit 626.900 Tonnen aus Russland ergänzt, die Flugzeuge und Panzer versorgten, die im Frühling dieses Jahres durch Westeuropa brausten. Im Jahr darauf stieg der Import trotz der Invasion in Russland auf die Rekordmarke von 3.011.000 Tonnen. Der schnellste und effektivste Weg, die Bedrohung von Ploësti aus der Luft zu beseitigen, bestand darin, Griechenland zu neutralisieren. Hitlers ursprünglicher Operationsplan vom 13. Dezember 1940 sah die Besetzung der ägäischen Küste und des Saloniki-Beckens vor. Am Ende sollten die Deutschen und ihre italienischen Verbündeten nicht nur das Festland, sondern auch die vorgelagerten Inseln besetzen.

DER BALKANFELDZUG

Für den Weg nach Süden brauchten die Deutschen ein passives oder kooperatives Jugoslawien. Die Regierung in Belgrad wurde gezwungen, mit den Deutschen und Italienern am 25. März den Dreimächtepakt abzuschließen. Zwei Tage später vollführten jedoch serbische Luftwaffenoffiziere, vom englischen Außenministerium ermuntert, einen Staatsstreich gegen die Regierung von Prinz Paul und setzten eine Regierung der nationalen Einheit unter General Dusan Simovic mit dem 17-jährigen Prinzen Peter als Monarch ein.

Hitler war aufgebracht. Für ihn war der Pakt absolut vernünftig, denn Jugoslawien gewährte den deutschen Truppen freien Durchzug zum Angriff auf Griechenland und durfte sich dafür die Provinz Saloniki einverleiben. Er ordnete einen Luftangriff – die Operation *Bestrafung* – auf die ungeschützte Stadt Belgrad an. Am 6. April (Ostersonntag) um 5.10 Uhr griff die Luftflotte von General Löhr die jugoslawischen Flughäfen an. Die in drei Wellen angreifenden 484 Bomber und Sturzkampfbomber mit 250 Begleitjägern trafen Belgrad im 20-Minuten-Takt. Die Zahl der Toten in der offenen Stadt variiert zwischen 5.000 und 17.000; es ist nur sicher, dass der junge König und seine Regierung in Panik gerieten und flüchteten. Der jugoslawische Aufmarschplan „R-41“ spielte den Deutschen genau wie der polnische 1939

STURZKAMPFFLUGZEUG – STUKA

Das Junkers-Ju-87-Sturzkampfflugzeug oder Stuka war eine gefürchtete Waffe im Arsenal der Luftwaffe. Gegen befestigte Ziele trug der Stuka eine einzelne SC-500-Bombe, während er für Feldbefestigungen oder „weiche“ Ziele mit einer SC-250 unter dem Rumpf und vier SC-50 unter den Flügeln bestückt war. Was den Stuka so wirkungsvoll machte, war die Präzision. Ein geübter Pilot konnte 50 % seiner Bomben mit einer Streuung von 25 m um das Zentrum eines Zieles platzieren. Beim Anflug auf ein Ziel flog man in „Ketten“, einer Dreier-Formation in 4.570 m Höhe bei 241 km/h. Größere Formationen bestanden aus mehreren Ketten im Abstand von 274 m. Die maximale Formationsgröße war gewöhnlich die „Gruppe“ aus 30 Maschinen. Kleinere Ziele flog man in Staffelformation an, während Flächenziele wie Häfen von den Piloten in Kettenformation durch einfaches Absenken der Nase angesteuert wurden.

Das Zeichen zum Angriff gab der Formationskapitän, wennn er zum Sturzflug von 80° ansetzte. Die Piloten schalteten die Sturzflugbremsen ein, sodass die Maschine nur langsam unterhalb von 2.483 m ihre Maximalgeschwindigkeit von 563 km/h erreichte. Ein Sturzflug aus 4.500 m Höhe bis zur Abwurfhöhe von 900 m dauerte ca. 30 Sekunden und in dieser Zeit musste der Pilot sein Flugzeug so ausrichten, dass sein Ziel im Zentrum seines Visiers blieb. Ein akustisches Signal vom Höhenmesser ertönte vier Sekunden, bevor die Ausklinkhöhe erreicht war, und stoppte bei Erreichen dieser Höhe, wo der Pilot einen Knopf am Steuerknüppel drückte. Dieser stellte das Trimmruder zurück auf neutral und die Maschine fing den Sturzflug langsam ab. Die größte Bombe schwang nun an ihrem Träger vorwärts und löste sich zusammen mit den weiteren Bomben. Bei einigen Piloten führte die große Belastung der g-Kräfte eine Darmentleerung oder Erbrechen aus. Das Geräusch eines stürzenden Flugzeuges war an sich schon furchterregend, aber um den Psychoterror ihres Angriffs noch zu verstärken, schalteten die Piloten eine windgetriebene Sirene ein, die ihnen den Spitznamen „Jericho-Trompeten“ einbrachte.

Die Piloten waren nicht die Einzigen, die die Anspannung beim Fliegen der Ju 87 erlebten. Als die mondäne deutsche Filmschauspielerin Olga Tschechowa einen Stuka durch einen magenumdrehenden Flug „taufte“, taumelte sie nach der Landung mit grünem Gesicht und kurz vor dem Erbrechen aus dem Cockpit. Die peinliche Szene wurde von dem schnell reagierenden Staffelkommandeur gerettet, der sich umdrehte und den Befehl schmetterte: „Die Staffel kehrt! – Ein Lied: zwo, drei, vier ...“

Links: Junkers Ju 87 Stukas gehen vor dem Angriff in Linienformation. Der Lärm der Maschinen, verstärkt vom Heulen der windgetriebenen Sirene, machte einen Stuka-Angriff zum Schrecken, selbst für Männer mit stärksten Nerven.

in die Hände. Er sah die Verteidigung der Gesamtlänge der Grenze vor, wozu die gesamte Armee von 27 Divisionen gebraucht wurde. Die einzige Offensivoperation, die in Betracht kam, war ein Einsatz zusammen mit den Griechen an der albanischen Grenze gegen die Italiener.

Die 2. deutsche Armee unter General Freiherr von Weichs griff von Österreich aus an, während Panzergruppe 1 unter General von Kleist, die für den Angriff auf Thrakien vorgesehen war, von Bulgarien aus auf Belgrad vorstieß. In kurzem Kampf zerschlugen die Panzergruppen den rechten Flügel der jugoslawischen 5. Armee. Tags darauf nahm man Nis ein und schwenkte zum Angriff auf Belgrad ein, indem man durch die 6. jugoslawische Armee hindurchfuhr, die das Morava-Tal besetzt hielt. Das XIV. Panzerkorps erreichte Skopje am 8. April. Die 12. deutsche Armee griff Thrakien an und schickte das XL. Panzerkorps westwärts durch das Vardar-Gebiet in Südjugoslawien, das nach Mazedonien und zur Monastir-Schlucht führte. Am 10. April stieß man auf die italienischen Einheiten am Ohrid-See und gruppierte sich für den Angriff auf Griechenland vom Norden aus. In Bulgarien stationierte Luftwaffenbomber griffen den Piräus an und trafen den Frachter *SS Clan Fraser*, der mit Munition für das britische Expeditionskorps beladen war. Die Explosion zerstörte den Hafen.

Am 12. April marschierten die deutschen und italienischen Truppen in Richtung Griechenland. Das italienische V., VI. und XI. Korps wurde von der Luftflotte IV unterstützt, die die 7. jugoslawische Armee und Truppenansammlungen um Ljubljana angriff. Die Italiener trafen kaum auf Widerstand des Feindes, der versuchte, sich nach Südwesten abzusetzen. Ca. 30.000 Jugoslawen warteten bei Delnice, um sich den Italienern zu ergeben. In einem gewagten Handstreich wurde Belgrad am 13. April von einer Motorrad-Aufklärungseinheit der Waffen-SS-Division „Das Reich", einem Teil der 2. SS-Infanteriedivision, eingenommen.

Der letzte Vorstoß dieses Feldzuges richtete sich gegen die historische Stadt Sarajewo. General von Weichs war klar, dass das Bergland in der Region für eine Verzögerungskampagne ideal sein würde. Die Deutschen waren durch schlechtes Wetter und schlechte Straßen aufgehalten worden, und falls die Jugoslawen in den Bergen mehr Widerstand leisteten, konnte sich der Kampf über Monate hinziehen. Die 2. Armee war in zwei Verfolgungseinheiten aufgeteilt worden, die Druck auf die Jugoslawen ausüben sollten. Unter dem Kommando des kürzlich angekommenen HQ des LII. Infanteriekorps, bestand die westliche Gruppe aus vier Infanteriedivisionen im XLIX. und LI. Korps sowie der 14. Panzerdivision. Die östliche Gruppe bestand aus sechs Divisionen, von denen die 8. Panzerdivision den Vorstoß in Richtung Sarajewo aus dem Osten anführte. Luftflotte IV sollte die erwarteten Truppenkonzentrationen im Mostar-Sarajewo-Gebiet neutralisieren.

Als sich die 14. Panzerdivision am Abend des 13. April Sarajewo näherte, hörte man von Kämpfen zwischen Serben und Kroaten in Mostar. Deutsche Flugzeuge wurden abgestellt, den kroatischen Verbündeten zu helfen und die Serben anzugreifen. Am nächsten Tag breitete sich der Kampf zwischen diesen Gruppen über ganz Dalmatien aus. Am 15 April vereinigten sich die beiden Verfolgergruppen der 2. Armee bei Sarajewo. Als die beiden Panzerdivisionen gleichzeitig von West und Ost in die Stadt einfuhren, kapitulierte die 2. jugoslawische Armee, die in Sarajewo ihr Hauptquartier hatte. Gerade vier Tage nach dem Fall von Belgrad wurde die bedingungslose Kapitulation der Jugoslawen unterzeichnet.

Der deutsche Angriff auf Griechenland am 8. April lief ebenso rasch und rücksichtslos ab. Die 12. Armee unter General Wilhelm von List durchbrach die griechischen Linien in Thrakien und am 9. April nahm die 2. Panzerdivision unter General Veiel Saloniki ein. Schlechte Straßen, das Wetter und nicht zuletzt tapferer Widerstand der griechischen Armeen und der BEF bremsten jedoch den deutschen Vormarsch.

HINEIN NACH GRIECHENLAND

Die 2. griechische Armee hielt die Metaxas-Linie, die sich von der Ägäis bis zur jugoslawischen Grenze erstreckte und Nordgriechenland und Salonika schützen sollte. Sie wurde durch Angriffe aus Jugoslawien umgangen. Das XVIII. Gebirgsjägerkorps griff die Linie frontal an, traf aber noch nach drei Tagen Kampf mit Artillerie- und Stuka-Unterstützung auf extremen Widerstand. Die Härte des Kampfes kann daran gemessen werden, dass das deutsche Infanterieregiment 125 in der Rupul-Schlucht so schwere Verluste erlitt, dass es kampfunfähig wurde. Eingeschlossen und bombardiert, war die 2. griechische Armee schließlich am 9. April gezwungen, sich zu ergeben. Nach der Entwaffnung entließen die Deutschen die griechischen Gegner.

Am Morgen des 10. April war das XL. Panzerkorps von Jugoslawien aus durch die Monastir-Schlucht vorgerückt. Am nächsten Tag kam es zum ersten Kontakt mit dem W-Korps, als eine Aufklärungseinheit der Waffen-SS nach Vevi einfuhr und von australischen Einheiten, die den Pass nach Süden abriegelten, gestoppt wurde. Es dauerte einen Tag, bis man sich ein Bild von den feindlichen Stellungen gemacht hatte. In der Abenddämmerung griff die Waffen-SS an und durchbrach den Engpass. Am Morgen des 14. April erreichten die Panzerspitzen der 9. Division Kozani und errichteten einen Brückenkopf über den Aliakmon-Fluss. Dies brachte sie jedoch an die Aliakmon-Linie, die vom W-Korps verteidigt wurde. Drei Tage lang wurde die Panzerdivision hier aufgehalten.

Rechts: Mit ihren 15-cm-sFH 37(t)-Haubitzen beschießt eine Waffen-SS-Einheit britische Stellungen in Griechenland. Im Hintergrund die schneebedeckten Gipfel des Olymp. Die von Skoda gebauten tschechischen Haubitzen verschossen 42 kg schwere Granaten über 15 km weit.

Im Westen lief nun die 1. griechische Armee, die so heroisch in Albanien gekämpft hatte, Gefahr, durch den raschen deutschen Panzervormarsch und das Zurückweichen der Briten auf die Aliakmon-Linie abgeschnitten zu werden. Vom 13. April an begannen die Griechen mit dem Rückzug in das Pindus-Gebirge. Am Kastoria-Pass trafen sie auf die Vorhut der 73. deutschen Infanteriedivision und fochten einen Tag lang hart um den Durchbruch.

Am 19. April wurde das Waffen-SS Regiment 1 nach Ankunft in Grevena nach Südosten in Richtung Yannina beordert, um die 1. griechische Armee abzuschneiden, die aus den Armeen Epirus und Mazedonien bestand. Am nächsten Tag lieferten sich griechische und deutsche Einheiten am Metsovon-Pass hoch oben im Pindus einen verzweifelten Kampf. In der Einsicht, dass die Fortführung nur zu unnötigem Blutvergießen führte, übergab der griechische Kommandeur seine Einheiten. Auf Hitlers Befehl durften die griechischen Offiziere in Anerkennung ihrer Tapferkeit ihre Degen behalten, was vor den Italienern geheim gehalten wurde. Die Soldaten wurden nach ihrer Entwaffnung nach Hause entlassen. Mussolini

bestand darauf, dass sich die 1. Armee den Italienern ergeben müsse, mit denen die Griechen zwei weitere Tage gekämpft hatten. Am 23. April unterschrieb der griechische Kommandeur eine zweite Kapitulation, die die Italiener mit einbezog.

Ebenfalls am 19. April stimmten die Griechen der Evakuierung des W-Korps zu. Am selben Tag nahm das deutsche XVIII. Gebirgsjägerkorps den Flugplatz in Larisa ein, wo ihnen ein britisches Nachschublager in die Hände fiel. Mit zehn LKW-Ladungen Proviant und Benzin konnten die Gebirgsjäger ihren Vormarsch fortsetzen. Im Hafen Volos, der am 21. April fiel, erbeuteten die Deutschen abermals Treibstoff und Schmiermittel – für die Deutschen sehr wertvoll, weil ihr Nachschub wegen schlechter Straßen, Zerstörungen und miesem Wetter kaum nachkam. Sie benutzten sogar griechische Fischerboote für Transporte entlang der ägäischen Küste.

DIE THERMOPYLEN

Beim Rückzug hielt das W-Korps die Deutschen bei den Thermopylen auf. Laut Luftaufklärung war man dabei, dort eine Verteidigungslinie aufzubauen. Am 22. April versuchten Panzer und Fahrzeuge der 5. Panzerdivision des XLIII. Korps unter General Boehme die Stellungen an den Thermopylen zu nehmen, wurden aber durch Feuer gut getarnter Artillerie und einzelner Panzer aufgehalten. Am folgenden Tag umgingen Männer der 6. Gebirgsjägerdivision die Stellung, indem sie sich durch schwieriges Gelände nach Westen vorarbeiteten, um bei einem weiteren Umgehungsmanöver bei Molos auf harten Widerstand zu stoßen. In der Nacht vom 24. zum 25. April zog sich das W-Korps jedoch aus den Thermopylen zurück. ULTRA-Dechiffrierungen hatten den Briten gestattet, die deutschen Absichten zu erraten. Im Rahmen der Operation *Demon* gelang es ihnen nicht nur, viele iher Männer herauszuholen, sondern auch König Georg II. von Griechenland nach Kreta auszufliegen. Die Luftaufklärung hatte berichtet, die Briten würden von Salamis aus evakuiert; 20 große und 15 kleinere Schiffe lagen im Piräus, vier große und 31 kleinere Einheiten in Chalkis. Alle Häfen waren gut durch Luftabwehrbatterien gesichert. Die Evakuierung des W-Korps war am 28. April abgeschlossen. Für die Operation hatte die britische Marine sechs Kreuzer,

Rechts: Eine patriotisch-sentimentale italienische Postkarte mit dem Titel „L'eroico Sacrificio" („Heldenhaftes Opfer") zeigt einen verwundeten Offizier in Afrika, der an seinem MG fällt. Italienische Offiziere und Soldaten wurden zunehmend aufgefordert, in Russland und Nordafrika Opferbereitschaft zu zeigen.

Oben: Die stabile Ju-52 Transportmaschine hatte drei Mann Besatzung und konnte 18 Mann oder zwölf Tragbahren aufnehmen. Mit den drei BMW-132-T-2-Motoren mit je 840 PS erreichte sie in 1.400 m Höhe 286 km/h. Die normale Reichweite betrug 1.500 km.

19 Zerstörer und zahlreiche Transportschiffe eingesetzt. Zwei Zerstörer und vier Transporter wurden versenkt, aber das Gros der Truppen wurde nach Kreta evakuiert.

Deutsche Truppen hatten am Tag zuvor Athen erreicht und die deutsche Begeisterung für das antike Griechenland flammte auf, als Kriegsberichterstatter das Aufziehen der Reichskriegsflagge über der Akropolis festhielten. In einem Akt symbolischen Widerstandes wurde sie in der Nacht vom 30. Mai heruntergerissen, eine der ersten von vielen aktiven und passiven Widerstandsaktionen während der Besetzung.

Der Feldzug in Griechenland und Jugoslawien war ein Triumph der deutschen Taktik des kombinierten Einsatzes von Panzern, Panzergrenadieren und Sturzkampfbombern. Die Verluste beliefen sich auf 2.559 Tote, 5.820 Verwundete und 3.169 Vermisste. Die Briten verloren von ihren 75.000 12.000 und ihr schweres Kriegsmaterial. 6.298 jugoslawische Offiziere sowie 337.864 Unteroffiziere und Wehrmänner serbischer Herkunft kamen in Gefangenschaft. Slowenen, Kroaten und Mazedonier wurden nach Hause entlassen. Die voll mobilisierten Griechen verloren 223.000 Mann.

FALL MERKUR

Den Höhepunkt des Balkanfeldzuges bildete der Fall Merkur, der deutsche Angriff auf die Insel Kreta am 20. Mai 1941. Die Deutschen mobilisierten 13.000 Fallschirmjäger der 7. Luftlandedivision unter dem Kommando von Generalleutnant Kurt Student und 9.000 Mann der 5. Gebirgsjägerdivision unter Generalmajor Julius Ringel; den Oberbefehl hatte Generaloberst Alexander Lohr. 500 Jagdflugzeuge und Bomber standen neben 500 Transportmaschinen und Lastenseglern bereit.

Die 35.000 britischen und Commonwealth-Soldaten auf Kreta unterstanden General Freyberg, der die deutschen Pläne aus ULTRA-Entschlüsselungen kannte. Sobald die Deutschen aber den Flugplatz von Maleme erkämpft hatten und Verstärkungen einfliegen konnten, wurden die Briten und die Commonwealth-Truppen zurückgeworfen und Freyberg musste einsehen, dass er die Schlacht nicht gewinnen konnte. Der Sieg war für die Deutschen teuer erkauft. Neben 220 zerstörten und 150 beschädigten Flugzeugen beklagte man 6.000 Fallschirmjäger, tot oder verwundet, sowie 2.000 Vermisste. Die 7. Luftlandedivision hatte 50 % Ausfälle. Die Alliierten beklagten 3.600 Tote und Verwundete und 12.000 Mann, die in Gefangenschaft gerieten, als sie in den Südhäfen darauf warteten, von der britischen Marine abgeholt zu werden.

Die Verluste der Deutschen waren so groß, dass sie nie wieder eine größere Luftlandung versuchten. Hitler erklärte: „Die Tage der Fallschirmjäger sind vorüber. Diese Waffe ist eine Überraschungswaffe und ohne das Überraschungsmoment gibt es keine Zukunft für Luftlandetruppen." Mit diesen Worten fesselte er seine überragende Truppe an den Boden, wo sie den ganzen Krieg über ausgezeichnet kämpfte.

JUNKERS JU 52/3M

Die robuste „Tante Ju" mit ihrem charakteristischen Wellblechrumpf war das Arbeitspferd der Luftwaffe während des ganzen Krieges. 4.850 Maschinen wurden gebaut und ironischerweise waren nach den Deutschen die Sowjets Hauptanwender. Sie hatten mehr als 80 erbeutete oder reparierte Maschinen im Einsatz. Die USAAF hatte eine Ju 52, die unter C-79 lief, und die RAF hatte zwei Maschinen. Beim Angriff auf Kreta 1941 wurden die Fallschirmjäger in der Ju 52 transportiert. Später wurde sie an der Ostfront für Nachschub und Verwundetentransport eingesetzt, besonders beim vergeblichen Versuch, die 6. Armee 1942/43 in Stalingrad zu versorgen.

Links: Deutsche Fallschirmjäger nähern sich in einem erbeuteten britischen Landungsboot dem gestrandeten und zerstörten britischen Kreuzer HSM York *in der Sunda-Bucht auf Kreta 1941. Die* York *wurde von mit Sprengstoff beladenen italienischen Schnellbooten angegriffen. Die britische Marine erlitt schwere Verluste bei der Evakuierung.*

Der Balkanfeldzug verlief schnell und siegreich. Es war eine weitere Demonstration der rücksichtslosen Effizienz der deutschen Kriegsmaschinerie. Jedoch hatte dieser Feldzug – von italienischem Abenteurertum verursacht – den Angriff auf die Sowjetunion um wichtige fünf Wochen verzögert. Er war für den 15. Mai angesetzt, konnte aber wegen der Balkanereignisse nicht vor dem 22. Juni starten. Im vorgesehenen Zeitplan hätten Matsch und Schnee die Panzer nicht vor Moskau gestoppt; sie hätten noch einen Monat lang weiterrollen können.

Der Duce hatte einen Prozess in Gang gesetzt, der in letzter Konsequenz nicht nur einen verlorenen Krieg für das faschistische Italien, sondern auch für Nazideutschland bedeutete und die politischen Grenzen in Europa für die nächsten 50 Jahre veränderte.

Unten: Die Mannschaft einer 8,8-cm-Panzerabwehrkanone des Afrikakorps feuert auf Panzer der 8. Armee in Nordafrika. Die „Acht-achter" war ein überragendes Flakgeschütz und gleichzeitig die wirkungsvollste Panzerabwehrkanone des Zweiten Weltkrieges.

Eine Woche vor dem Angriff auf die Sowjetunion überstand das Afrikakorps die Operation *Battleaxe*, die General Wavell ebenso geleitet hatte wie die Operation *Brevity* einen Monat vorher. Die britischen Angriffe hatten das Ziel, den belagerten Hafen von Tobruk zu entsetzen. Im Frühjahr 1941 waren die deutschen Zeitungen voll von den Heldentaten des Afrikakorps und seines aktiven Kommandeurs, aber Afrika sollte bald vor dem Krieg in Russland verblassen.

DIE RUHE VOR DEM STURM

Zwischen dem 10. Februar 1940 und dem 22. Juni 1941 hatte die UdSSR gewissenhaft alle Bedingungen des deutsch-sowjetischen Nichtangriffspaktes erfüllt, der nach dem Sieg über Polen geschlossen wurde. 1,5 Millionen t Getreide (Weizen, Roggen und Hafer), Baumwolle, 1 Million t Rohöl, 2,7 t Platin und große Mengen strategisch wichtiger Erze wie Mangan und Chrom wurden geliefert, wobei Öl und Getreide eine wichtige Hilfe für die Deutschen bei ihren Operationen im Westen 1940 bildeten. Die Deutschen waren aber säumige Zahler, und obwohl man den Sowjets Waren im Gegenwert von 460 Millionen Reichsmark geliefert hatte, schuldete man ihnen am Tag der Invasion immer noch 239 Millionen RM.

Für Stalin, der dem Westen immer misstraute, mag es genügt haben, Deutschland bei der Vernichtung der französisch-britischen kapitalistischen Truppen helfen zu können. Kaum zu glauben, dass die UdSSR und Deutschland bis in die Morgenstunden des 22. Juni 1941 noch Güterzüge bei Brest-Litowsk über den Bug schickten. Heinrich Eikmeier, Kanonier eines 8,8-cm-Flakgeschützes, sah den deutschen 18-Uhr-Zug am Vorabend noch über die Brücke fahren: „Um 6 Uhr fuhr ein Zug mit Weizen oder Kohle über den Bug nach Russland. Wir verstanden nicht, warum man die Lokomotivführer als Opfer nach Russland schickte. Eigentlich waren wir uns nicht sicher, ob dies richtig oder falsch war. Sollte es Krieg geben oder nicht?“ Um 2 Uhr hörte Rudolf Gschöpf, der Feldgeistliche der 45. Infanteriedivision, einen russischen Zug über die vierspurige Brücke nach Polen rollen. Weniger als zwei Stunden später sollten die beiden Handelspartner Todfeinde sein.

Auf dem Flugplatz Suwalki in Polen schrieb Leutnant Heinz Knoke, ein Me-Bf109-Jägerpilot der Luftflotte II, in sein Tagebuch, dass die Order eingegangen sei, dass das planmäßige Linienflugzeug Berlin–Moskau abzuschießen sei. Sein Kommandeur und ein Flügelmann starteten, um diesen Auftrag kaltblütig zu erledigen. „Aber“, vermerkte Knoke traurig, „sie konnten die Douglas nicht abfangen.“

Um 4 Uhr morgens wurde der sowjetische Botschafter in Berlin, Wladimir Dekanozow, in das Außenministerium in der Wilhelmstraße bestellt, wo man ihm eröffnete, die deutschen Truppen seien in die UdSSR eingedrungen, um auf eine lange Liste von „Grenzverletzungen“ zu reagieren, die „den deutsch-sowjetischen Kooperationsvertrag systematisch ausgehöhlt“ hätten. Das Memorandum, das unter Hitlers Anleitung entstanden war, schloss nicht mit einer Kriegserklärung, sondern mit den unklaren Worten: „Wegen dieser unfreundlichen und provokativen Aktionen von Seiten der Sowjetunion ist die deutsche Regierung gezwungen, der Bedrohung mit allen verfügbaren militärischen Mitteln entgegenzutreten.“

> Man darf nie vergessen, dass die derzeitigen Machthaber Russlands blutbefleckte Kriminelle sind, der Abschaum der Menschheit, der, durch einen tragischen Moment begünstigt, einen großen Staat unterwarf, aus reiner Blutrünstigkeit Millionen gebildeter Menschen entwürdigte und entwurzelte und nun seit fast zehn Jahre in so wilder Tyrannei herrscht, wie man sie nie zuvor erlebt hat … Man darf auch nicht vergessen, dass der internationale Jude, der heute über Russland absolut herrscht, Deutschland nicht als Verbündeten betrachtet, sondern als Staat, der zum gleichen Los wie Russland verdammt ist.
>
> *Adolf Hitler*
> Mein Kampf, *1924–26*

OKW

Das Oberkommando der Wehrmacht (OKW) wurde von Hitler am 4. Februar 1938 anstelle des alten Reichskriegsministeriums eingeführt und bestand aus vier Abteilungen: Das Wehrmachtsführungsamt (WFA) war für alle militärischen Operationen verantwortlich und unterstand General Willhelm Keitel. Dann gab es die Abteilung Amt Ausland/Abwehr, die für Spionage verantwortlich zeichnete. Das Wirtschafts- und Rüstungsamt war für den Nachschub zuständig und die Amtsgruppe Allgemeine Wehrmachtsangelegenheiten kümmerte sich um alles Weitere. Die Organisationsstruktur des OKW änderte sich zwischen 1938 und 1945 dreimal.

Rechts: Eine MG-Mannschaft des Afrikakorps mit ihrem MG34 in einem Felsennest. Das MG34 war das erste Allround-Maschinengewehr, das auf einem Dreibein für größere Distanzen oder aber auf einem Zweibein als leichtes Maschinengewehr zum Einsatz kam.

ZWEITES KAPITEL

SUCHE NACH „LEBENSRAUM“

Der deutsche Angriff auf die Sowjetunion war vom Hass auf den Kommunismus motiviert, der als eine von Moskau kontrollierte, bösartige internationale Organisation betrachtet wurde, sowie dem Wunsch, neues Territorium im Osten zu erschließen. Der Osten versprach Rohstoffe, Arbeitskräfte und Ackerland; seine Eroberung würde eine neue Form der kolonialen Expansion ermöglichen und das Überleben von Nazideutschland garantieren.

Der deutsche Krieg mit der Sowjetunion war lange prophezeit worden. Hitler erhoffte sich vom Drang nach Osten Lebensraum für die Deutschen. Er glaubte, dass Deutschland überbevölkert war und mehr Land brauchte. Polen und Russland waren die Gebiete, in denen „Lebensraum“ verwirklicht werden konnte. In *Mein Kampf* hatte er geschrieben: „Wenn der Ural mit seinen Rohstoffschätzen, Sibirien mit seinen Wäldern und die Ukraine mit ihren grenzenlosen Weizenfeldern zu Deutschland gehörten, würde dieses Land unter nationalsozialistischer Führung im Überfluss schwimmen.“

Frankreich war gerade bezwungen worden und die Luftwaffe befand sich in der Schlacht um England mit der RAF und flog Bombardierungen bei Tage, als Hitler am 21. Juli 1940 auf einer Konferenz die Idee eines Angriffs auf Russland vorlegte. Anwesend waren Generalfeldmarschall Walther von Brauchitsch für die Armee, Generaloberst Hans

Links: Hitler studiert zusammen mit den Generalfeldmarschallen Keitel und Ritter von Leeb einen Lageplan. Im Hintergrund Hitlers Luftwaffenadjutant Nikolaus von Below. Hitlers ungeübtes und planloses Vorgehen bei den Operationen im Osten wurde von General Halder als „Flickschusterei“ bezeichnet.

Jeschonnek für Göring und die Luftwaffe, Großadmiral Erich Raeder für die Kriegsmarine, Generalfeldmarschall Wilhelm Keitel und Generaloberst Alfred Jodl für das OKW.

Hitler glaubte, England würde durch den U-Boot-Feldzug aufgeben, der die Lieferung von Lebensmitteln und Brennstoffen auf die Insel verhinderte. Und Englands einzige Hoffnung in Europa sei es, Russland dazu zu bewegen, seinen Bündnispartner Deutschland anzugreifen. Hitler misstraute Stalin und der UdSSR und wollte diese Bedrohung durch einen Präventivschlag beseitigen. Obwohl die USA neutral

Unten: Diese Vision von Europa und dem Osten entsprang den Gehirnen von Naziideologen, deren Vorstellungen sich von der Realität militärischer Operationen zu einer Fantasie entwickelt hatten, in der Soldaten-Kolonisten die eroberten Ländereien im Osten leiteten.

LEBENSRAUM

Für die Naziideologen war die Existenz eines unabhängigen polnischen Staates ein Hindernis für ihren Lebensraum im Osten, der in Hitlers Geopolitik wesentlich für das expandierende „Dritte Reich" war. Ursprünglich war „Lebensraum" das Motto des deutschen Expansionismus des späten 19. Jahrhunderts, als Deutschland ein Kolonialreich errichten wollte. 1924 eignete sich Hitler dieses Konzept in *Mein Kampf* an. Er verband es mit der Rassenlehre von der arischen Überlegenheit und bestimmte Polen und Russland als neuen Lebensraum, in dem die Slawen für die arischen Soldatenbauern arbeiten sollten.

Rechts: Hitler und Generalfeldmarschall von Brauchitsch. Obwohl von Brauchitsch ein erfahrener und kompetenter Offizier war, ließ er sich von Hitler einschüchtern und konnte sich nicht gegen ihn behaupten. Hitler, der Ex-Gefreite, hatte keinen Respekt vor seinen Generälen.

waren, galten ihre Sympathien Großbritannien. Hitler wusste, dass sie beizeiten in den Krieg eintreten würden, und wollte deshalb die UdSSR bis Ende 1941 besiegen.

In gewisser Hinsicht sollte der Angriff wie jener Japans auf Pearl Harbor Ende des Jahres verlaufen. Die UdSSR und USA verfügten beide über die industriellen und personellen Möglichkeiten, ihre Gegner in einem langen Krieg zu besiegen. Die Führungen Deutschlands und Japans gingen davon aus, dass eine empfindliche Niederlage beide davon abbringen könnte, den Krieg zu wagen. Sie dachten nicht, dass ihr Angriff gerade das Verlangen nach totaler Rache wecken könnte.

Deutsche Soldaten, die in die geheimen Pläne eingeweiht waren und Geschichtsbewusstsein besaßen, erinnerten sich an frühere Invasionen in den Osten unter dem schwedischen König Karl XII. im achtzehnten und unter Napoleon im neunzehnten Jahrhundert. Beide waren hervorragende militärische Führer gewesen und wurden dennoch besiegt: Karl XII. in Poltawa 1709 und Napoleon 1812 vor Moskau. Der harte Winter war der Hauptgrund für beide Niederlagen.

ZWEIFRONTENKRIEG

Im August 1940 präsentierte Keitel Hitler ein Memorandum gegen den vorgeschlagenen Zweifrontenkrieg. Hitler wies seine Argumente schroff ab, woraufhin Keitel seinen Rücktritt einreichte. Er erinnerte sich später: „Hitler lehnte das entschieden ab. Hätte er nun kein Recht mehr, mich zu informieren, weil seiner Ansicht nach mein Urteil falsch war? Er hätte seinen Generälen wirklich verbieten müssen, beleidigt zu sein und Rücktritte einzureichen, auch er hätte schließlich sein Amt nicht verlassen können. Er wollte, dass ein für allemal klar war, dass niemand außer ihm das Recht hatte, jemanden seiner Stellung zu entheben, den er dafür für passend hielt. Im Herbst, sagte er, müsse er das auch Brauchitsch sagen.“

Es sollte keine Diskussion über den Angriff auf die UdSSR geben und Keitel sollte zum bloßen Sprachrohr für Hitler degradiert werden, der Befehle unterschrieb und Instruktionen weitergab.

Die Strategen des Angriffs auf die UdSSR erkannten sofort, dass die Pripjet-Sümpfe eine ernste Hürde darstellten und den Angriff nach Norden und Süden abdrängen würden. Die dicht bewaldeten, in der Eiszeit durch einen Gletschersee in einem Becken des Pripjet entstandenen Sümpfe nahmen etwa 270 km² ein. Hügel ragten von etwa 100 m im Nordosten bis zu 250 m im Süden daraus empor.

Die Fächerform Westrusslands hatte zur Folge, dass sich die deutsche Front bei ihrem Vormarsch nach Osten immer weiter verbreiterte und verteilte. Die Länge der Front – 3.000 km – wird dadurch deutlich, dass die Stunde H, der Angriff morgens, für die Heeresgruppe Nord um 3.05 Uhr und weiter südlich für die Heeresgruppe Mitte um 3.15 Uhr angesetzt war. An der rumänischen Grenze, an der die Heeresgruppe Süd stand, begann der Angriff erst um 3.25 Uhr.

Die sowjetischen Schienen waren breiter als der europäische Standard, deshalb mussten alle Gleise für deutsche und europäische Loks und Waggons umgebaut werden. Die Anlagen im ehemaligen Nordosten Polens waren allerdings noch nicht von sowjetischen Ingenieuren angepasst worden, weshalb die Strategen diesen Weg favorisierten.

1940 hatten die Panzer die hervorragenden europäischen Straßen benutzt, um westwärts zu preschen. Von den Grenzen des Reichs aus mussten sie nur 300 km vorrücken, um die Mündung der Somme zu erreichen und die nördlichen französischen und britischen Streitkräfte abzuschneiden. In der UdSSR waren nur drei Prozent aller Straßen asphaltiert. Im Sommer waren die Wege sehr staubig, aber während Schneeschmelze und Herbstregen – Zeiten, die die Russen *rasputitsa*, „straßenlose Zeit", nannten – wurde der Staub zu Schlamm. Er bremste Männer, Pferde und Fahrzeuge. Bei den Deutschen als Schlammperiode bekannt, entschied sie über Angriffe und Rückschläge zwischen 1941 und 1944.

Das bedeutete auch, dass das deutsche Heer, selbst wenn es keinen Widerstand gab, gezwungen war, zu verlangsamen, um dem Nachschub das Aufholen zu ermöglichen. Nach 300 km Vormarsch in die UdSSR hatten sie erst Minsk erreicht, Smolensk sollte noch einmal 300 km weiter sein und Moskau war noch 1.000 km entfernt.

BARBAROSSA

Die Invasionspläne für Russland trugen ursprünglich den Codenamen *Fall Fritz*. Am 18. Dezember 1940 führte Hitler jedoch den Namen *Unternehmen Barbarossa* ein. Der Heilige Römische Kaiser Friedrich I. (1123–1190), bekannt als „Rotbart" (Barbarossa), führte den Dritten Kreuzzug ins Heilige Land an, als er beim Durchqueren eines Flusses in Kleinasien in voller Rüstung hineinfiel und ertrank. Eine Legende bildete sich um ihn, die besagte, dass er weiterlebe und im Kyffhäusergebirge mitten in Deutschland auf den Ruf seines Landes warte. Es war für Tausende von Schulkindern Tradition, zu den Barbarossa-Höhlen zu wandern und sich die Marmorstatue seiner heroischen Gestalt anzuschauen.

Nachdem Hitler diesen hochtrabenden Namen eingeführt hatte, versicherte General Halder 1940: „Wenn Barbarossa losbricht, wird die Welt den Atem anhalten und schweigen."

PLÄNE

Die Arbeit an den ersten Plänen für den Angriff auf dieses gewaltige Land begann am 29. Juli 1940. General Franz Halder, Stabchef des OKH (Oberkommando des Heeres), beauftragte Generalmajor Erich Marcks, Stabschef der im preußischen Bromberg (heute Bydgoszcz) stationierten 18. Armee, eine geheime Studie für den Angriff auf die Sowjetunion zu erstellen. Marcks' Plan legte das Hauptgewicht darauf, mit der 4. und der 6. Armee sich einander annähernde Angriffe nördlich der Pripjet-Sümpfe zu beginnen, die Minsk umgehen und sich in Smolensk treffen sollten. Danach sollten sie gemeinsam nach Moskau und dem Sitz der Sowjetregierung vorpreschen. Die 18. Armee sollte mit Leningrad als Ziel von den baltischen Staaten aus angreifen. Im Süden der Pripjet-Sümpfe sollte die 16. Armee nach Kiew vorrücken und, sobald diese Stadt gesichert wäre, nach Norden schwenken und sich der 4. und der 6. Armee auf dem Weg nach Moskau anschließen. Im tiefen Süden sollte die 12. Armee in die Ukraine einmarschieren, obwohl dies, wie bei der 18. Armee im Norden, keine Hauptachse des Angriffs sein sollte.

Im OKW informierte Generaloberst Jodl, Chef des Wehrmachtführungsstabes, seine Mitarbeiter am 29. Juli über einen möglichen Einmarsch. Der Plan, mit dem er Oberst G. S. Lossberg beauftragte, setzte den Schwerpunkt des Angriffs nördlich der Pripjet-Sümpfe an, weil die Bahnverbindungen dort besser waren. Um Rumänien und seine Ölfelder zu schützen, sollte ein Vorstoß jedoch südlich der Sümpfe in die Ukraine und ein kleinerer über den Prut-Fluss Richtung Kischinew (heute Chisinau) gewagt werden.

Der endgültige Plan des OKH, den Halter Hitler am 5. Dezember präsentierte, legte das Gewicht des deutschen Angriffs auf den Norden, wo zwei Armeegruppen entlang dreier Achsen angreifen sollten. Die nördliche sollte Rich-

Rußlandlied

Von Alfred Heinz Jlling

Auf, Kamerad! Die Zeit ist reif —
Am Himmel steht ein Feuerschweif!
Laßt uns nicht länger warten.
Wir werfen die Propeller an! —
Die Infant'rie ruft: „Marsch voran!“ —
Laßt uns nach Rußland starten!
Der Führer ruft — drum, Schatz, ade!
Zum Siege stürmt die Ost-Armee!
Und schlägt das dreiste Russenpack,
Wie sie geschlagen den Polack.
Drum, Schatz, ade, drum, Schatz, ade!
Zum Siege stürmt die Ost-Armee!

Das Heer der Feinde schreckt uns nicht;
Wir tuen eisern unsre Pflicht
Und werden nicht verzagen, —
Bevor der Feind am Boden liegt,
Von uns vernichtet und besiegt, —
Und wir den Lorbeer tragen!
Der Führer ruft . . . usw.

Trifft mich die Kugel gar zu gut,
So lieg ich denn in meinem Blut
In Rußlands roter Erde. —
Doch weiter stürmt das graue Heer
Und treibt den Kosak vor sich her,
Gleichwohl, ob er sich wehrte!
Der Führer ruft . . . usw.

Oben: Das Russlandlied: ein Propagandalied von Alfred Jilling. Die Realität der trockenen und staubigen Schinderei in Russland steht den Soldaten im Gesicht – nur wenige hatten die Zeit und die Energie, beim Marschieren auf schlechten Straßen auch noch zu singen.

tung Leningrad vorstoßen, während sich zwei in der Mitte Smolensk näherten. Südlich der Sümpfe sollte der Hauptvorstoß von Polen in die Ukraine stattfinden. Halder versicherte, dass Moskau das Hauptziel sein sollte, gefolgt von den wichtigen Belagerungen von Minsk und Smolensk.

Hitler hörte sich die OKH-Präsentation an und legte dann einen eigenen Plan für den Einmarsch vor. Das Gewicht sollte auf der linken Flanke mit einem heftigen Vorstoß auf Leningrad liegen. Südlich der Sümpfe sollte die Ukraine das Ziel sein, Moskau sollte keinen Vorrang haben.

Am 18. Dezember erließ Hitler die Weisung 21: Unternehmen Barbarossa. Die Weisung blieb vage und spiegelte den ungeheuren Optimismus wider, der sowohl die führenden politischen als auch militärischen Kreise in Deutschland ansteckte. Gegenüber der realen Stärke der Sowjetarmee und ihrer Ausrüstung war man weitgehend blind. Die Begegnung mit den ersten T-34/76 Panzern aus stabilem Material und ihrer überlegenen Beweglichkeit in Schnee und Schlamm löste daher einen Schock aus. Deutsche Soldaten sollten sich an den verzweifelten Ruf der Infanterie nach „Pak und Flak“ (Panzer- bzw. Fliegerabwehrkanonen) erinnern. Die deutschen Streitkräfte waren beeindruckt von der Qualität und später auch der Quantität der Waffen – von Handfeuerwaffen über Mörser bis zur Artillerie –, die die Rote Armee einsetzte. Sie zollten ihrem Gegner größten Respekt, indem sie zuerst erbeutete Waffen benutzten und sie später in den deutschen Fabriken nachbauten.

DIE „DAMPFWALZE“

Die Fähigkeit der UdSSR, Verluste an Männern und Material hinzunehmen, die bei einem europäischen Gegner zu einer Entmutigung und einer Niederlage geführt hätte, schien unglaublich. Die Verzögerung bei der Mobilisierung der großen Armeereserven bis zu Beginn des Krieges war taktisch ein Desaster für die UdSSR, strategisch aber ein Triumph. Sie bedeutete, dass Tausende aufgeboten und gruppenweise verpflichtet wurden, in den ersten beiden Jahren des Krieges zu kämpfen. 1941 wurden die 18- bis 22-Jährigen verpflichtet und diese unerfahrenen Soldaten bekamen die deutschen

Links: Deutsche Streitkräfte im Osten – die typische Mischung aus Lastwagen, Pferdewagen und Fußsoldaten – marschieren durch ein Dorf. Die Straße ist noch in gutem Zustand, doch bei Einsetzen des Herbstregens wird sie sich in Schlamm verwandeln.

> Dieses Land ist endlos unter einem endlosen Himmel mit Straßen, die endlos in eine unüberschaubare Entfernung führen. Jedes Dorf scheint genau wie das vorherige. In allen stehen die gleichen Frauen und Kinder stumm an der Straße, die gleichen Brunnen, die gleichen Scheunen … Wenn die Truppe die Straße verlässt und sich nach Kompass querfeldein bewegt, sehen wir aus wie Weltumsegler, die neue Ufer hinter den Ozeanen suchen.
>
> *Felix Lützkenorf*
> *Propagandakompanie, Waffen-SS, Ukraine, 1941*

Angriffe mit voller Wucht ab. Es folgte die Einberufung aller 23- bis 36-Jährigen, Männer mit vollständiger Ausbildung, und Anfang Juli 1941 standen etwa 5,3 Millionen Männer unter Waffen. Noch schlimmer für die Deutschen war, dass die UdSSR zu Kriegsbeginn große Landstriche und wichtige Städte verlieren konnte, ohne ihre Kampffähigkeit einzubüßen. Aber das sollten die Deutschen erst noch entdecken.

Die Deutschen hatten es mit der „russischen Dampfwalze“ aufgenommen, wie die riesige Sowjetarmee von den Alliierten im Ersten Weltkrieg genannt worden war. Diesmal würde sie nicht durch Revolution, Korruption und Unfähigkeit zusammenbrechen wie 1917/18, sondern gestärkt westwärts rollen und sie zermalmen.

1940/41 waren die Deutschen vollkommen davon überzeugt, wieder einen strahlenden Sieg über einen Gegner zu erringen, den sie für schlecht gerüstet und geführt und menschlich minderwertig hielten. Sie hatten schließlich Dänemark, Norwegen, Frankreich, Belgien, die Niederlande, Jugoslawien und Griechenland besiegt und die Briten vom europäischen Festland vertrieben. Dies war in enormem Tempo und mit minimalen Verlusten erreicht worden. Sie betrachteten sich selbst als unbesiegbar.

Weitere Details des Plans wurden vereinbart. Der deutsche Angriff auf die Sowjetunion wurde unter drei Heeresgruppen aufgeteilt.

Die Heeresgruppe Nord unter Generalfeldmarschall Ritter von Leeb bestand aus sieben Divisionen und drei Panzerdivisionen. Die Heeresgruppe Mitte unter Generalfeldmarschall Fedor von Bock hatte 42 Divisionen und neun Panzerdivisionen. Die Heeresgruppe Süd unter Generalfeldmarschall Gerd von Rundstedt bestand aus 52 Divisionen, von denen 15 rumänisch, zwei ungarisch und zwei italienisch waren, plus fünf Panzerdivisionen.

Die Heeresgruppe Nord hatte ihre linke Flanke am Baltikum und ihre rechte bei Suwalki. Die rechte Flanke der Heeresgruppe Mitte war die Mitte der Pripjet-Sümpfe, während die Heeresgruppe Süd eine enorme Front von den Sümpfen bis zum Schwarzen Meer abdeckte. Die Heeresgruppen wurden von neun Pionierdivisionen unterstützt, die die Brücken wiederaufbauen und die Bahnschienen anpassen sollten.

Optimistische deutsche Strategen strebten für den Winteranbruch einen Frontverlauf von Archangelsk in Norden bis nach Astrachan im Süden an (die A-A-Linie). Die Linie verlief östlich von Kazan und Kuybyschew und schloss Stalingrad mit ein.

Vom Stabschef bis zum Schützen Benno Zeiser, einem jungen deutschen Soldaten, der als Fahrer arbeitete, herrschte der feste Glaube, dass der Krieg kurz und siegreich sein würde. „Die ganze Sache wird in drei oder vier Wochen vorbei sein, sagten sie, Vorsichtigere gaben ihm zwei oder drei Monate. Nur einer meinte, er würde ein Jahr dauern, aber wir lachten ihn aus. ‚Warum so lange, wie lange haben wir für die Polen gebraucht und wie lange, um Frankreich zu besetzen!?‘“

Helmut Ritgen, der Adjutant des zweiten Bataillons im 11. Panzerregiment, war „höchst optimistisch. In der Schule galt ich als guter Mathematiker. Also versuchte ich, die Dauer des Feldzugs anhand der Dauer der vergangenen Feldzüge in Polen und Frankreich in Bezug zur Stärke des Gegners, der Entfernungen und anderer Faktoren auszurechnen. Mein Ergebnis war, dass der Krieg Ende Juli zu Ende gehen würde. Also legte ich

Links: Mit einer MP34-Steyr-Solothurn-SMG bewaffnet schaut ein deutscher Gefreiter mit Grastarnung am Helm in die Gegend. Die MP34 stammte wahrscheinlich aus Beständen der österreichischen Polizei zur Zeit des Anschlusses.

meinen Hochzeitstag auf den 2. August. Offensichtlich hatte ich einen unbekannten Faktor nicht mit berechnet. Meine Braut musste noch zwei Jahre länger warten!"

Am 23. Juni betrat der Befehlshaber der Wehrmacht, Generalfeldmarschall von Brauchitsch, das Büro von General Paulus, Oberquartiermeister im OKH-Hauptquartier in Angerburg (heute Wegorzewo), Ostpreußen. Paulus informierte seinen Chef über das Tagesgeschehen, dann fragte Brauchitsch: „Wie lang wird der Feldzug dauern?" Paulus antwortete: „Ich denke, sechs bis acht Wochen." – „Ja, Sie mögen Recht haben, wir werden vermutlich sechs bis acht Wochen brauchen, um Russland auszulöschen."

WINTERBEDINGUNGEN

Optimismus und Ignoranz spiegelten sich auch in der Einschätzung des russischen Winters. Die Männer waren elend ausgestattet und erhielten im ersten Winter keine Winteruniformen, während das Schmiermittel in ihren Maschinen und das Öl in ihren Waffen gefror.

Im harten Winter 1941/42 verzeichnete die Wehrmacht 133.620 Erfrierungstote.

Obwohl die Panzer, unterstützt von den Panzergrenadieren in SdKfz 251, die Vorhut sein sollten, bewegte sich das Gros der deutschen Streitkräfte nicht schneller voran als Napoleons Große Armee auf ihrem Russlandfeldzug 1812. Die Männer marschierten und wurden von Waffen und Feldküchen, bekannt als Gulaschkanonen, auf Kutschen begleitet. Die Wehrmacht setzte beim Überfall auf die Sowjetunion 750.000 Pferde ein. Von 153 Divisionen benutzten noch 119 Pferdewagen.

Bei den Artillerieregimentern zogen viele Pferde die hervorragende deutsche 105 mm-leFH-18-Haubitze, zudem eine Mischung eroberter Waffen aus früheren Feldzügen, so

Unten: Während ein größerer Nachschub-Treck durch ein ukrainisches Dorf fährt, schauen die Wagenführer einem Kollegen zu, der sich bemüht, sein Pferd aus einem tiefen Schlammloch herauszuholen. Der Wagen, ein einfacher russischer Panje, ist mit Futterheu beladen.

NAPOLEON I.

Als die deutschen Truppen tiefer in die UdSSR vorstießen, erkannten Stalin und seine Ratgeber, dass sich die Bevölkerung nicht für einen politischen, aber für einen patriotischen Krieg begeistern würde. Der Zweite Weltkrieg wurde zum Großen Vaterländischen Krieg und Hitler wurde mit Napoleon I. verglichen. Gegen Ende des Krieges der Dritten Koalition (1803–1812) war Napoleon im Juni 1812 in Russland eingefallen und tief ins Land eingedrungen, wobei er anfangs die Schlachten gegen die Zaren-Armee, wenn auch mit eigenen Verlusten, gewann. Am 5./6. September verlor er in Borodino 43 Generäle, 110 Oberste und 30.000 Mann und erklärte sich trotzdem zum Sieger. Einige Monate später musste er sich aus Moskau, das er zuvor erobert hatte, zurückziehen. An der Beresina rächten sich die Russen in einer bitteren Schlacht von 26.–29. November, die den Höhepunkt des Rückzuges darstellte, welcher die Franzosen 400.000 Mann, 175.000 Pferde und 1.000 Kanonen kostete, während die Russen rund 250.000 Mann und 50.000 Kosaken verloren. 1941 bis 1945 wurden viele Namen von Schlachten und Generälen des 1812er-Krieges von sowjetischen Planern für Operationen und Vorstöße verwendet.

Während der Planungsphase für Barbarossa erinnert sich General Gunther von Blumentritt: „In erster Linie beschäftigte ich mich mit Napoleons Feldzug von 1812. Kluge las den Bericht über diesen Feldzug von General de Caulincourt mit größter Aufmerksamkeit: Er legte die Probleme des Kampfes, ja selbst des Lebens in Russland dar ... wir wussten, dass wir bald in Napoleons Fußstapfen treten würden.“

das tschechische Skoda 105 mm (1935) und das französische Schneider-Model (1936). Die sowjetische Artillerie mit ihrer ausgezeichneten und beliebten 122-mm-M1938-Haubitze sollte schnell Teil des deutschen Bestandes werden. Die eroberten 76,2-mm-M1936-Panzerabwehrkanonen hingegen konnten gegen die russischen T-34 und KV-1 nicht viel ausrichten. Sie wurden später für deutsche Munition modifiziert und gehörten sowohl in der gezogenen wie auch in der selbstfahrenden Variante zum Standard.

Selbst die mit LKW ausgestatteten Divisionen benutzten ehemalige französische Armeefahrzeuge wie Peugeot DK5J, Renault AGC, Peugeot DMA und Citroën T45. Die Produktion für die Wehrmacht war in französischen Fabriken fortgesetzt worden, 1942/43 wurde der große Latil TL7-RR für die Schienen in der UdSSR produziert. Die Deutschen benutzten 1940 auch in Frankreich eroberte britische Fahrzeuge.

Diese gute Ausnutzung der Kriegsbeute war zugleich ein logistischer Albtraum. Ersatzteile für diese Vielfalt an Fahrzeugen waren schwer zu besorgen und zu transportieren. Fahrzeuge mit 4x2-Antrieb und zu schwacher Federung schafften die russischen Straßen nicht und die Mannschaften mussten auf Reparaturen warten. War die ländliche Bevölkerung im Sommer 1941 den Deutschen noch wohl gesonnen, mussten sie mit steigender Gefahr von Partisanenangriffen defekte Fahrzeuge zurücklassen. Die SS-Panzergrenadierbrigade „Leibstandarte Adolf Hitler“ begann den Feldzug mit 2.325, davon 240 eroberten, Fahrzeugen. Mehr als 1.200 blieben wegen fehlender Ersatzteile bald liegen.

Im Gegensatz dazu profitierte der sowjetische Vormarsch ab 1943 von der großen Zahl an US-Last- und Geländewagen, die Teil des Leih-Pacht-Programms waren, das später auch die britischen und französischen Streitkräfte auszustatten half. US-LKWs waren robust und zuverlässig und ermöglichten es den Truppen und der Versorgung, mit den Panzern Schritt zu halten.

Das Gelände allerdings war strapaziös für Soldaten und Fahrzeuge. Am 20. März 1941 befahl der Kommandeur der 4. Armee, General von Kluge, die Ausbildung solle sich auf die Abhärtung der Soldaten konzentrieren. Sie sollten zäher werden, um mit den unausweichlichen Nahkämpfen besser zurechtzukommen und ihren Widerwillen gegen nächtliche Kämpfe zu überwinden. Sowjetsoldaten wurden nicht als Feinde ernst genommen, sondern als Naturwesen betrachtet, die in Nah-, Nacht- und Waldkämpfen überlegen waren. Die Stäbe mussten auf schnelle Angriffe von Partisanen und Soldaten der Roten Armee vorbereitet sein.

Von Beginn des Krieges an spielten die Männer der Propaganda-Kompanien (PK) eine wichtige Rolle. Ihre Filme, Fotos und Berichte sollten den Krieg erläutern und die Deutschen wie auch das besetzte Westeuropa über die Siege im Osten informieren.

„RASSEN“-KRIEG

In den späten 1930er Jahren stellte das von Joseph Goebbels geführte Reichsministerium für Volksaufklärung und Propaganda eine Liste von geeigneten Reportern, Fotografen und Kameraleuten zusammen, die als Kriegskorres-

Links: Ein deutscher Konvoi stoppt während des kampferfüllten Rückzuges von Moskau. Die Planer des OKW hatten keinen Winterkrieg in Betracht gezogen, sodass die Soldaten für solche Bedingungen schlecht ausgerüstet waren. Diese Männer haben Bettlaken als Wintertarnung über ihre Mäntel gezogen.

pondenten eingesetzt wurden. Sie absolvierten einen achtwöchigen Kurs, der Reportagetechniken und militärische Kenntnisse lehrte. Obwohl viele Fotos über die Brüsseler SIPO-Agentur verbreitet wurden, wurden die Fotografen einzeln rekrutiert. Goebbels beschrieb Fotografen und Reporter als „kaltblütig und angstlos" und die von PK-Kameramännern gedrehten Filme bewiesen ihren Mut, da sie dem deutschen Kinopublikum direkt von der Front die Bilder für die „Wochenschau" lieferten.

Auf Hitlers Befehl wurden die in ganz Deutschland im Radio übertragenen „Sondermeldungen" des OKW von den spektakulären Fanfaren aus Franz Liszts symphonischer Dichtung „Les Préludes" eingeleitet. Für deutsche Hörer wurde sie die „russische Fanfare". Goebbels vertraute seinem Tagebuch die Begeisterung über die „russischen Fanfaren" an, die den Russlandfeldzug ankündigten: „Der Klang der neuen Fanfaren. Kraftvoll, dröhnend und majestätisch. Ich hörte die Bekanntmachungen des Führers an die Deutschen auf allen Sendern. Ein erhebender Moment für mich."

Die Bilder und Filme der PK-Fotografen vom Sommer 1941 bestätigten dieses Bild der Sowjetunion. Die gefangenen Sowjetsoldaten mit ihren rasierten Köpfen, dreckig, erschöpft und eingeschüchtert, waren „Untermenschen". Das Wort wurde geprägt als Antithese zum Konzept des Übermenschen, das Friedrich Nietzsche in „Also sprach Zarathustra" entwickelt hatte und das die Nazis aufgriffen, die sich selbst als „arische Übermenschen" betrachteten.

Benno Zeiser erinnert sich an seine erste Begegnung mit einem Sowjetgefangenen: „Ein braunes Krokodil kroch uns auf der Straße langsam entgegen. Von ihm ging ein gedämpftes Brummen wie von einem Bienenschwarm aus. Kriegsgefangene, Russen. Wir konnten das Ende der Schlange nicht sehen. Als sie näher kam, machte uns der schreckliche Gestank schwer zu schaffen, ein Gestank so beißend wie der des Löwen- und des Affenhauses zusammen."

Trotz der politisch-rassistischen Konditionierung wuchs der Respekt der Frontsoldaten gegenüber ihren Gegnern und ihren robusten und zuverlässigen Waffen schnell. Der „Untermensch" wurde für die deutschen Soldaten zum vertrauten *Ivan*. Hitler hatte den kommenden Krieg im Osten als „Rassenkampf" bezeichnet, der zwischen rohen, untermenschlichenen Slawen und überlegen Ariern geführt werden sollte. Auf einer Konferenz mit leitenden Offizieren sagte er im März 1941: „Der Krieg gegen Russland kann nicht ritterlich geführt werden. Dieser Kampf ist geprägt von ideologischen und rassischen Unterschieden und er muss mit beispielloser, gnadenloser und unnachgiebiger Härte geführt werden."

EINSATZGRUPPEN

Um diese grausamen Befehle auszuführen, folgten „Einsatzgruppen", wie man sie unschuldig nannte, den Heeresgruppen. Sie waren wie Einsatzkommandos strukturiert, mit einem Stab, der als Einsatzstab bezeichnet wurde. Es gab vier Einsatzgruppen, A, B, C und D, unter der jeweiligen Führung von Gruppenführer Franz Stahlecker, Artur Nebe, Otto Rasch und Otto Ohlendorf. Die Befehlshaber der Einsatzgruppen bekamen ihre Anweisungen von Bruno Streckenbach, einem Vertreter von Obergruppenführer Reinhard Heydrich, dem Chef der SIPO (Sicherheitspolizei) und des SD (Sicherheitsdienst), dem Geheimdienst der SS.

Es war Streckenbach, der 1939 die „Aktion AB" – die Zerstörung der polnischen Intelligenzia – geleitet hatte, und er genoss anschließend eine erfolgreiche Karriere in diesem Bereich. Die Einsatzgruppen waren den Heeresgruppen Nord, Mitte, Süd und der 11. Armee zugewiesen und mit

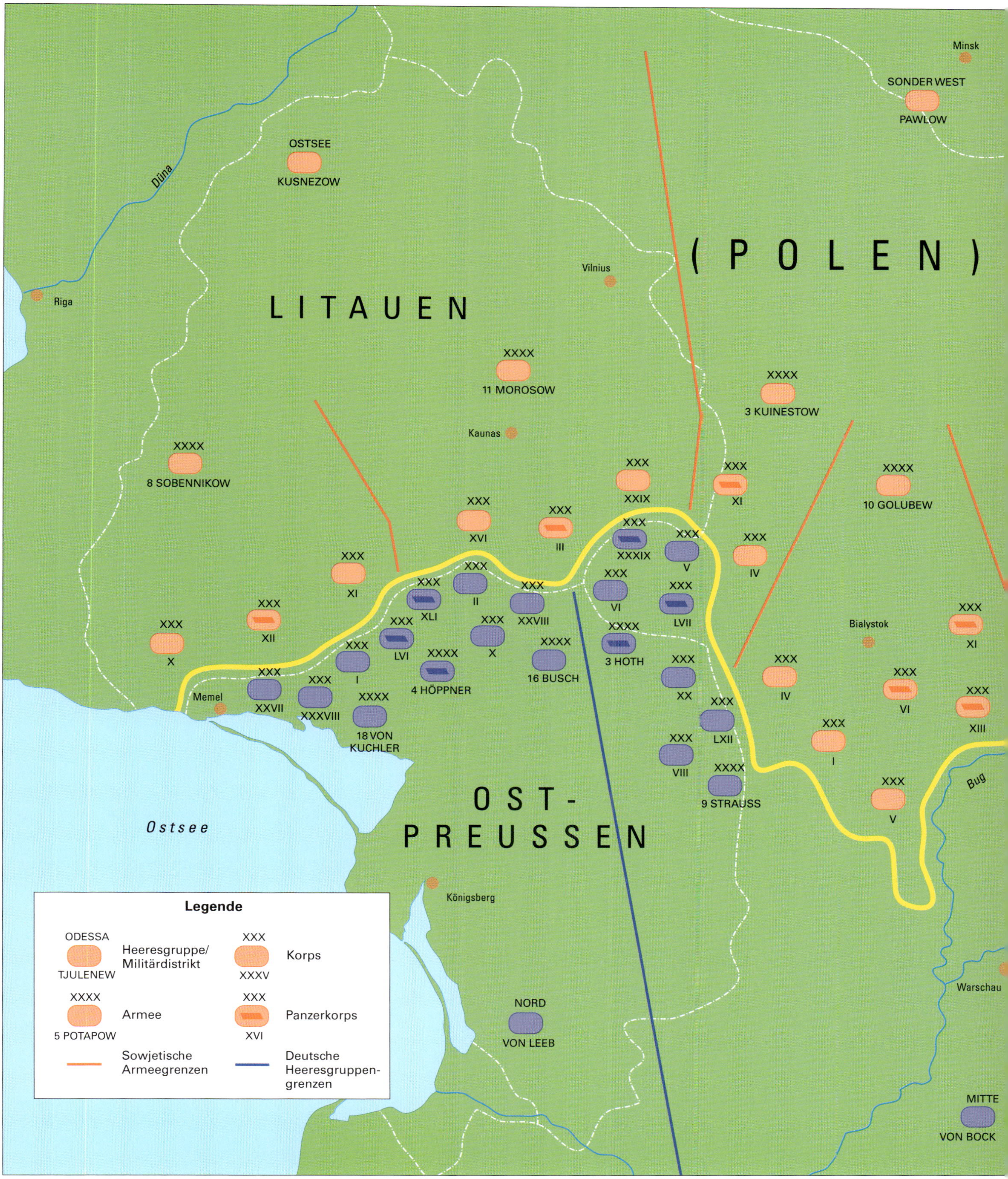
Minsk
SONDER WEST
PAWLOW
OSTSEE
KUSNEZOW
Düna
(POLEN)
Vilnius
Riga
LITAUEN
XXXX
11 MOROSOW
XXXX
3 KUINESTOW
Kaunas
XXXX
8 SOBENNIKOW
XXX
XXIX
XXX
XI
XXXX
10 GOLUBEW
XXX
XVI
XXX
III
XXX
XXXIX
XXX
V
XXX
IV
XXX
XI
XXX
II
XXX
XLI
XXX
XXVIII
XXX
VI
XXX
LVII
XXX
XII
XXX
X
XXX
LVI
XXX
X
XXXX
3 HOTH
Bialystok
XXX
XI
XXX
I
XXXX
16 BUSCH
XXX
XXVII
XXX
XXXVIII
XXXX
4 HÖPPNER
XXX
XX
XXX
IV
XXX
VI
XXX
XIII
Memel
XXXX
18 VON KUCHLER
XXX
LXII
XXX
I
XXX
VIII
XXXX
9 STRAUSS
XXX
V
Bug
OST-PREUSSEN
Ostsee
Königsberg
Legende
ODESSA
TJULENEW
Heeresgruppe/ Militärdistrikt
XXX
XXXV
Korps
XXXX
5 POTAPOW
Armee
XXX
XVI
Panzerkorps
Sowjetische Armeegrenzen
Deutsche Heeresgruppengrenzen
NORD
VON LEEB
Warschau
MITTE
VON BOCK

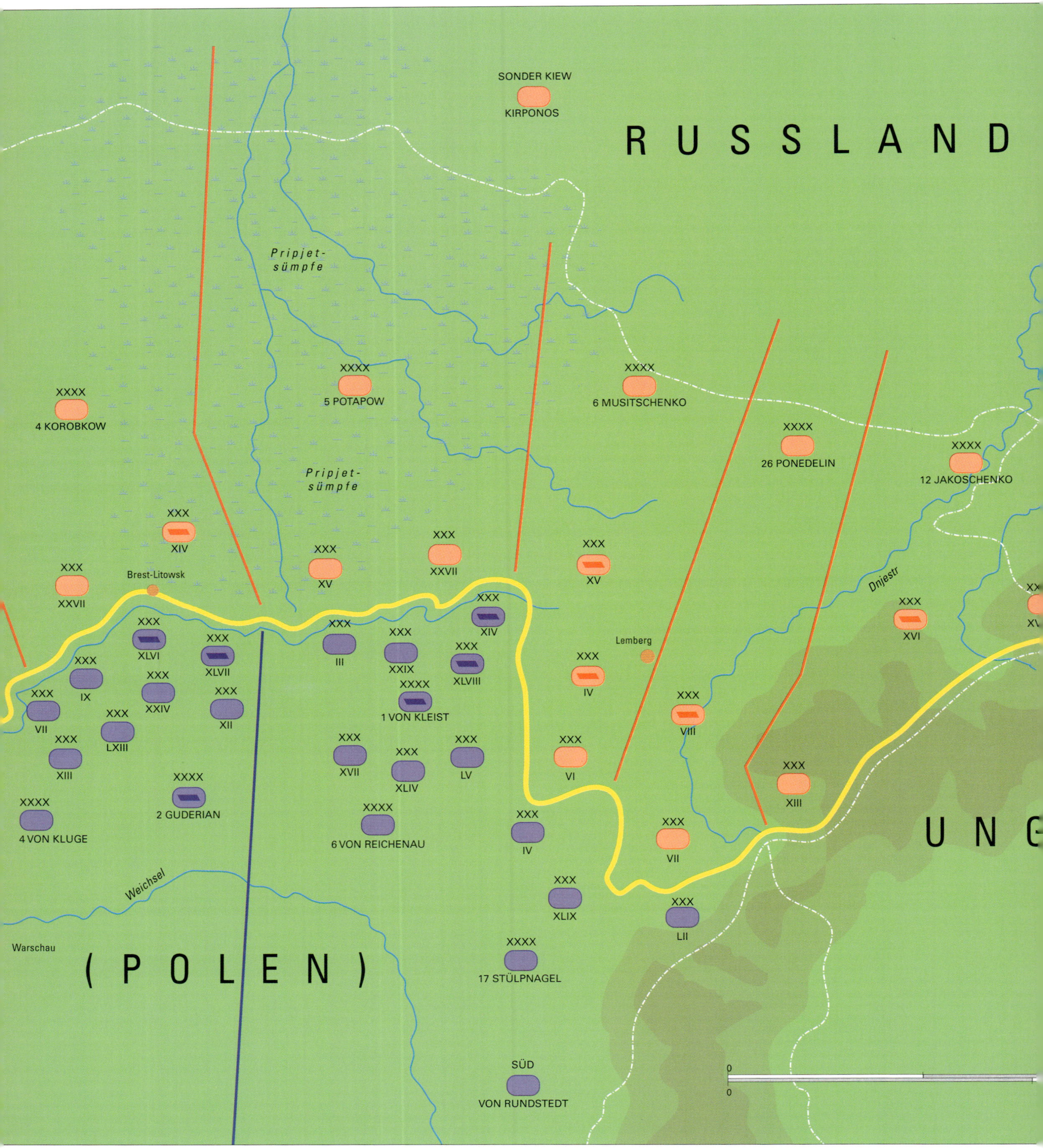
RUSSLAND
(POLEN)
UNG
SONDER KIEW
XXXX
KIRPONOS
XXXX
4 KOROBKOW
XXXX
5 POTAPOW
XXXX
6 MUSITSCHENKO
XXXX
26 PONEDELIN
XXXX
12 JAKOSCHENKO
Pripjet-sümpfe
Pripjet-sümpfe
XXX
XIV
XXX
XXVII
XXX
XV
XXX
XXVII
XXX
XV
XXX
XVI
XXX
IV
XXX
VIII
XXX
VI
XXX
XIII
XXX
VII
Brest-Litowsk
Lemberg
Dnjestr
Weichsel
Warschau
XXX
XLVI
XXX
XLVII
XXX
IX
XXX
XXIV
XXX
XII
XXX
VII
XXX
LXIII
XXX
XIII
XXXX
2 GUDERIAN
XXXX
4 VON KLUGE
XXX
III
XXX
XXIX
XXX
XIV
XXX
XLVIII
XXXX
1 VON KLEIST
XXX
XVII
XXX
XLIV
XXX
LV
XXXX
6 VON REICHENAU
XXX
IV
XXX
XLIX
XXX
LII
XXXX
17 STÜLPNAGEL
SÜD
VON RUNDSTEDT
0
0

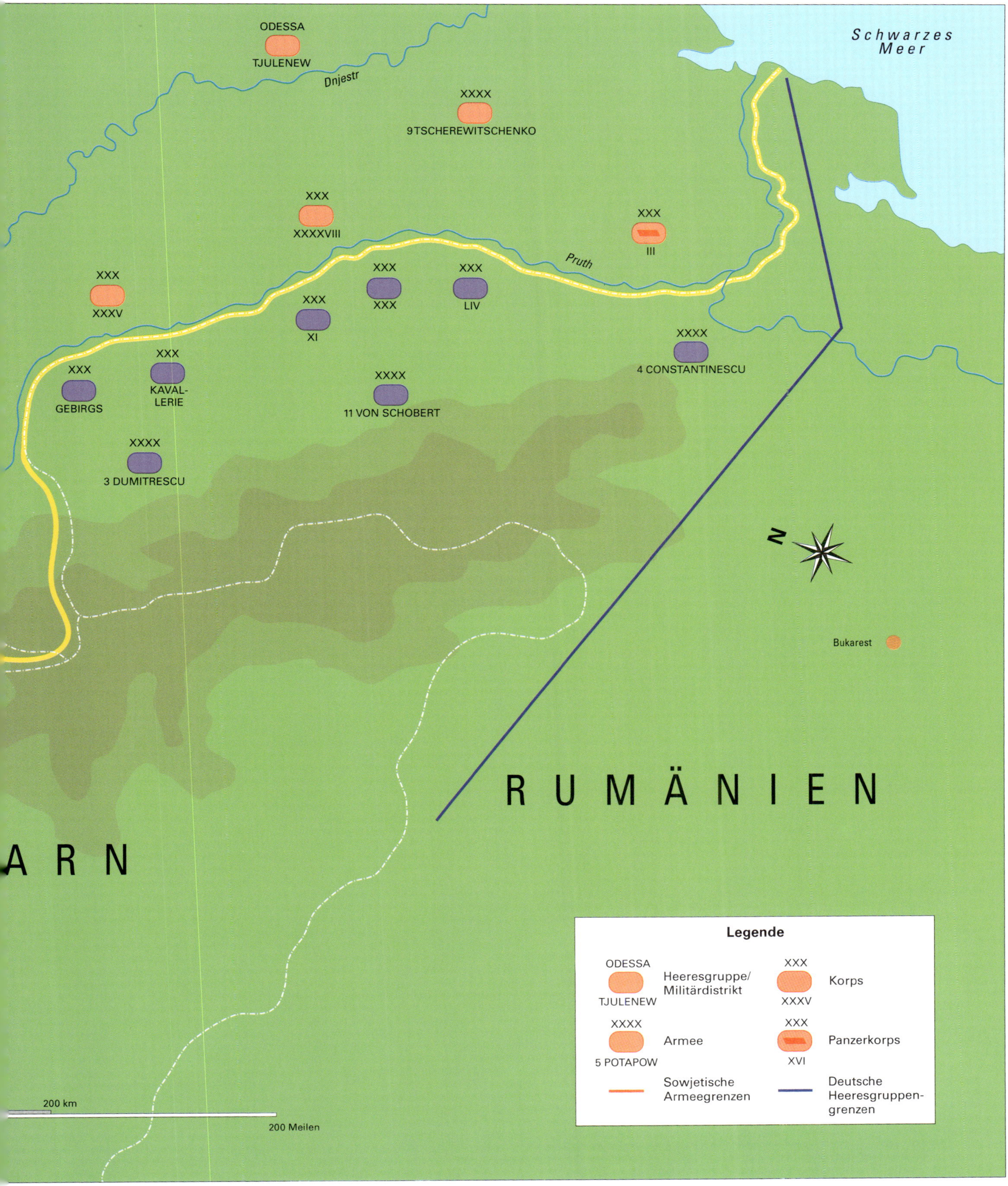
ODESSA
TJULENEW
Dnjestr
XXXX
9TSCHEREWITSCHENKO
Schwarzes Meer
XXX
XXXXVIII
XXX
III
Pruth
XXX
XXXV
XXX
XXX
XXX
LIV
XXX
XI
XXXX
4 CONSTANTINESCU
XXX
GEBIRGS
XXX
KAVAL-
LERIE
XXXX
11 VON SCHOBERT
XXXX
3 DUMITRESCU
N
Bukarest
RUMÄNIEN
ARN
200 km
200 Meilen
Legende
ODESSA
TJULENEW
Heeresgruppe/
Militärdistrikt
XXX
XXXV
Korps
XXXX
5 POTAPOW
Armee
XXX
XVI
Panzerkorps
Sowjetische
Armeegrenzen
Deutsche
Heeresgruppen-
grenzen

Der erste Invasionsplan für die Sowjetunion von Generalmajor Erich Marcks nach Anforderung von General Halder vom OKW im Juli 1940. Er sah massive Vorstöße in Richtung Moskau und Kiew vor, während die Flanken an der Ostsee und am Schwarzen Meer von leichteren Einheiten geschützt werden sollten.

Der aus dem Marcks-Plan entwickelte Plan des OKH verlegte den Schwerpunkt des Angriffs auf Leningrad, wobei der Vorstoß auf Moskau auf Kosten des Angriffs auf Kiew verstärkt wurde. Er wurde Hitler am 5. Dezember 1940 vorgelegt.

In Hitlers Variante wurde der Schwerpunkt der Angriffe nach Norden verlagert, mit Leningrad als Haupt- und Moskau als Zweitziel. Alle Pläne trugen den Pripjet-Sümpfen Rechnung, die einen Vormarsch durch Weißrussland ausschlossen.

Oben: Müde, schmutzig, stinkend und demoralisiert werden sowjetische Kriegsgefangene westwärts getrieben. Im Sommer 1941 kamen sie den Deutschen wie eine Armee von Untermenschen vor. Diese verachteten Slawen sollten jedoch zum Untergang des „Dritten Reiches“ werden.

Personal der SIPO und des SD ausgestattet. Ihre Aufgabe war es, gegen „Feinde des Reiches“ vorzugehen – was de facto hieß, kommunistische Funktionäre, Juden und Roma umzubringen. Otto Rasch verfügte, dass jeder Mann seiner Einsatzgruppe an den Exekutionen beteiligt sein musste, damit der Einzelne „sich selbst überwinde“. Das garantierte den Zusammenhalt durch kollektive Schuld. Als General Halder im Dezember 1941 Befehlshaber der Wehrmacht in Orscha versammelte, lobten die Generäle einhellig die Einsatzgruppen: „Diese Männer sind Gold wert. Sie garantieren unsere rückwärtigen Verbindungen und ersparen uns dadurch, selbst Truppen dafür aufzustellen.“

KOMMISSARENERLASS

Der Druck auf die Soldaten nahm zu, als Hitler am 6. Juni 1941 Richtlinien für die Truppen in Russland bekannt gab:
1. Der Bolschewismus ist der Todfeind des nationalsozialistischen deutschen Volkes. Deutschlands Kampf richtet sich gegen diese zerstörerische Ideologie und seine Anhänger.
2. Dieser Kampf erfordert mitleidlose und energische Maßnahmen gegen bolschewistische Agitatoren, Partisanen, Saboteure und Juden sowie die Beseitigung jeglichen Widerstands.

Ein Befehl, bekannt als *Kommissarerlass*, der befahl, dass sowjetische Offiziere und Kommissare der Roten Armee exekutiert werden sollten, wurde ebenfalls am 6. Juni 1941 erlassen. Er lautete: „Im Kampf gegen den Bolschewismus dürfen wir nicht annehmen, dass das Verhalten des Feindes auf den Gesetzen der Menschlichkeit oder internationalem Recht fußt. Politische Offiziere haben barbarische, asiatische Methoden der Kriegsführung eingeführt. Folglich wird ihnen mit sofortiger und größter Härte begegnet. Grundsätzlich werden sie sofort erschossen, ob sie gefangen genommen wurden oder Widerstand leisteten. Die folgenden Vorschriften werden befolgt ... Bei Gefangennahme werden sie sofort von den anderen Gefangenen getrennt ... Nachdem sie getrennt wurden, werden sie liquidiert."

Der Befehl war von Keitel unterzeichnet und von Halder und Generalfeldmarschall Walther von Brauchitsch, dem Oberbefehlshaber des Heeres, akzeptiert. Allerdings lässt sich zu deren Entlastung anführen, dass sie eine Vorschrift erließen, in der die Pflicht der Truppen zum Kampf betont wurde, die keine Zeit für Such- und Säuberungsaktionen ließe. Keinem Soldaten wurde erlaubt, auf eigene Faust zu handeln; die Soldaten durften stets nur auf Befehl handeln.

Die Befehlshaber der unteren Ebenen fanden den Erlass abscheulich und verweigerten seine Verbreitung. Sie waren entsetzt über die Verabschiedung von traditionellen Werten des Heeres, die sie aus ihrer Sicht war. Ein Befehlshaber verlas den Erlass in „Totenstille" und erinnerte seine Offiziere an die Haager Landkriegsordnung und ihre Vorschriften zur Behandlung von Gefangenen. Er schloss: „Jeden, der Gefangene und Verwundete misshandelt, stelle ich vor das Kriegsgericht. Haben Sie mich verstanden, meine Herren?"

Hauptmann Klaus von Bismarck vom 4. Infanterie-Regiment entschied, dass er keine Kommissare erschießen würde, weil er als Soldat und Christ nicht einsehe, weshalb Wehrmachtsangehörige andere töten sollten, nur weil diese eine andere Weltanschauung hätten.

TOD EINES VOLKSKOMMISSARS

Peter Neumann, Unteroffizier der Waffen-SS, 5. Panzerdivision „Wiking", beschreibt die Umsetzung des Kommissarenerlasses durch einen Unteroffizierskameraden namens Libesis:

„Gelassen, wie beiläufig steht der Gefreite auf und tritt auf einen der Kommissare zu.

‚Narodnii Komissar li voui?' (‚Du bist ein Volkskommissar?')

‚Da. Potchemoi?' (‚Ja. Warum?'), antwortet der Mann überrascht.

Libesis nimmt langsam seine Mauser aus dem Halfter, lädt sie unter den geweiteten Augen des Russen, zielt auf den kahlen Kopf und drückt ab. Jetzt gibt es nur noch einen Volkskommissar. Einen Moment später gibt es gar keinen mehr. Der erste Mann glitt mit einem Schrei zu Boden, ohne zu wissen, was passiert war. Der zweite versuchte wegzulaufen. Die Kugel muss ihn im Rückenmark getroffen haben, weil er einige Zeit auf dem Boden rollte, mit seinen Beinen in alle Richtungen tretend, ohne den Körper zu bewegen. Dann wurde er ein für allemal starr."

STRAFLOSE VERBRECHEN

Allerdings wurde die Hinrichtung von Kommissaren nicht nur von den Einsatzgruppen und der SS ausgeführt, sondern auch von einfachen Soldaten, obwohl sie eigentlich Offizieren vorbehalten war. Der „Barbarossa-Erlass" befreite Soldaten von einer Anklage, wenn sie ein Verbrechen gegen einen sowjetischen Bürger verübt hatten. Der Krieg im Osten wurde immer brutaler und barbarischer und dies sollte sich auch im Westen wiederholen, wo deutsche Truppen nach der Landung der Allierten am D-Day Gefangene ermordeten, Zivilisten töteten und Dörfer niederbrannten – auch wenn Veteranen eingestehen würden, dass diese Verbrechen nichts im Vergleich zum Geschehen in der Sowjetunion waren.

In Kiew wurden am 29./30. September 1941 33.000 jüdische Männer, Frauen und Kinder aus der Stadt zur Schlucht von Babi Jar gebracht und von Männern der Einsatzgruppe C unter SS-Standartenführer Paul Blobel mit Maschinengewehren getötet. Die Einsatzgruppe hatte Aushänge gemacht, die Juden aufforderten, sich zur Umsiedlung zu melden. Sie sollten Nahrung und Kleidung mitbringen. In Babi Jar wurden sie in Hundertergruppen getötet. Ehemalige Exekutierende berichteten, dass es einfacher war, die Juden zu töten, die ruhig ihren Tod erwarteten; die Roma bereiteten Probleme, da sie in Leid und Schrecken umherliefen und so ein schwierigeres Ziel abgaben. Manche überlebten das Feuer und versuchten, sich durch die Berge zerstörter und blutender Körper an die Oberfläche zu kämpfen; wenn sie entdeckt wurden, töteten sie die Männer der Einsatzgruppe. Kinder wurden direkt in die Schlucht geworfen.

Insgesamt töteten die Einsatzgruppen etwa zwei Millionen Menschen in Osteuropa, bevor die industrialisierten Methoden der Vernichtungslager üblich wurden. Viele deutsche Soldaten trugen Kameras mit sich und wurden zu „Gräueltouristen", die Schnappschüsse von Erhängungen und Erschießungen machten, viele zeigen grinsende Deutsche im Hintergrund. In Babi Yar erließ Feldmarschall von Rundstedt den Befehl, dass Soldaten der Heeresgruppe Süd die Einsatzgruppe nicht beobachten und fotografieren dürften, aber er befahl es nicht, um diese Aktion einzustellen.

Der Tod kann jedoch auch auf andere Weise kommen. In einer Richtlinie zur wirtschaftlichen Ausbeutung der UdSSR, veröffentlicht am 23. Mai 1941, behauptete Reichsmarschall

Hermann Göring, dass Hungersnot und der Tod von Millionen Russen hierfür unvermeidlich sei.

Infanterist Robert Rupp schrieb seiner Frau: „Nur selten weine ich. Weinen ist hier kein Ausweg. Wenn ich wieder zurück bei dir bin und Ruhe finde, werden wir viel weinen müssen und du wirst mich verstehen können. Hier ist kein Ort zum Weinen, selbst wenn man mit den traurigsten Szenen konfrontiert wird … Mitgefühl und Schuld erwachten allmählich bei jedem. Eine große Scham entsteht. Manchmal schäme ich mich selbst dafür, geliebt worden zu sein.“ Rupp starb am 4. Dezember 1941 im Schnee bei Kashira.

Unten: Deutsche Feldgendarmen mit einer Erma EMP P08 Maschinenpistole führen bei Smolensk eine Schnellexekution durch. Die Feldgendarmerie war auch für formale öffentliche Strangexekutionen von gefangenen oder verdächtigten Partisanen in den besetzten Gebieten verantwortlich.

DER PREIS

Sechs Monate zuvor, als Berlin in der Hitze briet, genehmigte Hitler den Angriff im Osten. Am 21. Juni 1941 um 13.00 Uhr erließ das OKW das Kennwort „Dortmund“ und bestätigte, dass die Stunde null am 22. Juni um 3.30 Uhr sein würde.

Im folgenden Krieg dienten geschätzte 30 von 194,1 Millionen Russen beim Militär, davon sollten 11 Millionen als gefallen oder vermisst gemeldet werden, gemeinsam mit 6,7 Millionen Zivilisten. Von 6 Millionen gefangenen Sowjetarmisten sollte nur einer von zehn zurückkehren. Vom deutschen Heer, die Waffen-SS eingeschlossen, sollten 2.415.690 Männer tot oder vermisst werden, 3.498.060 verwundet, eine unbekannte Zahl gefangen genommen werden.

Wärend der letzten Sekunden am Sonntag, den 22. Juni 1941, konnten sich nur wenige Deutsche vorstellen, dass sie einen Krieg begonnen hatten, der solches Unheil über zwei Nationen bringen sollte.

KAPITEL DREI

DIE LAGE DER SOWJETUNION

Die Sowjetunion war auf die deutsche Invasion schlecht vorbereitet, doch 1941 rüstete sie mit neuen Kampfflugzeugen und Panzern wie KV-1 und T-34 auf. Innerhalb von zwei Jahren sollten diese Waffen sowie eine verbesserte sowjetische Taktik die taktische Initiative zugunsten der Russen verschieben. Doch weil Stalin nicht glauben wollte, dass Hitler den deutsch-sowjetischen Pakt von 1939 brechen würde, kam es anfänglich zu schrecklichen Verlusten.

Im Frühjahr 1941 erhielt Stalin zahlreiche Anzeichen dafür, dass die Deutschen ihre Streitkräfte an der sowjetisch-polnischen Grenze massierten, doch er ignorierte sie, vielleicht weil er sich durch den deutsch-sowjetischen Pakt in Sicherheit wähnte. Vielleicht wollte er Hitler nicht provozieren oder er glaubte, dass der Führer im Osten keinen Krieg beginnen würde, solange England nicht besiegt war. Zweifrontenkriege hatten schon immer in Katastrophen geendet.

Zu diesen von Stalin ignorierten Anzeichen zählte die Verbesserung und der Ausbau der Straßen- und Bahnverbindungen von Deutschland durch Osteuropa bis an die Grenzen der Sowjetunion. Das „Otto-Programm" genannte Projekt – „Otto" stand für „Ost" – hatte am 1. Oktober 1940 begonnen und wurde am 10. Mai 1941 fertig gestellt – gerade rechtzeitig für den Angriff.

Links: Ein T-34/76A- und zwei T-34/76B-Panzer blieben im Sumpf stecken und wurden von den Deutschen erbeutet. Die Panzer scheinen unbeschädigt, doch die Türme sind defensiv ausgerichtet. Die Deutschen waren auf den fast unverwundbaren T-34 nicht vorbereitet.

SOWJETISCHER GEHEIMDIENST

In Tokio erfuhr Richard Sorge, ein deutscher Kommunist und Agent des sowjetischen Geheimdienstes GRU (*Glavnoye Razvedyvatel'noye Upravleniye,* zentrale Spionageverwaltung), bereits vier Monate vor dem Angriff von Barbarossa und warnte die Russen.

Die *Rote Kapelle*, die größte Spionage- und Widerstandsbewegung in Deutschland und dem besetzten Europa, hatte Moskau seit 1938 mit Informationen versorgt. Obwohl sie nach dem deutsch-sowjetischen Pakt im August 1938 offiziell aufgelöst worden war, hatte auch sie Stalin gewarnt. Nach der deutschen Invasion 1941 wurde sie reaktiviert und innerhalb eines Jahres schickten an die 100 Funkstationen Nachrichten an die UdSSR.

Treibende Kraft hinter der Operation war Leopold Trepper, ein polnischer Jude, der in Belgien lebte und Kontakt zu regimekritischen Deutschen hielt. Trepper war auch als „Gilbert" bekannt und, eher anmaßend, als „Grand Chef". Die wichtigsten Kontakte der *Roten Kapelle* waren Harro Schulze-Boysen, ein Enkel von Admiral von Tirpitz, der im HQ der Luftwaffe in Berlin arbeitete, und Arvid Harnack, der Neffe einer berühmten Theologin und Mann der Amerikanerin namens Mildred. Im August 1942 verhaftete die Abwehr 46 Personen, darunter Funker und ihre Ausrüstung. Mit den Funkgeräten verschickte der SD falsche Nachrichten. Die Mitglieder der *Roten Kapelle* wurden brutal verhört und alle Männer im Gefängnis Plötzensee in Berlin gehängt, während Mildred Harnack und die anderen Frauen auf der Guillotine landeten. Trepper wurde in Frankreich inhaftiert und verhört, konnte jedoch entkommen. Nach der Befreiung wurde

MEISTERSPION

Richard Sorge wurde 1895 als Sohn eines deutschen Ingenieurs, der für die Kaiserliche Russische Erdölgesellschaft arbeitete, in Baku im Kaukasus geboren. Interessanterweise war er auch der Enkel eines Sekretärs von Karl Marx. Als er drei war, kehrte seine Familie nach Deutschland zurück. Im Ersten Weltkrieg diente er an der Westfront und wurde schwer verwundet. 1917/18 studierte er in Berlin, Kiel und Hamburg und wurde in dieser Zeit Kommunist und aktiver Agent für die Comintern, die internationale kommunistische Bewegung.

Für einen deutschen Nachrichtendienst ging er nach China, wo er in Shanghai stationiert war. Dann ging er als Korrespondent der Frankfurter Allgemeinen Zeitung nach Tokio, Japan. Als großer, unordentlicher Mann und schwerer Alkoholiker wurde er zu einer Art Unikum in der deutschen Gemeinde in Japan, vor allem, als er eine Wohnung in einem der Slums von Tokio bezog. Er trat der NSDAP bei, was seine Tarnung stärkte. Als Presseattaché der deutschen Botschaft war er Vertrauter von General Eugen Ott, Hitlers Gesandten beim Kaiser.

Sorge und sein japanischer Assistent wurden schließlich von der japanischen Spionageabwehr aufgespürt und im Oktober 1941 inhaftiert. Laut Berichten wurde er am 7. November 1944 in Tokio gehängt. 1964 verlieh ihm die UdSSR posthum die Auszeichnung „Held der Sowjetunion" und gab eine Gedenkbriefmarke heraus, auf der der Spion abgebildet war.

Oben: Richard Sorge, dessen exzentrischer Lebensstil sich als wirksame Tarnung für seine Arbeit als Spion für die Sowjetunion erwies. Als Journalist in Tokio war er Mitglied der deutschen Gemeinde in Japan und wurde in militärische und diplomatische Geheimnisse eingeweiht.

er nach Moskau geflogen, dort wegen Kollaboration mit den Deutschen angeklagt und eingekerkert. Nach 10 Jahren wurde er nach Stalins Tod entlassen und emigrierte nach Israel.

DIE ENIGMA

In der Schweiz operierte der Spionagering „Lucy" unter der Leitung des Ungarn Sándor Rado, den Rudolf Rössler unterstützte, ein bayrischer Journalist mit tiefprotestantischer Überzeugung. „Lucy" lieferte wertvollste Informationen, darunter hochbrisantes Material aus Enigma-Meldungen, die aus Großbritannien gefiltert wurden. Die Nachrichten, die aus entzifferten Enigma-Funksprüchen an „Lucy" weitergegeben wurden, stammten von einem Agenten namens „Werther". Bis in den 1970er-Jahren Details der Enigma-Operationen enthüllt wurden, nahm man an, dass „Werther" ein höherer Offizier oder Offiziere im Inneren des OKW waren, und Nachkriegshistoriker spekulierten ohne Ergebnis über die Identität des Verräters. Am 14. Juni bestätigte „Lucy", dass der Angriff auf die UdSSR am 22. Juni erfolgen würde.

Unglaublicherweise war dies nicht der erste Bericht, der diesen Tag erwähnte. Bereits am 25. April 1941 schickte der deutsche Kriegsmarineattaché in Moskau via Außenamt in Berlin ein Telegramm an das Oberkommando der Marine. Seine Nachricht war elektrisierend: „Gerüchte über einen drohenden deutsch-russischen Krieg nehmen enorm zu. Der britische Botschafter nennt den 22. Juni als Datum für den Kriegsbeginn."

Letztlich hätte der sowjetische Führer *Mein Kampf* lesen sollen, wo Hitler meinte: „Jedes Bündnis, dessen Zweck nicht in der Absicht besteht, Krieg zu führen, ist nutzlos."

Der britische Premierminister Winston Churchill in London kontaktierte Mitte April Sir Stafford Cripps, den britischen Botschafter in Moskau, mit einer Nachricht für Stalin: „Das Folgende ist von mir an M. Stalin, vorausgesetzt, es kann persönlich durch Sie überbracht werden: ‚Ich habe sichere Informationen von einem vertrauenswürdigen Agenten, dass die Deutschen, als sie glaubten, Jugoslawien in der Tasche zu haben, das war nach dem 20. März, begannen, drei von fünf Panzerdivisionen aus Rumänien nach Südpolen abzuziehen. Als sie von der Revolution in Serbien hörten, wurde diese Verschiebung sofort widerrufen. Eure Exzellenz wird die Bedeutung dieser Fakten sicher verstehen.'" Churchill erwähnte absichtlich nicht, dass die „sichere Information" aus Enigma-Nachrichten stammte. Das war streng geheim.

ORGANISATION DES KRIEGES

Stalin dachte sehr wohl, dass es einen Krieg mit Deutschland geben würde, aber erst 1942. Der Historiker und Veteran des Zweiten Weltkrieges, Dmitri Volkogonow, drückte es dramatisch

Links: Ein russischer Flak-Schütze sucht mit einem dreiläufigen Maxim-1910-Maschinengewehr den Himmel ab. Da es Winter ist und die MGs luftgekühlt, sind sie ohne Kühlwassergehäuse leichter zu handhaben.

JOSEF STALIN

Stalin, der sowjetische Führer, der den Krieg im Osten dominieren sollte, wurde am 21. Dezember 1879 in einer armen Familie in Gori, Georgien, geboren. Er wurde auf den Namen Josef Wissarjonowitsch Dschugaschwili getauft. Von 1888 bis 1894 wurde er gezwungen, in der Kirchenschule von Gori, wo er von Freunden „Soso" genannt wurde, Russisch zu lernen. Als guter Schüler erhielt er ein Stipendium am Priesterseminar in Tiflis. Er las viel, unter anderem *Das Kapital* von Karl Marx, und wurde Marxist. Er verließ das Seminar vor dem Abschluss und trat 1899 der Sozialdemokratischen Partei bei, wo er als Propagandist bei den Eisenbahnarbeitern in Tiflis wirkte. 1902 wurde er in Batumi für ein Jahr eingesperrt, bevor er nach Sibirien verbannt wurde, von wo er 1904 fliehen konnte. Nach seiner Rückkehr heiratete er Jekaterina Swanidse, die 1910 starb; im selben Jahr nahm er den Namen „Stalin" („Mann aus Stahl") an. Seine zweite Frau, Nadeschda Allilujewa, beging 1932 Selbstmord. Zwischen 1902 und 1913 wurde Stalin achtmal inhaftiert, siebenmal verbannt und floh sechsmal.

In den letzten Jahren des zaristischen Russland war Stalin eher ein Mitläufer denn ein Führer. Er unterstützte die bolschewistische Fraktion der Partei und raubte 1907 eine Bank in Tiflis aus, um die Einlagen zu „enteignen". Lenin förderte ihn in der Partei, indem er ihn 1912 in das bolschewistische Zentralkomitee kooptierte. Im Jahr darauf war er kurzzeitig Herausgeber der neuen Parteizeitung *Prawda* („Wahrheit"). Nach der Revolution vom März 1917 kehrte Stalin nach St. Petersburg zurück und übernahm die Herausgeberschaft der *Prawda*. Lew Kamenew und er lenkten bis zu Lenins Rückkehr im April die Parteibeschlüsse. Sie befürworteten eine gemäßigte Politik und Kooperation mit der provisorischen Regierung. Als Experte für Nationalismus bestimmte ihn Lenin zum Kommissar für Nationalitätenfragen. Gemeinsam mit Jakow Swerdlow und Leo Trotzki half er Lenin in der ersten Phase des Bürgerkrieges und diente als Kommandeur an mehreren Fronten. 1919–23 war er Kommissar für staatliche Kontrolle. Als Zentralsekretär der Partei konnte er sich ab 1922 eine Machtbasis schaffen, die er nach Lenins Tod 1924 festigte. 1929, an seinem fünfzigsten Geburtstag, war er alleiniger Führer der Sowjetunion.

Auf die magere Agrarproduktion reagierte Stalin 1920 mit der rücksichtslosen Enteignung von Getreide der Bauern in der Ukraine. Als 1929 weitere Krisen drohten, dehnte er die bis dahin gemäßigte Kollektivierung der Landwirtschaft zu einer landesweiten Offensive gegen die landbesitzende Bauernschaft (*kulaks*) aus. Das führte zu großen Hungersnöten und zum Tod von rund 60 Millionen *kulaks*. Die Industrialisierungs- und Elektrifizierungsprogramme der 30er-Jahre waren erfolgreicher und machten die rückständige UdSSR zu einer Industriemacht. Liberale und intellektuelle westliche Besucher waren beeindruckt und beschrieben die Sowjetunion als „die Zukunft". Diese industrielle Basis war im Zweiten Weltkrieg entscheidend; Frauen bauten jene Waffen, mit denen Nazideutschland besiegt wurde.

Stalins Verfolgungen der Opposition, ob echt oder eingebildet, durch Exekutionen und Inhaftierung in *Gulags*, den von der Geheimpolizei NKWD (*Narodny Kommissariat Wnutrennich Djel*, Volkskommissariat für Innere Angelegenheiten) geleiteten Arbeitslagern, machten ihn zum größten Tyrannen des 20. Jahrhunderts, der in Wahrheit noch blutdurstiger war als Hitler.

Stalin nahm an den Alliierten Konferenzen in Teheran (1943), Jalta und Potsdam (beide 1945) teil. Er erreichte die Anerkennung der sowjetischen Einflusssphäre in Osteuropa und dehnte die kommunistische Herrschaft nach dem Krieg über die von der Roten Armee befreiten Länder aus. Seine Entschlossenheit, jeden weiteren Angriff auf die UdSSR zu verhindern, führte zum Wettrüsten und zum Kalten Krieg.

In seinen letzten Lebensjahren wurde er zunehmend paranoid und gebrechlich. Im Januar 1953 befahl er die Verhaftung vieler Moskauer Ärzte, großteils Juden, wegen medizinischer Attentate. Die Prozesse um die so genannte „Ärzte-Verschwörung" fanden durch seinen Tod am 5. März 1953 ein Ende.

aus: „Stalin war wie Gott auf Erden. Nur er sagte: ‚Der Krieg wird nicht stattfinden' ... Wahrscheinlich stand Stalins Täuschung über den Ausbruch des Krieges in direktem Zusammenhang mit früher schon unterdrückten Informationen, die er nicht hören wollte. Was nicht geschehen sollte, war demnach höchst unwahrscheinlich."

1941 betrug die Bevölkerung der UdSSR Stalins einschließlich der jüngst eroberten baltischen Staaten 190 Million. Sie bestand aus mehr als 170 verschiedenen Völkern, die 140 verschiedene Sprachen sprachen. Doch nur 20 davon waren größer als eine halbe Million und die dominanten ethnischen Gruppen waren Russen und Ukrainer.

> Die meisten Menschen liebten ihn. Es klingt seltsam, sie liebten ihn, respektierten ihn, verehrten ihn fast wie einen Gott und vertrauten ihm bedingungslos. Man hatte das Gefühl, er kam aus höheren Sphären. Doch man befürchtete auch, dass er etwas falsch verstehen könnte.
>
> *Stephan Mikojan, ein Freund von Stalins Familie*

DIE SOWJETISCHE ARMEE

Die sowjetischen Streitkräfte umfassten fünf Hauptelemente: die Bodenstreitkräfte (79,3 Prozent), die Marine (5,8 Prozent), die Luftwaffe (11,5 Prozent), die Nationale Fliegerabwehr und die Versorgung. Die Bodenstreitkräfte waren der bei weitem größte Teil; sie bestanden aus fünf Hauptwaffengattungen (Schützen, Panzer und Grenadiere, Artillerie, Kavallerie und Luftangriffsstreitkräfte) sowie einer Reihe von Hilfseinheiten, die für Eisenbahn-, Fahrzeug-, technische, chemische, Abwehr- und Funkoperationen zuständig waren.

Das sowjetische Kommando bezeichnete seine Infanterie als Schützenverbände, was auf eine alte Tradition zurückging, der zufolge Schützen(*streltsi*) besser waren als reine Infanteristen (*pyekhoty*). Die Schützen waren im Juni 1941 das größte Einzelelement der Roten Armee; sie umfassten 75 Prozent der Frontverbände. Bei Ausbruch des Krieges hatte die Rote Armee 303 Divisionen, von denen 88 neu formiert wurden und nicht wirklich kampfbereit waren. Es gab damals vier Hauptarten von Schützendivisionen: 178 normale, 18 Gebirgs-, 31 motorisierte für das Panzergrenadierkorps sowie zwei unabhängige motorisierte Schützendivisionen.

Die Panzer und Panzergrenadiere machten nur etwa 10 Prozent der Stärke der Roten Armee aus, waren für den Endsieg jedoch wichtig. Die Panzergrenadierverbände waren 1941 sehr stark; sie umfassten 29 Panzergrenadierkorps, von denen jedes – mit zwei Panzer- und zwei Schützendivisionen – größer war als die Panzerdivisionen der einfallenden Wehrmacht. Obwohl die Sowjetunion auf dem Papier über beachtliche 28.000 Panzerfahrzeuge verfügte, waren real nur 2.000 im europäischen Teil Russlands verfügbar.

Die Panzer, vor allem T-26-Infanteriepanzer und schnelle BT-Panzer, galten als veraltet, doch mit ihrer 45-mm-Kanone waren sie dem PzKpfw II ebenbürtig. Das Problem war eher Mangel an Wartung und Ersatzteilen. 1941 benötigten 44 Prozent größere Reparaturen, 26 Prozent konnten nicht vor Ort repariert werden. Wenn sich sowjetische Panzertruppen zurückzogen, hinterließen sie eine Spur kaputter Fahrzeuge.

Die sowjetische Artillerie sollte für 60 bis 80 Prozent der Verluste des deutschen Ostheeres verantwortlich zeichnen. Zu Beginn des Krieges verfügte jede Schützendivision über zwei Artillerieregimenter mit 76-, 122- und 152-mm-Kanonen und -Haubitzen. Obwohl sich die deutschen Richtschützen oft über die technischen Fähigkeiten ihrer Gegner lustig machten, deren Beschuss berechenbar war und oft nur direkt auf Frontstellungen niederging, hatten die Soldaten in diesen Stellungen großen Respekt vor deren Feuerkraft.

Die sowjetische Kavallerie, die zum Teil aus emotionalen Gründen beibehalten wurde, spielte in den frühen Kämpfen keine Rolle, sollte später jedoch wichtiger werden. Der Einfachheit halber wurden die Formationen der Armee oft nach ethnischen Kriterien gebildet, mit russischen Offizieren und Kommissaren. Befehle wur-

Rechts: Der leichte sowjetische T-26A-3 Panzer mit 37-mm- und 7,62-mm-Maschinengewehren. Obwohl er 1941 veraltet war, wurden die verschiedenen Modelle des T-26 in den Kampf gegen die Deutschen geschickt. Der T26B verfügte über eine 45-mm-Kanone.

den auf Russisch erteilt. Durch diese ethnischen Konzentrationen kamen sehr unterschiedliche Kampfleistungen zustande. Manche Männer empfanden Moskau gegenüber kaum Loyalität und ergaben sich gern den Deutschen, die sie als Befreier sahen. Andere kämpften bis in den Tod.

Auch die russische Gesellschaft wurde stark von der Kommunistischen Partei reglementiert und kontrolliert. Junge Männer und Frauen wurden in der *Osoaviakhim*-Organisation medizinisch und militärisch ausgebildet. Dadurch hatten Männer bereits eine Grundausbildung, bevor sie eingezogen wurden. Am 27. Juni 1941 wurden die Mitglieder des *Komsomol* (Liga der Kommunistischen Jugend) als „politische Soldaten" mobilisiert. Sie wurden im Partisanenkrieg hinter den deutschen Linien zu gefürchteten Gegnern.

NATÜRLICHE HINDERNISSE

Im Lauf des Jahres 1941 veränderte sich die deutsche Truppenstärke an der sowjetisch-deutschen Grenze. Anfang März 1941 standen im Osten 34 Divisionen, am 23. April waren es bereits 59 und am 5. Juni 100. In einem erschütternden Beispiel von naivem Wunschdenken glaubte Stalin, der brutale Intrigant, dass die Deutschen eine formelle Kriegserklärung aussprechen würden. Die Sowjets nahmen an, dass Größe und Intensität des Angriffs nach einer Kriegserklärung begrenzt wären und sie Zeit hätten, ihre Reserven zu mobilisieren. Daher gab es einige Grenztruppen, doch nur wenige Reserven, um ein deutsches Eindringen abzuwehren.

Hinter ihnen gab es an der Grenze Abwehranlagen aus der Zeit vor 1939, die großspurig *Liniastalina* (Stalinlinie) genannt wurden. Von Norden aus folgten diese Betonbunker natürlichen Hindernissen wie dem Peipussee, den Flüssen Welikaja und Dnjepr, dem Ost- und Südrand der Pripjetsümpfe quer durch die Urkaine zum Dnjestr im Süden. Obwohl die Sowjets nie so hoch entwickelte Verteidigungsanlagen wie die Deutschen beim West- und beim Atlantikwall bauten, so errichteten sie doch gewaltige getarnte Feldbunker und konnten sich rasch verschanzen, wenn sie erst einmal Fuß gefasst hatten.

Ende Juni 1941 wurde die Fähigkeit der sowjetischen Soldaten demonstriert, effektive Abwehranlagen zu bauen. Nachdem die 4. Panzerdivision durch die deutschen Panzergruppen schwere Verluste erlitten hatte, zog sie sich in den riesigen Urwald von Bialowieza zurück, wo sie sich ver-

Links: Bei der Mai-Parade 1938 passieren sowjetische T-38-Amphibienpanzer das Lenin-Mausoleum. Der leicht bewaffnete T-38 plawaiuschtschiwa *(Amphibienpanzer) wurde 1936 in Dienst gestellt und war 1941 noch immer eine der Stärken der Roten Armee.*

WAFFEN UND SOLDAT

Im Sommer trugen gewöhnliche sowjetische Soldaten einen khakifarbenen Pullover, ein Hemd (*gymnastiorka*) und passende verstärkte Hosen (*sharowri*). Sie hatten Knöchelstiefel und Wickelgamaschen sowie Stoffstreifen um die Füße anstelle von Socken. Ihre Helme waren M1936 oder M1940, eine modifizierte Version des Schweizer Armeehelmes, obwohl einige Soldaten noch immer den M1916 „Adrian“ trugen, der auf dem französischen Helm beruhte. Die beliebte khakifarbene Schirmmütze (*pilotka*) war bereits eingeführt. 1941 waren die meisten Soldaten mit dem Moisin-Nagant-Gewehr 7,62 mm M1891/30 bewaffnet. Mit Zielfernrohr war das Moisin Nagant eine wirksame Heckenschützenwaffe. Scharfschützen in Tarnuniformen, darunter auch Frauen, sollten den Deutschen später arg zusetzen. Die robuste Maschinenpistole PPs-H-41 wurde in Dienst gestellt und bei ausgewählten Einheiten getestet. Das wassergekühlte mittelschwere Maschinengewehr Maxim M1910 mit Gurtmagazin war eine verlässliche, wenn auch schwere Waffe, während die Trommel-MP DP aus 1928 die Gruppenwaffe war. Die Deutschen benutzten erbeutete Tokarew SVT-40 Selbstladegewehre und das Walther-Entwicklerteam kopierte sie in Form des Gew 43. Sowjetische Soldaten wurden trainiert, sich rasch zu verschanzen und robuste Feldstellungen zu bauen; im Nahkampf verwendeten sie auch ihre Klappspaten als Waffen.

Links: Deutsche Gebirgstruppenoffiziere inspizieren erbeutete russische Selbstladegewehre vom Typ Tokarew SVT-40. Die Deutschen zogen diese hoch gepriesenen Waffen, die auf Einzelschuss oder Vollautomatik gestellt werden konnten, ihren eigenen Dienstwaffen vor.

schanzte. Sie nutzte den sumpfigen Boden als Hindernis und beseitigte die Deckung in Knöchelhöhe. Bunker boten Rundumschutz, hatten aber Deckung an der Vorderseite, sodass die 78. Infanteriedivision beim Vorbeimarschieren von hinten unter Feuer genommen werden konnte. Rotarmisten hatten Kampf im Wald trainiert, während die deutschen Soldaten von den Wäldern des Reichs eifersüchtig fern gehalten worden waren. Bei Kampfende am 29. Juni hatte die Division 600 getötet, 1.140 gefangen genommen und dabei selbst nur 114 Gefallene und 125 Verwundete zu verzeichnen.

Entlang der Grenze von 1939 waren etwa 2.500 befestigte Posten errichtet worden, doch alle bis auf 1.000 waren bloß mit Maschinengewehren bestückt. Der von Stalin genehmigte Mobilmachungsplan (MP-41) vom Februar 1941 sah den beschleunigten Neubau vor. Zwischen Ende Februar und Anfang März trat der Oberste Militärrat in Moskau zusammen. G. I. Kulik, stellvertretender Kommissar für Rüstung, B. M. Schaposchnikow, stellvertretender Kommissar für befestigte Gebiete, und A. A. Schdanow als Mitglied des Politbüros drängten, dass die *Liniastalina* gekürzt würde, um die neuen Grenzbefestigungen zu verstärken. Ihnen widersprachen Schukow und Verteidigungskommissar Timoschenko.

BEFESTIGUNGEN

An der Grenze bemerkten deutsche Offiziere auf Aufklärungspatrouillen und in vorgelagerten Beobachtungsposten, dass 800 und 1.000 m hinter der Grenze Schützengräben ausgehoben wurden. Durch ihre Ferngläser und Artillerieteleskope konnten sie in einigen Regionen keinen Stacheldraht oder Panzerhindernisse erkennen, obwohl die NKWD-Grenztruppen Beobachtungstürme aus Holz errichtet hatten, um die herum Bunker positioniert waren.

Als *Barbarossa* erst einige Tage alt war, sah Leutnant Hans-Ulrich Rudel, ein junger Stuka-Pilot, der den Krieg als einer der meistdekorierten Piloten der Luftwaffe beendete, die sowjetischen Verteidigungsanlagen von oben: „Auf meinem ersten Einsatz bemerke ich die unzähligen Befestigungen an der Grenze. Sie reichen viele hundert Meilen tief nach Russland hinein. Teilweise sind die Stellungen noch in Bau. Wir fliegen über halbfertige Flugplätze; hier wird eben eine Betonrollbahn gebaut, dort stehen ein paar Flugzeuge bereits auf einem Flugplatz.“

Am 13. Juni inhaftierten die sowjetischen Behörden in den baltischen Staaten Estland, Lettland

Rechts: Der harte und unglaublich geduldige sowjetische streltsi *(Schütze), hier bewaffnet mit einem Moisin Nagant M1891/30-Gewehr und dessen gefürchteten Bajonett mit dem dreieckigen Querschnitt. Er trägt die Sommeruniform mit* pilotka*-Kappe und* gymnastiorka*-Hemd.*

und Litauen 50.000 potenzielle Feinde, die vielleicht den Deutschen helfen konnten. Am nächsten Tag leugneten sowjetische Zeitungen, dass ein deutscher Angriff bevorstand, doch am 15. Juni wurden die höheren deutschen Kommandeure über Tag und Uhrzeit des bevorstehenden Angriffs auf die UdSSR informiert und die Panzerverbände begannen, im Schutz der kurzen Sommernächte Stellung zu beziehen.

Am 17. Juni begann Finnland eine geheime Mobilmachung und berief Reservisten bis zum Alter von 44 Jahren ein. Auch wenn Deutschland im Winterkrieg keine Hilfe geleistet hatte, da es mit der UdSSR verbündet war, wurden die Finnen nun als potenzielle Verbündete betrachtet. Sie stimmten zu, den nördlichen sowjetischen Hafen Murmansk abzuriegeln und im Südosten des Ladogasees bei Leningrad anzugreifen.

Rechts: Panzersperren, die von den Tschechen vor dem Krieg entwickelt worden waren, sollen im Spätsommer 1941 einen Zugang nach Kiew blockieren. Da es schnell gehen musste oder aus Mangel an Bolzen und Schrauben wurden sie mit Beton befestigt.

In einer Geste voll naivem Optimismus reiste Stalin am 18. Juni aus Moskau in seinen Sommerurlaub.

KAMPFBEREITSCHAFT

Deserteure der deutschen Truppen kamen am 19. Juni über die Grenze und warnten die sowjetischen Streitkräfte vor dem bevorstehenden Angriff. Im sowjetischen Armeejargon nannte man sie „Zungen" – Männer, die freiwillig oder unter Zwang Informationen preisgaben. Einer davon war ein jun-

DIE FESTUNG VON BREST-LITOWSK

Eine einzigartige befestigte Stellung, die in den ersten Tagen der deutschen Offensive eine wichtige Rolle spielen sollte, war nach der Teilung Polens 1939 an die Sowjetunion gefallen. Die Festung wurde Mitte des 19. Jahrhunderts auf einer Insel am Zusammenfluss des westlichen Bug und der Muchawets (polnisch Muchaviec) an der Stelle der alten Stadt Brest-Litowsk errichtet. Das Projekt wurde 1799 vom russischen Militäringenieur Delowan vorgeschlagen und von den Festungsingenieuren K. Opermann, Maletzki und A. Feldmann ausgearbeitet, die vier Verteidigungszonen vorsahen. Ihr Plan wurde 1830 akzeptiert.

Die zentrale Zone, die Zitadelle, wurde auf dem Gelände des alten Wirtschaftszentrums der Stadt gebaut und dann entlang des rechten Arms der Muchawets ausgedehnt. Die südliche Festungsanlage (*Wolyn*) wurde an der Stelle der Burg Brest angelegt, die während der Errichtung der *Wolyn*-Befestigung geschleift wurde. Die nördliche Festungsanlage (*Kobryn*) wurde auf dem Gebiet des Bezirks Kobryn von Brest erbaut, wo es vorher öffentliche Gebäude und Privathäuser gegeben hatte. Der westliche Festungsteil (*Terespol*) wurde am Westarm des Bug errichtet, wo sich viele sakrale Gebäude befanden. Einige davon wurden wieder aufgebaut, andere in die Garnison integriert. Die Anlagen *Terespol*, *Kobryn* und *Wolyn* schützten die Zitadelle. Die äußere Verteidigungslinie der Festung bestand aus 10 m hohen Erdwällen mit Kasematten aus Ziegeln, die Kanäle und Brücken überdeckten.

Der Grundstein wurde am 1. Juni 1836 gelegt und das Fort wurde 1842 einsatzfähig. Das gesamte Gebiet umfasst 4 km^2 und die Verteidigungsanlagen sind 6,4 km lang. Der am besten geschützte Teil der Festung, die Zitadelle, bestand aus zweigeschossigen Baracken, die in einem etwa 2 km langen Bogen angeordnet waren. Ihre Wände sind etwa zwei Meter dick und in den 500 Kasematten konnten etwa 12.000 Soldaten mitsamt Munition und Verpflegung untergebracht werden. Das Offizierskasino lag bei der Zitadelle, ebenso die Kirche St. Nikolaus, die an der höchsten Stelle der zentralen Insel errichtet wurde. Mit den äußeren Befestigungsanlagen war die Zitadelle durch Brückentore verbunden. *Wolyn* war durch das Zarentor mit der Zitadelle verbunden und mit dem Festland durch das Südtor. Obwohl die Verteidigungsanlagen zwischen 1911 und 1914 verbessert wurden und eine zweite Reihe von Forts etwa 6 bis 7 km entfernt gebaut wurde, war das System bei Beginn des Ersten Weltkrieges noch nicht fertig. Im August 1915 evakuierte das russische Hauptquartier die Garnison und einige Verteidigungsanlagen wurden zerstört.

1918 wurde im Weißen Palais in der Festung der Friedensvertrag von Brest unterzeichnet, durch den Russland den Krieg mit Deutschland beendete. Nach dem Friedensvertrag von Riga 1921 wurde der Westen von Weißrussland einschließlich Brest-Litowsk Teil des neu geschaffenenen polnischen Staates. In den Kämpfen im September 1939 wurde die Zitadelle teilweise zerstört und die Gebäude des weißen Palais sowie der technischen Verwaltung beschädigt. Nach der Niederlage Polens wurden hier Soldaten der Roten Armee untergebracht. Im Juni 1941sollte die Festung zum Schauplatz eines Kampfes werden, der denen um Alamo und Dien Bien Phu gleichkommt, obwohl er in der sowjetischen Militärgeschichte viele Jahre lang nicht erwähnt wurde.

SCHNELLER PANZER BT-7

Die für den sowetischen BT oder *Bystrochodnii Tank* („schneller Panzer") verwendete Aufhängung wurde vom Amerikaner J. Walter Christie erfunden. Die Entwicklung reichte vom BT-2 über den BT-5 bis zum BT-7.

Der BT-7A, eine Variante des BT-7 für die Nahkampfunterstützung mit 76,2-mm-Regimentshaubitze in einem größeren Turm und zwei DT-Maschinengewehren, sollte Panzerverbände unterstützen. Er führte 50 Granaten für das Hauptgeschütz mit und war etwas schwerer als der BT-7. Der OP-7 war eine Flammenwerferversion, bei der der Flammölbehälter in einem Korb rechts am Rumpf befestigt war. Der BT-7 (V) oder BT-7TU war das Kommandomodell; er hatte den Turm des BT-5 (V) und war mit Funk und Rahmenantenne ausgerüstet. Spätere Modelle wurden mit Peitschenantennen bestückt, die vom Feind weniger leicht auszumachen waren.

Durch die dünne Panzerung waren sie für die deutsche Panzerabwehr leichte Beute. Wenn die Besatzungen zu entkommen versuchten, erinnerten die offenen Zwillingsklappen am Turm die Deutschen an Walt Disneys Comicfigur Micky Maus.

ger deutscher Soldat und Kommunist namens Korpik, der aus dem Konzentrationsgebiet seiner Einheit in Polen entschlüpft war und am Samstag, dem 21. Juni, die Grenze in die UdSSR überquerte, um die NKWD-Grenzposten zu warnen. Nikita Chruschtschow, im Krieg Kommissar und später Führer der UdSSR, beschrieb das Ereignis später und berichtete, dass Korpik auf Befehl Stalins als *agent provocateur* erschossen wurde, obwohl das auch Teil des Entstalinisierungsmythos sein könnte.

Korpik war nicht der einzige Soldat, der an diesem Tag die Grenze überschritt. Alfred Liskow, der um 21 Uhr aufgegriffen wurde, sagte, er habe gehört, wie Offiziere gesagt hätten, der Angriff würde am 22. Juni starten, und Artilleriestellungen in Bereitschaft gesehen. Oberst Blokin gab diese Informationen an General Pawlow vom Sondermilitärdistrikt West weiter. Ein litauischer Deserteur erzählte inzwischen dem Stab der 5. Schützendivision, dass der Angriff um 4 Uhr beginnen würde. Erst um 2.20 Uhr am 22. Juni beendete das Kommando der 4. Armee das Verhör eines Deserteurs, der angab, der Angriff würde in weniger als zwei Stunden beginnen.

Schließlich gab Moskau für alle westlichen Militärdistrikte den Befehl, in Kampfbereitschaft zu gehen: „In der Nacht vom 22. 6. 1941 sind die Abwehrstellungen der befestigten Zone an der Landesgrenze unauffällig zu bemannen. Vor dem Morgen des 22. 6. 1941 sind alle Flugplätze einschließlich Truppengebäude zu tarnen. Alle Einheiten sind in Kampfbereitschaft zu versetzen. Die Truppen sind zu verteilen und zu tarnen. Fliegerabwehr hat einsatzbereit zu sein. Alle Städte und Anlagen sind zu verdunkeln. Ohne gesonderte Genehmigung sind keine weiteren Maßnahmen zu treffen." Um 2.32 Uhr wurden die Truppen angewiesen: „Es dürfen keine Provokationen erfolgen, die zu Komplikationen führen könnten … einem deutschen Überraschungsangriff ist mit allen verfügbaren Kräften entgegenzutreten."

MILITÄRDISTRIKTE

Die sowjetischen Streitkräfte waren in drei Armeegruppen gegliedert, die Militärdistrikte genannt wurden. Diese Bezeichnung wurde bald in die kämpferische „Front" geändert und die neuen Kommandeure nicht wegen ihrer politischen Zuverlässigkeit, sondern ihrer militärischen Kompetenz ausgewählt. Sie verfügten über große Reserven und mobilisierten innerhalb von sechs Monaten 300 neue Divisionen.

Die sowjetischen Truppen im Baltikum umfassten 24 Divisionen, darunter vier gepanzerte. Die Armeen der drei baltischen Staaten waren zu drei getrennten Schützenkorps der Roten Armee formiert worden. Sie hatten ihre Uniformen behalten, doch mit sowjetischen Abzeichen. Moskau hatte die Of-

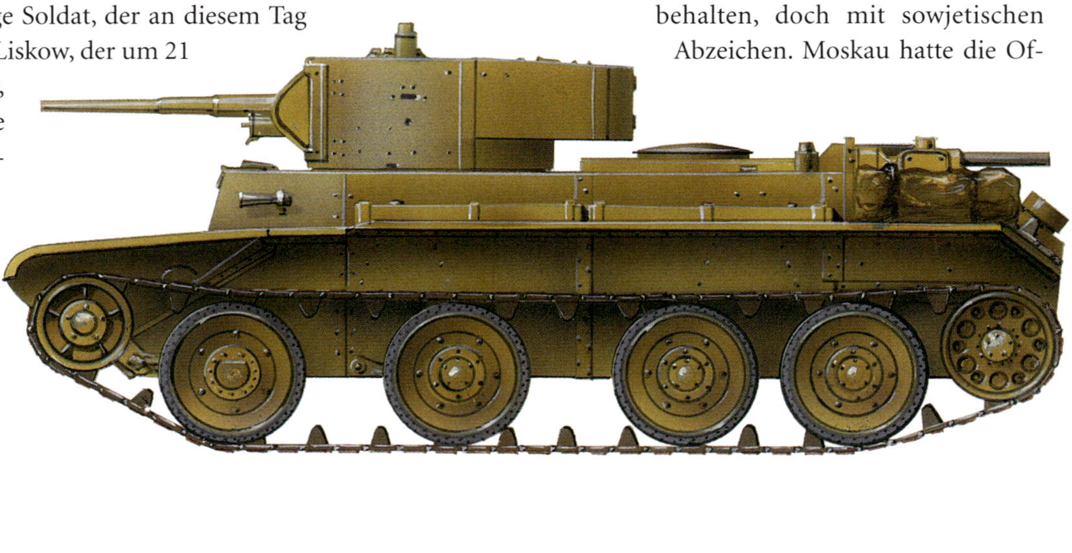

Rechts: Die Panzerung des schnellen Panzers BT-7 war zwischen 6 und 13 mm stark, seine Höchstgeschwindigkeit auf der Straße betrug 86 km/h. Bewaffnet war er mit einer 45-mm-Kanone und zwei 7,92-mm-MGs.

fiziere verfolgt und exekutiert, entlassen oder oft mitsamt ihren Familien deportiert. Sowjetische Offiziere und Kommissare hatten die Leitung dieser Formationen übernommen.

Im Westen, jenseits der Pripjet-Sümpfe, lagen 30 Divisionen, darunter acht gepanzerte. Um Kiew waren 58 Divisionen stationiert, davon 16 gepanzerte, und im Süden, an der rumänischen Grenze, standen zwölf Divisionen, davon vier gepanzerte. Obwohl diese Zahlen beeindruckend klingen, waren die Verbände nicht für einen Defensivfeldzug gerüstet. Viele waren über eine Breite von 320 bis 480 km Entfernung von der Grenze verteilt.

POLITIK UND PATRIOTISCHER EIFER

Am 29. Juni, eine Woche nach dem deutschen Einmarsch, wurden gegen Gerüchteverbreiter, Panikmacher und Feiglinge die härtesten Maßnahmen angekündigt. Die politische Disziplin wurde gestrafft und die Kommissare erhielten die gleiche Macht wie Militärkommandeure. Der Verlust einer

In der deutschen Wehrmacht war die Ansicht verbreitet, dass der russische Soldat mit dem sowjetischen System unzufrieden war, [doch] die russische Infanterie verteidigte die Stalinlinie überaus hartnäckig und je weiter wir in Russland vordrangen, umso erstaunter waren wir über die Widerstandskraft, ihre Fähigkeiten als Scharfschützen und ihre exzellente Defensivtaktik. Bald mussten wir uns eingestehen, dass wir einem ganz anderen Gegner gegenüberstanden, als wir erwartet hatten.

Gruppenführer Max Simon
SS-Panzerdivision „Totenkopf"

Unten: Reservisten in Kiew lauschen einer Verlautbarung des sowjetischen Informbüro *im nationalen Radio am 22. Juni 1941. Eben haben sie von der deutschen Invasion erfahren. Die Panzer von Generalfeldmarschall Ewald von Kleists* Panzergruppe 1 *erreichten bald die Stadt.*

Waffe wurde zum ernsten Vergehen. Sondermilitärgerichtshöfe, bestehend aus Militärs, NKWD-Offizieren und Kommissaren, wurden an den Rückzugsrouten und im Hinterland errichtet. Besonders verdächtig waren Soldaten ohne Waffenrock und Papiere, da dies oft Kommissare waren, die ihr Schicksal kannten, wenn sie gefangen genommen wurden, und sich daher der Jacke mit den Abzeichen entledigt hatten.

Der NKWD trug khakibraune Waffenröcke, blaugraue Hosen und Schirmmützen mit grünem Abschluss. Später wurde der NKWD von 15 Divisionen auf 53 Divisionen und 28 Brigaden erweitert – etwa ein Zehntel der Schützendivisionen der Roten Armee. Eine ihrer Aufgaben war das „Blockieren" hinter der Front, wo sie Versprengte einsammelten und Kameraden exekutierten, die versuchten, sich zurückzuziehen.

Die militärischen Operationen und Überlegungen der Sowjets waren durch die Politik eingeschränkt. Dies war allen Kommandeuren klar, die im Schatten kommunistischer Parteikommissare standen. Diese waren eine Schöpfung der Bolschewisten im Bürgerkrieg, wo sie die politische Zuverlässigkeit der Offiziere der Roten Armee gewährleisten sollten, damit diese nicht zu den Weißen überliefen. Sie dienten bei Bataillonen und größeren Verbänden, jüngere politische Offiziere („*Politruk*") waren kleineren Formationen zugeordnet.

Kommissare trugen dieselbe Uniform wie Frontoffiziere der entsprechenden Waffengattung, doch andere Abzeichen. Auf ihren Kragenspiegeln fehlte der Goldrand der Offiziere und statt der roten und goldenen Tressen am Unterarm trugen sie an jedem Unterarm einen gestickten roten Stern mit goldenem Hammer und Sichel. Im Zweiten Weltkrieg gab es Kommissare wie Nikita Chruschtschow in Stalingrad 1942, die die Offiziere und Soldaten, für die sie zuständig waren, unterstützten. Andere bestanden blind darauf, dass Befehle zu befolgen waren, und wenn der Kommandeur seine Mission nicht erfüllen könne, würde er exekutiert. Daher wurden sowjetische Soldaten von Anfang an wiederholt in Wellen zum Angriff geschickt, auch wenn die ersten von der deutschen Feuerkraft hinweggefegt worden waren.

Unten: Im Frühling 1942 erfreuen sich sowjetische Soldaten und Offiziere, manche Veteranen schwerer Kämpfe, an der Musik eines Geigers, eines Sängers und eines Gitarristen der Roten Armee. Hier sieht man Russen, doch viele Männer wurden aus Zentralasien eingezogen.

„HURRA! HURRA!"

Die deutschen Soldaten waren von den langen „Hurra!"-Rufen und dem Anblick der Reihen von Soldaten, die mit aufgepflanztem Bajonett Befehle exekutierten und aus dem vorigen Jahrhundert zu stammen schienen, beeindruckt. Trotz der schrecklichen Verluste hatten die sowjetischen Kommandeure einen anscheinend unerschöpflichen Vorrat an bewaffneten und uniformierten, wenn auch schlecht ausgebildeten Soldaten. Einige sowjetische Veteranen erinnerten sich, dass vor diesen selbstmörderischen Angriffswellen nur einer von drei Soldaten bewaffnet wurde. Die anderen sollten auf dem Schlachtfeld Waffen von Gefallenen oder Verwundeten nehmen. Deutsche Soldaten sahen zu, wie Welle um Welle über gefallene Kameraden kletterte, um den Feind zu erreichen.

Auch wenn MG-34 die Linien der braun uniformierten Soldaten gelichtet hatten, setzten einige den einsamen Angriff auf feindliche Stellungen fort. Die Propagandisten schrieben dies einer Mischung aus Wodka und marxistischer Indoktrination zu. Die Deutschen staunten voller Ehrfurcht.

Oben: In diesem sicherlich gestellten Propagandabild winkt ein sowjetischer Offizier mit seiner automatischen Pistole Tokarew TT-33, 7,62 mm, seine Männer zum Angriff. Vorbildliche Führerschaft konnte teuer werden, machte in den brutalen Ostfront-Kämpfen aber viel aus.

Helmut Pole, ein Kanonier einer 3,7-cm-Pak, erinnerte sich, dass seine Mannschaft relativ früh im Feldzug einen veralteten T-26 außer Gefecht gesetzt hatte: „Ein Russe hing im Turm und schoss von oben mit einer Pistole auf uns, als wir uns näherten. Er hing dort ohne Beine, die hatte er verloren, als der Panzer abgeschossen wurde. Trotzdem schoss er weiter auf uns mit seiner Pistole."

Deutsche Soldaten glaubten, dass ein sowjetischer leichter Panzer in der Festung von Brest außer Gefecht gesetzt und die Besatzung tot war. Als sich die Offiziere eines Divisionshauptquartiers versammelten, drehte sich der Turm; das MG zielte und schoss auf die Offiziere. Als die deutsche Infanterie ihn inspizierte, fanden sie heraus, dass zwar drei Besatzungsmitglieder bereits seit sieben Tagen tot waren und die Verwesung eingesetzt hatte, doch einer hatte schwer verletzt im stinkenden Inneren ohne Wasser und Nahrung gewartet, bis er den letzten Schuss auf ein hochrangiges Ziel abgeben konnte.

Einige deutsche Historiker meinen, dass der Angriff auf die UdSSR unvermeidlich war, weil die Sowjetunion plante, Europa anzugreifen. Das ist teilweise richtig, denn die UdSSR hatte nicht nur die baltischen Staaten, sondern auch die rumänische Provinz Bessarabien besetzt und ihre Grenzen näher an die wichtigen Ölfelder in Ploësti herangeschoben. Bedeutender war, dass Marschall Schukow, der sich der zunehmenden Truppenstärke der Deutschen an der Grenze bewusst war, einen Angriff gegen die Heeresgruppe Süd vorschlug, aber von Stalin überstimmt wurde. Als deutsche Truppen in die Sowjetunion eindrangen, erkannte man, dass die Rote Armee nicht angriffs-, sondern höchstens verteidigungsbereit war.

Links: Ein sowjetischer Schütze in seiner Winteruniform hält ein Tokarew-Gewehr SVT-40. Er trägt einen einfachen Rucksack, eine Schaufel hängt an seinem Gürtel. Diese konnte im Nahkampf als Axt ebenso verwendet werden wie zum Ausheben von Schützengräben.

DAS „BAUERNOPFER“

Sowohl Stalin als auch Schukow wussten, dass der Sondermilitärdistrikt West, zu dem der geschwächte Frontbogen bei Bialystok gegenüber den Heeresgruppen Nord und Mitte gehörte, bei einem deutschen Angriff äußerst verwundbar war. Sein Kommandeur, General D. G. Pawlow, und dessen Untergebene hatten die deutschen Bewegungen erkannt, eigene Vorbereitungen getroffen und Moskau gewarnt. Pawlow mag geahnt haben, dass er und seine Männer in Schachbegriffen Stalins „Bauernopfer“ sein sollten: die Figur, die man zu Gunsten des größeren Plans opferte.

Nachkriegshistoriker haben vermutet, dass Stalin, Schukow und Timoschenko dachten, sie könnten, wenn der Sondermilitärdistrik West kämpfte, Zeit gewinnen, um zu mobilisieren und eine Tiefenverteidigung zu errichten. In Stalins paranoider Weltsicht durfte Pawlow sein Schicksal jedoch nicht erfahren, damit die Deutschen nicht gewarnt waren. Vor dem deutschen Angriff konnte Schukow Artillerie, Panzer und Überbrückungseinheiten zu fiktiven Übungen aus dem Frontbogen abziehen. Möglicherweise hat sich Pawlow beklagt, dass er und seine Truppen betrogen wurden. Das würde sein Schicksal erklären: Er starb zusammen mit seinem Stabschef im Juli 1941 durch einen Kopfschuss in den verfliesten Hinrichtungskellern des NKWD.

Nach dem ersten Angriff im Juni half Pawlow, der die Funkverbindung zu vielen Kommandoposten verloren hatte und daher kein klares Bild von der Entwicklung des Kampfes hatte, unabsichtlich den Deutschen. Er beorderte Truppen aus dem Gebiet von Minsk zur Verstärkung der 3. und 10. Armee im Frontbogen von Bialystok, wo die sowjetischen Streitkräfte Gefahr liefen, von deutschen Fußtruppen eingekesselt zu werden. Pawlow wusste nichts von den Panzervorstößen der Generäle Hermann Hoth und Heinz Guderian, die tief im Hinterland zusammenlaufen sollten. Der Punkt, wo sich die Zangenbewegung schließen sollte, war Minsk – auf Befehl Pawlows nun ohne Verteidiger.

> Als ich den Einberufungsbefehl herumreichte, bemerkte ich, wie nervös die Familie wurde. Ich staunte, als Männer und Frauen zu jammern begannen. Damals hielt ich sie für Feiglinge. Doch ich konnte ja nicht ahnen, wie brutal und schrecklich dieser Krieg werden sollte.
>
> *Wladimir Kalesnik, Student*

ZEIT GEWINNEN

Das Bauernopfer brachte ebenso wie die veralteten Panzer und Flugzeuge in den Kämpfen an der Front Zeit, um Industrie und Munitionsfabriken in den Ural zu verlegen und im Rahmen der hervorragenden Mobilisierungsmaschinerie der UdSSR neue Armeen aufzustellen.

Die deutschen Panzervorstöße mögen die sowjetischen Streitkräfte 1941 zwar abgeschnitten und eingekesselt haben, doch in Wahrheit fehlte es ihnen stets an Stärke, um die Kessel völlig auszuräumen und zu festigen. Daher entstand das Phänomen der „fließenden Kessel“. Diese drifteten entweder nach Osten, um sich mit größeren sowjetischen Verbänden zusammenzuschließen, oder sie wurden zu Partisanengruppen. Beide Ergebnisse waren für die Deutschen, die bis zum Sommer 1941 klare Siege gewohnt waren, wenig erfreulich.

Meine Einheiten waren auf den Überraschungsangriff des Feindes nicht vorbereitet. Wir waren nicht einsatzbereit. Ein Großteil der Truppen war in der Garnison oder auf dem Übungsplatz. Die Soldaten waren auf ein friedliches Leben eingestellt. So traf uns der Feind an. Er rollte über uns hinweg .... und nahm Bobruysk und Minsk ein. Es gab keine Warnung. Der Befehl, die Grenzeinheiten zu alarmieren, kam viel zu spät. Wir hatten keine Ahnung.

General D. G. Pawlow
(laut General A. Jerjomenko)

Dies lag noch in der Zukunft. Am Sonntag, dem 22. Juni, sprach Winston Churchill via Rundfunk zu den Briten, nachdem er vom Angriff in Kenntnis gesetzt worden war. Er sprach über den Kommunismus, dessen Feind er seit langem war: „Ich werde nicht ein Wort von dem zurücknehmen, was ich gesagt habe. Doch all das verblasst angesichts des Schauspiels, das sich nun entfaltet." Er bestätigte, dass „jeder Mann oder Staat, der gegen das Nazitum kämpft, von uns unterstützt wird. Jeder Mann oder Staat, der mit Hitler marschiert, ist unser Feind ... Wir haben nur ein Ziel und einen unumstößlichen Vorsatz. Wir sind entschlossen, Hitler und jede Spur des Naziregimes zu zerstören ... Daher ist die Gefahr für Russland eine Gefahr für uns wie für die USA, und der Kampf jedes Russen, der sich für seine Heimat einsetzt, geht jeden freien Mann und alle freien Völker dieser Welt an."

Als Churchill von seinem jungen Privatsekretär gefragt wurde, wie er als entschiedener Antikommunist die Sowjetunion unterstützen konnte, brummte der Premierminister: „Ich habe nur ein Ziel: Hitler zu zerstören, und mein Leben ist dadurch viel einfacher. Wenn Hitler in der Hölle einmarschieren würde, würde ich im Unterhaus zumindest eine positive Empfehlung für den Teufel aussprechen."

Unten: An einem feuchten Nachmittag spricht bei Serafimowitsch der Chef der politischen Abteilung der 21. Armee, Leonid I. Sokolow, mit Soldaten. Kommissare hatten die Aufgabe, Soldaten und Offiziere zu motivieren und die Leistung von Offizieren zu überwachen.

KAPITEL VIER

„DIE HÖLLE BRACH LOS“

Der deutsche Bomben- und Artillerieangriff auf die sowjetischen Grenzbefestigungen und Flugplätze am 22. Juni um 3.15 Uhr traf so viele Ziele wie möglich. Doch die Aufklärung war unvollständig, denn obwohl sich die sowjetischen Streitkräfte noch ohne Deckung in ihren Friedensunterkünften befanden, blieben einige Bomber und Jagdflugzeuge unversehrt. An der Grenze wehrten sich die NKWD-Einheiten in Bunkern und Grenzposten trotz waffen- und zahlenmäßiger Unterlegenheit mit beachtlicher Verbissenheit.

Die Deutschen setzten bei der Operation Barbarossa fast 2.000 Flugzeuge ein, die in drei Luftflotten gegliedert waren. Luftflotte I unter Generaloberst Alfred Keller unterstützte Heeresgruppe Nord, Luftflotte II unter Generalfeldmarschall Albert Kesselring unterstützte Heeresgruppe Mitte und Luftflotte IV unter Generaloberst Alexander Löhr die Heeresgruppe Süd. Im hohen Norden stand die Luftflotte V unter Generaloberst Hans-Jürgen Stumpff den Gebirgsjägern bei ihrem Angriff von Norwegen auf Murmansk zur Seite.

Schon 1940 hatte man polnische und jüdische Zwangsarbeiter zum Bau von mehr als 100 Flugplätzen und 50 Landebahnen in Ostpolen eingesetzt. Jan Szcepanink und Dominik Strug, zwei polnische Arbeiter, erinnerten sich an das Bauprogramm und versicherten, dass „jeder wusste, dass dies die Vorbereitung auf einen Krieg gegen Russland war“.

Links: Eine Batterie von 15-cm-Haubitzen feuert. Die Haubitzen konnten 43 kg schwere Granaten maximal 24.825 m weit schießen. Die Mannschaften erwarten offenbar kein sowjetisches Gegenfeuer, weil sie ihre Geschütze nicht verschanzt haben.

Das Morgengrauen kommt hier früher als in Deutschland. Die Vögel fingen an zu zwitschern und der Kuckuck rief. Da – genau um 3.15 Uhr eröffnete die deutsche Artillerie plötzlich das Feuer. Ein Grollen erfüllte die Luft.

Ludwig Thalmaier
Geschützkompanie, *63. Infanterieregiment*

Die genaue Zahl der Flugzeuge, welche die Luftwaffe für den Angriff auf die UdSSR bereitstellte, belief sich auf 1.945, von denen aber nur 1.280 einsatzfähig waren. Davon waren 510 Bomber, 290 Sturzkampfbomber, 440 Einsitzer- und 40 Zweisitzer-Jagdflugzeuge sowie 120 Fernaufklärer. Hitler war schockiert, als Aufklärungsoffiziere der Luftwaffe erklärten, dass die *Wojenno Wosduschnje Sili* (W-WS, Rote Luftwaffe) über mindestens 4.000 Flugzeuge verfüge. Diese Schätzungen lagen um mindestens 50 % daneben, denn die Luftwaffe hatte nur ungefähr 30 % der Flughäfen und der Verbände im europäischen Russland lokalisiert. Sie war aber selbstsicher genug zu glauben, dass das zahlenmäßige Defizit durch die Erfahrung der Piloten und die Qualität des Materials mehr als ausgeglichen würde. Die Ausbildung bei der Roten Luftwaffe galt als oberflächlich und die Taktiken der sowjetischen Piloten waren häufig einfallslos.

Unten: Das Luftwaffen-Bodenpersonal in Arbeitskleidung muss Muskelkraft einsetzen, um eine Bombe in den Schacht einer He 111 zu heben. Die He 111 war einer der wichtigsten Bomber der Luftwaffe und den ganzen Krieg über im Einsatz.

MESSERSCHMITT BF 109F-2

Fast zwei Drittel der Luftwaffenjagdgeschwader, die bei den Eröffnungsbombardierungen von Barbarossa eingesetzt wurden, waren mit der Bf 109F ausgerüstet. Sie kam auch in Afrika zum Einsatz. Ihre Dienstzeit war relativ kurz; sie wurde 1942 durch die Bf 109G ersetzt. Die 109F-Bestände wurden an Verbündete wie Ungarn und Kroatien übergeben. Im Westen glich sie die Überlegenheit der neuen Spitfire V der britischen Air Force aus, die über Nordfrankreich und dem Kanal operierte.

Bei der Planung von Barbarossa gab es Streit. Das Heer wollte im Morgengrauen angreifen, doch die Luftwaffe hätte in der Dunkelheit starten müssen, um im Morgengrauen die sowjetischen Flugplätze angreifen zu können. Das Heer wollte, dass die Tiefflieger die feindlichen Stellungen ausschalten sollten, fürchtete aber, dass ein nächtlicher Start die sowjetischen Truppen an der Grenze alarmieren würde. Kesselring fasste das Problem zusammen: „Mein Geschwader braucht Tageslicht, um sich zu formieren und geschlossen anzugreifen. Wenn das Heer darauf besteht, im Dunklen aufzubrechen, wird es eine ganze Stunde dauern, bevor wir über den feindlichen Flugplätzen sein können, und bis dahin sind die Vögel ausgeflogen.“

Schließlich stiegen 20 bis 30 ausgesuchte Bomber He 111 und Do 17 aus den Kampfgeschwadern (KG) 2, 3 und 53 vor Morgengrauen auf und überflogen in Dreierformationen in 5.000 m Höhe, d. h. außer Sicht- und Hörweite, über die russische Grenze. Um 3.30 Uhr sollten sie herabstürzen und die Flugplätze an der Grenze angreifen. Das KG 53 traf Flugplätze in Weißrussland zwischen Bialystok und Minsk. Die Dorniers des KG 2 griffen Flugplätze bei Grodno und Vilnius an, die Ziele des KG 3 lagen zwischen Brest und Kobrin.

Die deutschen Flugzeuge verwendeten Bordkanonen und Maschinengewehre zum Bodenbeschuss sowie verschieden große Freifallbomben oder Sprengbomben (SC-50, SC-250 und SC-500). Dazu kam im ersten Überraschungsangriff eine neue Waffe, die SD-2 Dickwand-Sprengbombe, eine Splitterbombe, zum Einsatz. Die Alliierten nannten diese Bombe „Schmetterlingsbombe“, während die Luftwaffe-Besatzungen sie als „Teufelsei“ bezeichneten. Bei einem Gewicht von 2 kg besaß sie eine Umhüllung, die sich, von einer Feder während des Falles getrieben, zu Flügeln öffnete. Sie konnte beim Aufschlag oder nach Flugzeit zünden und produzierte einen Vernichtungsradius von 12 m. Eine Bf 109 oder eine Ju 87 konnten 96, die größerer Ju 88 oder Dornier Do 17 360 Bomben dieser Art mitnehmen. Sie waren sehr effektiv gegen ungepanzerte Ziele und Flugzeuge. Ein Volltreffer entsprach dem einer Flakgranate. Leider klemmten sie manchmal im Bombenschacht und explodierten dort oder sie fielen beim Landen heraus und brachten das Bodenpersonal in Gefahr. Später im Krieg wurde die SD-2 in Behältern abgeworfen, die sich erst öffneten, wenn sie aus dem Flugzeug gefallen waren. Dies war somit die erste Cluster-Bombe der Welt.

DIE LUFTAUFKLÄRUNG

Die Luftangriffe waren nicht die ersten Verletzungen des russischen Luftraumes. Fernaufklärungsflüge wurden unter der Leitung von Oberstleutnant Rowehl durch spezielle He-111- oder Do-215-B2-Bomber mit Druckkammer-Cockpits in einer Flughöhe von 9.000 m durchgeführt. Die vier Staffeln des Rowehl-Geschwaders fingen damit an, Stellungen und strategische Schlüsselpunkte wie Brücken und Straßen zu fotografieren. Das Gebiet nördlich des Schwarzen Meeres wurde von einer Staffel von Budapest aus fotografiert. Ein Spezialgeschwader für den Höhenflug deckte von Krakau und Budapest aus den Raum zwischen Minsk und Kiew mit speziellen Ju-88-P-Maschinen ab.

Schon am 21. September wussten ausgewählte deutsche Stabsoffiziere von diesem Vorhaben. Major Karl Wilhelm Thilo vom OKH in Fontainebleau schrieb in sein Tagebuch: „Auf Befehl des Führers soll Russland aus der Luft bis 300 km hinter der Grenze fotografiert werden; Vorbereitungen für eine Invasion. Ich selbst habe im Auftrag des deutschen Militärattachés in Moskau Wege und Verbindungen für drei Angriffsspitzen zu erkunden.“

Diese Luftaufklärung war sehr wichtig, weil die Deutschen, anders als in Westeuropa, kaum zuverlässige Karten von der Gegend hatten, in die sie einmarschieren wollten, und deshalb Flugplätze lokalisiert und fotografiert werden mussten. Die sowjetische Führung mag diese Aufklärungs-

Um 4 Uhr heute morgen griffen deutsche Truppen ohne Kriegserklärung und ohne Provokation seitens der Sowjetunion unser Land an, indem sie unsere Grenzen an vielen Stellen verletzten und Schitomir, Kiew, Sewastopol, Kaunas und etliche andere Städte aus der Luft angriffen. Es gab über 200 Tote und Verwundete. Ähnliche Angriffe erfolgten von rumänischem und finnischem Gebiet aus.

Wjatscheslaw Molotow, sowjetischer Außenminister in einer Radioansprache an die UdSSR am 22. Juni 1941, 12 Uhr

POLIKARPOW U-2VS (PO-2)

Von dieser Maschine, die 1928 erstmals flog, wurden bis 1941 13.000 Stück gebaut. Wenn sie auch in erster Linie zum Training und für Verbindungsflüge eingesetzt wurde, war sie bahnbrechend für Nachtangriffe. Überläufer der Roten Luftwaffe flogen erbeutete Maschinen in Nachteinsätzen für die Deutschen an der Ostfront. In Osteuropa wurde die Produktion bis Mitte der 50er-Jahre fortgesetzt.

flüge bemerkt haben, aber sie beschloss, sie zu ignorieren, damit ihre Klagen nicht als Provokation gedeutet würden. Zwei Tage vor Barbarossa ereignete sich noch eine Panne, als eine Maschine einen Triebwerkschaden hatte und bei Minsk landete. Aber die Mannschaft zerstörte die Maschine, bevor sie gefangen genommen wurde.

In der Dunkelheit kurz vor dem Morgengrauen des 22. Juni hörte Oberst Nikolai Jerjomin von der 41. sowjetischen Schützendivision: „Das hohle Brummen vieler Flugzeugmotoren schwoll an und wieder ab, dröhnte über dem Lager, kam aus dem Westen und klang im Osten ab. Es gab keinen Zweifel, das waren Kriegsflugzeuge und schwere Bomber ..."

DIE VERWUNDBARKEIT DER SOWJETS

Am ersten Tag von Barbarossa erzielte die deutsche Luftwaffe den größten Sieg in der Geschichte des Luftkrieges: 1.811 Flugzeuge wurden auf den 66 Grenzflughäfen vernichtet, wobei man selbst 35 Maschinen verlor. 322 wurden in Luftkämpfen oder von Flak abgeschossen, die restlichen am Boden zerstört. Zunächst zerstörten mittlere Bomber die Rollfelder, dann vernichteten Jagdflugzeuge und Sturzkampfbomber Hauptquartiere, Baracken und Geschützstellungen.

Die Luftangriffe wurden tief in die Sowjetunion hineingetragen. Neben Flughäfen bildeten Rangierbahnhöfe und Häfen wie Kronstadt bei Leningrad, Ismajil in Bessarabien und Sewastopol auf der Krim bevorzugte Ziele. Bis zum 26. Juni wurden 123 Flughäfen bombardiert.

Die sowjetischen Streitkräfte im Westen der UdSSR waren wegen ihrer primitiven Nachrichtenverbindungen gegenüber diesen unerwarteten Angriffen äußerst empfindlich. Das Telefon und alle Erdkabelverbindungen wurden vom Volkskommissariat für Nachrichten, einer zivilen Organisation, unterhalten. Der NKWD unterhielt ein sicheres Hochfrequenznetz für Telefonie und Telegrafie mit Erdkabeln. Kurz nach Beginn des Krieges wurde das HF-Netz höheren Militärkommandeuren übergeben. Am 22. Juni waren jedoch alle Telefon- und Telegrafenleitungen zu den drei sowjetischen Luftwaffendivisionen unterbrochen. Das Ausmaß der Katastrophe geht aus einem Funkspruch hervor, der vom Kommandeur der 3. Luftflotte an seinen Distriktkommandeur geschickt wurde: „Ich verlange, dass Sie uns sagen, wohin das 122. und 127. Jagdregiment verlegt wurden, wie ihr Code ist und wie ihre Wellenlänge lautet. Ich verlange, dass Sie uns Jagdflugzeuge zum Kampf gegen den Feind schicken."

Nach Erringen der Lufthoheit zerstörten die taktischen Bomber der Luftwaffe Straßen- und Bahnverbindungen, Hauptquartiere und sogar kleinere Ziele wie Bunker und Schützengräben. Wie in den Feldzügen 1939 und 1940 zerstörten diese Angriffe die Verbindungen zwischen den Kampftruppen und ihren Befehlsstellen, was zu einer Lähmung führte, die von Panzergrenadiereinheiten ausgenutzt werden konnte. Sowjet-General Fedjuninski erinnert sich an das Chaos: „Eisenbahnverbindungen und Telefonleitungen waren von deutschen Flugzeugen oder Sabotageeinheiten zerstört. Funkgeräte waren knapp in den Hauptquartieren, noch wusste jemand von uns damit umzugehen ... Befehle und Instruktionen kamen langsam und manchmal auch gar nicht."

Vier Stunden nach den ersten Angriffen erreichte der erste Bericht der 3. Sowjet-Armee den Stabschef des Sondermilitärdistrikts West: „Ab 4 Uhr griffen alle 20 bis 30 Minuten Staffeln aus drei oder fünf Maschinen an. Grodno, Sopotskin und insbesondere die Armeehauptquartiere wurden bombardiert. Um 7.15 Uhr wurde Grodno von 16 Maschinen aus einer Höhe von 1.000 m angegriffen. Dombrowo und Nowi Drogun brennen. In Grodno gibt es mehrere Brandherde. Von 4.30 bis 7 Uhr wurde der Flughafen von Novi Dwor von Gruppen aus jeweils 13 bis 15 Flugzeugen viermal angegriffen. Verluste: Zwei Mann wurden schwer, sechs leicht verletzt. Um 5 Uhr wurde der Flugplatz von Sokulka mit Bomben und Bordwaffen angegriffen. Zwei Mann wurden getötet, acht verwundet."

Überraschenderweise wurden nicht alle sowjetischen Flugplätze zerstört. Hauptmann Herbert Pabst vom 77. Stukageschwader beobachtete, wie sechs zweimotorige Bomber einen Angriff auf den Flugplatz durchführten. „Als sie abdrehten, folgten ihnen drei MeBf 109-Jäger. Als der erste feuerte, schienen ihn dünne Fäden aus Rauch mit dem Bomber zu verbinden. Als er sich schwerfällig auf die Seite legte, blitzte er silberhell auf und fiel dann senkrecht mit

Rechts: Rauch quillt aus brennenden Zielen, als ein Iljuschin-Bomber DB-3F der Roten Luftwaffe einen der wenigen Angriffe in den ersten Tagen von Barbarossa durchbringt. Schlechte Taktik der Sowjets machte ihre Bomber für Angriffe deutscher Jäger oder Flakfeuer verwundbar.

Links: Die sowjetische Polikarpow I-15 erreichte in Seehöhe eine Geschwindigkeit von 366 km/h bei einem Aktionsradius von 880 km. Sie war mit vier 7,62-mm-Maschinengewehren ausgerüstet und konnte 100 kg Bomben oder sechs Unterflügelraketen RS-82 tragen.

heulenden Motoren zu Boden. Beim Aufschlag schoss eine Flamme empor. Der zweite Bomber wurde zum roten Feuerball, explodierte im Fallen und seine Trümmer landeten wie buntes Herbstlaub auf dem Boden. Der dritte drehte sich brennend auf den Rücken. Ähnliches passierte mit dem Rest. Der letzte fiel in ein Dorf und brannte eine Stunde lang."

Kesselring verfolgte die Vernichtung der Roten Luftwaffe in den ersten Tagen der Invasion. „Es kam mir fast kriminell vor, dass sie Flugformationen anwendeten, die in taktischer Hinsicht völlig lächerlich waren, und Maschinen einsetzten, die nahezu fluguntauglich waren … Dies ist ein Massaker an Unschuldigen, dachte ich bei mir."

Konstantin Simonow, ein Poet, der als Kriegsberichterstatter der Roten Armee arbeitete, hielt das Chaos fest. „Eine halbe Stunde nach meiner Ankunft entdeckten die Deutschen unsere Gruppe und feuerten mit Maschinengewehren in den Wald. Flugzeugstaffeln flogen in Intervallen von 20 Minuten über uns weg. Wir lagen und drückten unsere Köpfe gegen die dürren Bäume. Die Bäume standen nicht sehr dicht, sodass es leicht war, uns aus der Luft zu beschießen … Nach 3 Uhr flog eine Il-15-Staffel (sowjetische Jagdbomber) an. Froh sprangen wir auf, weil endlich unsere Flugzeuge aufgetaucht waren. Sie verpassten uns aber einen Bleihagel; etliche Leute wurden verwundet – alle an den Füßen; sie hatten in einer Reihe gelegen." Die Flugzeuge kamen zurück, um die eigenen Leute zu beschießen, die wütend das Feuer auf sie eröffneten. Simonow berichtet, dass die halbverbrannte Leiche eines Piloten entdeckt wurde; die Soldaten glaubten, es wäre ein Deutscher. Dies ist unwahrscheinlich, vermittelt aber einen Eindruck von der Verwirrung damals.

POLIKARPOW I-153

1938 flog die I-153 zum ersten Mal und wurde im Sommer 1939 in Finnland und gegen die Japaner eingesetzt. Sie wurde in den ersten Monaten von Barbarossa von den Jägern der Luftwaffe deklassiert und die Restbestände wurden nach 1943 nur noch für zweitrangige Aufgaben verwendet. Die Finnen setzten ca. 20 erbeutete Maschinen ein. Heinz-Ulrich Rudel, ein äußerst erfahrener Pilot der Luftwaffe, sagte von der I-15 und I-16 Rata: „Sie sind mit den Messerschmidts nicht vergleichbar, aber sehr wendig und ein gutes Stück schneller als unsere Stukas. Deshalb können wir uns nicht leisten, sie zu ignorieren."

DIE SOWJETS WEHREN SICH

Was den Piloten der Roten Luftwaffe an Kampferfahrung fehlte, machten sie durch Aggressivität wett. Am ersten Tag des Kampfes klemmten die Maschinengewehre eines I-16-Jägers, der von Leutnant D. W. Kokorew bei einem Angriff auf einen Me-Bf-110-Zerstörer geflogen wurde. Kokorew zog seine Maschine scharf herum und rammte seinen Gegner. Beide Maschinen stürzten ab.

Die I-153- und I-15-Doppeldecker sowie die I-16 Rata waren zwar langsamer als die deutschen Me Bf 109 und Bf 110, aber extrem wendig. Eine Me Bf 110 hatte einen PK-Mann als hinteren Schützen an Bord, als er eine Rata jagte. Er wollte seinen Gegner abschießen, musste dazu aber eine Verfolgungsjagd aufnehmen, in der sein russischer Gegner einige großartige Ausweichmanöver vollführte.

Leutnant Schiess vom Jagdgeschwader 53 erinnert sich: „Sie ließen uns fast in Schussposition kommen und drehten dann ihre Maschinen um 180°, sodass beide aufeinander zufliegend schossen." Drei sowjetische Jagdflieger, Leutnant Schukow, Sdorpwsew und Charitonow, die alle in Leningrad stationiert waren, wurden als erste Männer der Roten Luftwaffe mit dem Orden „Held der Sowjetunion" für ihren Einsatz gegen die deutsche Luftwaffe ausgezeichnet.

Zwei Tage nach Kriegsbeginn hatten sowjetische Bomber ein Erfolgserlebnis, als sie einen Nachtangriff gegen den Schiffsverkehr im Hafen von Memel starteten und dabei

Rechts: Eine lose Formation von Ju-87-Stukas fliegt ihr Ziel an. Das Fehlen von sowjetischer Fliegerabwehr und Jägern erlaubte den langsam fliegenden Bombern, sich frei zu bewegen. Sie konnten Bomben mit beachtlicher Präzision auf überraschend kleine Ziele abwerfen.

50 Minen abwarfen. In der Nacht vom 9. zum 10. August wurde der erste von zwei Luftangriffen auf Berlin entweder von Iljuschin-Il-4- oder Petliakow-Pe-8-Bombern gestartet, die dafür einen 2.400 km langen Flug von den estnischen Inseln Dagö (heute Hiiuma) und Ösel (heute Saaremaa) in Kauf nahmen. Von den fünf Maschinen wurden zwei abgeschossen, zwei fanden ihr Ziel nicht und eine warf ihre Bomben in einen Vorort von Berlin.

In den letzten Monaten des Krieges lagen die Flugfelder wieder in Reichweite der Hauptstadt, was zu vielen weiteren Angriffen der Roten Luftwaffe auf die Stadt führte.

Von unserem Posten aus konnte ich die Einschläge unserer Granaten sehen, ebenso den öligen, schwarz-gelben Rauch, der dabei aufstieg. Der Geruch von verbranntem Schießpulver füllte die Luft, als unsere Batterien ihre Salven feuerten. Nach 15 Minuten stoppte unser Feuer und es erklang das weiche „Pop“ der Leuchtmunition. Als sie den Himmel rot erleuchtete, griff die Infanterie an.

Oberleutnant Siegfried Knappe
87. Infanteriedivision, Heeresgruppe Mitte

Links: Ein deutscher Artilleriebeobachter späht mit einem Scherenfernrohr ein entferntes Ziel aus. Mit Maisstroh tarnt er sein Stativ, weil er sonst ein leichtes Ziel für Scharfschützen abgäbe. Der Feldstecher konnte aus einem Schützengraben oder einem Bunker heraus eingesetzt werden.

Ein wiederkehrendes Ereignis des Krieges im Osten waren die nächtlichen Störangriffe der Polikarpow Po-2-Doppeldecker. Der Luftwaffenpilot Heinz-Ulrich Rudel berichtete: „Wir erleben häufig Nachtangriffe von kleinen Flugzeugen, die unseren Schlaf stören und unseren Nachschub unterbrechen. Erfolge haben sie nur selten. Bei Lepel bekamen wir davon einen Eindruck. Einige meiner Kameraden wurden Opfer, als sie in Zelten in einem Wäldchen schliefen. Wenn die ‚Drahtkisten', wie wir die kleinen Doppeldecker nannten, irgendwo ein Licht sehen, werfen sie ihre Schrapnell-Bomben ab, selbst an der Front. Manchmal schalten sie ihren Motor ab und gehen in den Gleitflug, damit es schwer wird, sie zu orten; wir können dann nur noch das Summen des Windes in der Verdrahtung hören. Ihre kleinen Bomben durchbrechen die Stille und dann beginnen die Motoren wieder zu schnurren."

General Halder schrieb über ein Gespräch mit Generalmajor Hoffmann von Waldau von der Luftwaffe in sein Tagebuch: „Die Luftwaffe hat die numerische Stärke des Gegners erheblich unterschätzt. Es ist ganz offensichtlich, dass die Russen anfangs mehr als 8.000 Flugzeuge hatten. Die Hälfte davon ist wahrscheinlich inzwischen abgeschossen oder am Boden zerstört, sodass wir jetzt zahlenmäßigen Gleichstand haben."

„DIE HÖLLE BRACH LOS!"

Die Luftoffensive wurde von massivem Artilleriefeuer unterstützt. Mitte Juni bekamen die deutschen Kanoniere an der russischen Grenze eine Vorahnung von dem bevorstehenden Angriff, als sie Munition in die Geschützstände schleppen durften. Anfangs führte man diese Arbeit in der Montur von Feldarbeitern durch und versteckte die Granaten auf Landkarren unter Buschwerk. Die Geschützbatterie von Oberleutnant Knappe war erst Anfang des Monats nach Ostpreußen gekommen. Der Batteriechef lud seine Offiziere zu einer Kartenübung ein, um die besten Aufstellungen für die Geschütze im Falle eines Angriffs auf Russland auszuarbeiten.

In der Heeresgruppe Mitte schauten Heinrich Eikmeier und seine 8,8-cm-Mannschaft am Fluss Bug zu, wie am Abend des 21. Juni Telefonleitungen zu ihrem Geschützstand verlegt wurden. Vor Morgengrauen des nächsten Tages wurden die Kanoniere zusätzlich verwirrt, als sie etliche Generäle und andere höhere Offiziere in der Nähe ihrer Stellung auftauchen sahen. „Uns wurde gesagt, dass unser Geschütz das Signal geben würde, das Feuer zu eröffnen. Mit der Stoppuhr wurde der Zeitpunkt genau ermittelt. Als wir

Rechts: Ein 2-cm-Fliegerabwehrgeschütz der Luftwaffe (Flak 38) beschießt ein Erdziel. Dieses ausgezeichnete Geschütz hatte eine Feuergeschwindigkeit von 450 Schuss in der Minute und verschoss 0,3 kg schwere HE-Granaten aus Magazinen mit 20 Schuss.

NEBELWERFER

Für die Soldaten der Heeresgruppe Mitte kam es wie ein Schock – zum ersten Mal hörten deutsche und sowjetische Truppen das Heulen der Raketensalven der sechsläufigen 15-cm-Nebelwerfer NbW 41. Der Nebelwerfer hatte 540 kg Kampfgewicht, konnte von –5,5 bis +45 Grad geneigt und um 24 Grad geschwenkt werden. Seine Reichweite betrug 6.700 m bei einem Sprengkopf von 2,5 kg. Er war auf einer modifizierten Version der Lafette für die 3,7-cm-Pak 35/36 montiert. Die Rohre mussten nacheinander abgefeuert werden, was 10 Sekunden dauerte, damit die Waffe nicht überhitzte. Obwohl sie unpräzise war, konnte sie in 90 Sekunden nachgeladen werden und war sehr wendig.

Ungewöhnlich war, dass die Raketen mit vorne montiertem Festbrennstoffmotor und Entlüftung durch einen Ring aus 26 im Winkel angeordneten Ventilen ausgestattet waren. Obwohl der Nebelwerfer Nebelmunition verschießen konnte, diente der Name ursprünglich der Tarnung und der Sprengkopf an der Basis der Rakete hatte eine enorme Sprengwirkung. Bei Kriegsende hatten die Deutschen 150 Werferregimenter, zum Teil auch deshalb, weil die Munition viel billiger war als die 10,5-cm-Granaten FH 18: Raketen kosteten RM 3.350, Granaten RM 16.400.

schossen, fielen zahlreiche Geschütze links und rechts von uns ein. Dann brach der Krieg aus."

Der Kanonier Gerhard Frey vermerkte, dass pünktlich um 3.15 Uhr der erste Schuss in den stillen Morgen krachte: „Die Hölle war los! So ein Artilleriefeuer hatten wir noch nie erlebt. Links und rechts von uns zuckte das Mündungsfeuer unzähliger Geschütze und bald leuchteten die Flammen der ersten Feuer auf der anderen Seite des Bug auf. Die Menschen drüben erlebten diesen furchtbaren Schlag mitten in Friedenszeiten."

Rechts: Der mehrläufige Nebelwerfer 41 war eine furchtbare Waffe. Da der Sprengsatz hinten in der Rakete saß, explodierte er oberhalb der Erde mit einer enormen Wirkung auf Menschen. Die leichte Lafette war bequem zu steuern.

Rechts: Die Mannschaft einer 21-cm-Haubitze Mrs 18 bemüht sich mit ganzer Kraft, eine Granate von 113 kg zu laden. Die schwere Haubitze schoss 18,7 km weit. Sie verfügte über ein geniales Rückschlagsystem, das eine stabile Schussposition gewährleistete.

Als die 10,5-cm-Geschütze le FH18 des 20. Artillerieregiments einfielen, erinnert sich Kanonier Werner Adamczyk: „Direkt neben dem Geschütz konnte man die Explosion der Treibladung als Welle im ganzen Körper spüren. Sie war so stark, dass man den Mund weit offen halten musste, um den Druck auf die Trommelfelle auszugleichen. Ein ungeöffneter Mund konnte den Riss der Trommelfelle nach sich ziehen."

Das Warten auf den Angriff beschreibt der Infanterist Ernst Glasner in seinem Tagebuch: „Unwillkürlich zählten wir die Sekunden. Dann hallte ein Schuss durch die Stille des Sommersonntags an der neuen Ostfront. Im gleichen Moment erfüllte ein Donnern, ein Dröhnen und ein Heulen die Luft. Die Artillerie hatte das Feuer eröffnet."

Als die deutsche Infanterie vorrückte, verlegte die Artillerie ihr Feuer auf Ziele weiter im Inneren Russlands. Jedoch für den Infanteriezug des 67. Regimentes unter dem Gefreiten Kredel wurde das Feuer nicht schnell genug vorverlegt und Granaten schlugen so nahe ein, dass es Verwundete in den eigenen Reihen gab.

RUSSLAND MACHT MOBIL

Fünf Tage nach dem Bomben- und Artillerieüberfall auf Westrussland veröffentlichte die englischsprachige Moscow-News eine klassische Karikatur von Kukriniksi. Sie zeigte einen russischen Soldaten, der sein Gewehr mit Bajonett auf Hitler in Rattengestalt anlegt, der mit der Waffe in der Hand zwischen den zerrissenen Fetzen des deutsch-sowjetischen Nichtangriffspaktes auftaucht. Die Karikatur trug den Slogan: „Löscht den Faschismus vom Angesicht der Erde!"

Das Blattinnere brachte viel über die Mobilmachung, aber wenig über den deutschen Vormarsch. Unglaublicherweise erschien auf der Sportseite ein Artikel über Sommerbergsteigen im Kaukasus mit einem Expeditionsbericht über den Elbrus, mit 5.641 m der höchste Berg Europas. Wenige konnten sich vorstellen, dass am 23. August 1942, zur Zeit der größten Ausdehnung Deutschlands, Gebirgsjäger auf diesen Berg steigen würden, um auf dem Gipfel die Hakenkreuzflagge zu hissen.

KAPITEL FÜNF

HEERES-GRUPPE NORD

Im Juni 1941 sahen die Einwohner der baltischen Staaten, Lettland, Litauen und Estland, die Soldaten der Heeresgruppe Nord als Befreier. Obwohl die sowjetischen Truppen hart kämpften und einige verblüffende Gegenangriffe führten, wurden die Deutschen von der Zivilbevölkerung unterstützt und mit Blumen und Lebensmitteln begrüßt. Leider übernahmen die baltischen Staaten auch rasch jene antisemitische Politik, die zur „Endlösung der Judenfrage" werden sollte.

Das taktische Operationsgebiet der Heeresgruppe Nord ähnelte jenen Regionen von Ostpreußen, in denen sie aufmarschiert war. Hier gab es Ebenen mit gelegentlichen Erhebungen, sandige Moore, Seen, Sümpfe und dichte Wälder. Nur der Küstenstreifen war fruchtbares Agrarland. Im Norden war das Gebiet bewaldet und öd. Straßen gab es kaum und sogar die guten waren schmal und in so schlechtem Zustand, dass sie bei Regen kaum zu erkennen waren.

Die größten Hindernisse waren die von Ost nach West in die Ostsee fließenden Flüsse. Die Memel lag rund 64 km von der deutschen Startlinie entfernt, doch die etwa 322 km von der Grenze entfernte Düna stellte ein weitaus größeres Hindernis dar. General Erich von Manstein, der Kommandeur des LVI. Korps, wusste jedoch, dass seine Streitkräften bereits näher an der Grenze mit einem größeren Problem fertig werden mussten: „Am ersten Tag musste es 80 km in feindliches Gebiet vorstoßen, um den Übergang über die Dubysa

Links: Ein erbeuteter, mit einer Hakenkreuzfahne bedeckter KW-1B wird von der erfreuten Besatzung ins Hinterland gefahren. Der Panzer wurde modifiziert und mit einer zusätzlichen, 25–35 mm starken Panzerung am Turm sowie einem Maschinengewehr im Rumpf aufgerüstet.

HEERESGRUPPE NORD - VORSTOSS
Woche 1
Heeresgruppe Nord/Grenze
Kirischi
Wolchow
Tschudowo
Nowgorod
Staraja Russa
Lawat
Cholm
Lyuban
Düna
Welikije Luki
Leningrad
Lugalinie 14. Juli
Soltsy
Newel
Uritsk
Luga
Kronstadt
Noworschew
Porchow
Polotsk
Opotschka
Luga
Pskow
Ostrow
Stalinlinie
Narwa
Peipussee
Rezekne
Düna
Finnischer Meerbusen
Tartu
XXXX
Daugavpils
11 MOROSOW
Livani
ESTLAND
Valmiera
Jēkabpils
LETTLAND
Wilna
Tallinn
Parnu
Ukmerge
XXXX
8 SOBENNIKOW
LITAUEN
Riga
Kaunas
XXX
XI
Rigaer Meerbusen
Jelgava
Memel
XX
90
Raseiniai
XXXX
16 BUSCH
XXX
X
XXXX
4 HÖPPNER
XX
10
Ventspils
XXXX
18 VON KUCHLER
Liepaja
Memel
N
0
100 km
0
100 Meilen

> Überraschung und dann vorwärts, vorwärts, vorwärts.
>
> *Devise der Heeresgruppe Nord*

bei Ariogala zu erobern. Ich kannte den Dubysa-Abschnitt aus dem Ersten Weltkrieg. Wir sollten eine tiefe Schlucht vorfinden, deren Hänge kein Panzer bewältigen konnte. Im Ersten Weltkrieg hatten unsere Pioniere drei Monate daran gearbeitet, die Klamm mit einer meisterhaften Holzkonstruktion zu überspannen. Wenn es dem Feind gelang, das große Viadukt bei Ariogala zu sprengen, würde das Korps hoffnungslos festsitzen und der Feind hätte Zeit, am steilen Ufer eine Abwehr zu organisieren, die schwer zu brechen war."

Da die baltischen Staaten Lettland, Litauen und Estland erst kurz zuvor von der sowjetischen 8. und 11. Armee unter General F. I. Kusnezow besetzt worden waren, war kaum Zeit gewesen, Verteidigungsanlagen vorzubereiten. Doch immer noch waren Einheiten zwischen ihren Lagern und Stellungen in der UdSSR unterwegs, also waren sie gut verteilt. So gab es etwa eine große Panzerreserve östlich von Pskow an der alten Grenze.

Leutnant Heinz-Georg Lemm von der 12. Infanteriedivision erinnerte sich: „Wir erhielten nur wenig Informationen über den Feind und das Gelände im Angriffsgebiet. Wir konnten erkennen, dass die Russen hohe Holzwachtürme hatten; wir konnten beobachten, wie die Wachablöse und die Versorgung vor sich ging, und außerdem konnten wir 800–1.000 m hinter der Grenze lebhafte Aktivitäten sehen. Aufgrund von Luftaufnahmen der Aufklärung waren uns einige russische Artilleriestellungen bekannt. Die Division erwartete eine Truppenstärke von ein bis zwei sowjetischen Regimentern im Sektor vor ihr, die vermutlich, um Zeit zu gewinnen, aus ihren Stellungen und Stützpunkten kämpfen würden. Die Karten, die man uns gab, waren schlecht gedruckt und lieferten kaum Angaben über Höhen, Straßenzustand und Bewaldung."

Links: Die Angriffsachse der Heeresgruppe Nord führte sie über Hindernisse wie Flüsse, Marschland und dichte Wälder. Die Straßen waren schlecht,obwohl die Logistiker darauf vertrauten, dass die Eisenbahn europäisches Maß hatte.

SEEKRIEG

Der Krieg zu Lande mag bei Heeresgruppe Nord am 22. Juni begonnen haben, doch der Seekrieg war bereits zehn Tage vorher losgebrochen. In der Nacht des 12. Juni legten die Minenträger der Kriegsmarine, die KMS *Tannenberg*, *Brummer*

Unten: Ein Besatzungsmitglied eines PzKpfw III grinst, als er an den Fußsoldaten vorüberrollt, die im Schlamm eines litauischen Waldes waten. Sowohl Soldaten als auch Panzerbesatzungen war klar, dass sie zu einem Kampfteam gehörten, das sich gegenseitig Schutz bot.

Oben: Der Kommandeur eines PzKpfw 35 (t) hebt die Klappe, um ein brennendes Schloss zu beobachten. Einige der prächtigen Häuser im Baltikum hatten zur Kaiserzeit vor dem Ersten Weltkrieg preussischen Adeligen als Wohnsitz gedient.

und *Hansestadt Danzig* das Apolda-Minenfeld vor dem Fan-Fjord und der Nordspitze von Dagö (heute Hiiumaa) sowie das Corbetha-Feld zwischen dem Kallabada-Grund und Pakerort (Pakri) an. Während dieser Operationen hatte ein sowjetisches Aufklärungsflugzeug nördlich von Dagö das Feuer auf die *Brummer* eröffnet und damit die ersten Schüsse des Barbarossa-Feldzugs abgegeben. Am späten Nachmittag am 18. Juni liefen die KMS *Preussen*, *Grille*, *Skagerrak* und *Versailles* aus dem Ostseehafen Pillau (heute Baltiisk) mit 3.000 Minen an Bord aus und legten das Wartburg-Minenfeld zwischen Öland und der litauisch-lettischen Grenze.

In Hanko (Hangö), einem finnischen Hafen und Flottenstützpunkt, der die Einfahrt zum Finnischen Meerbusen beherrschte und nach dem Winterkrieg 1939/40 für 30 Jahre an die UdSSR abgetreten worden war, befolgte Kommandeur Generalmajor Kabanow die persönlichen „Empfehlungen" von Admiral Tribuz, der die Ostseeflotte befehligte. Er ordnete die Evakuierung von 6.000 Frauen und Kindern, Angehörigen des Marine- und Militärpersonals, in einem Schnelldampfer an.

Das Meer wurde rasch gefährlicher. Der ehemales lettische Dampfer *Gaisma* wurde um 3.20 Uhr vor Gotland von vier S-Booten abgefangen, beschossen und torpediert. Das Schiff brach entzwei, und als das brennende Wrack um 4.15 Uhr versank, schickte der Funker eine letzte Botschaft: „Torpediert, *Gaisma* sinkt. Auf Wiedersehen."

DER ANGRIFF BEGINNT

Leutnant Ekkehard Maurer von der 32. Infanteriedivision erinnerte sich: „Am Morgen des 22. Juni 1941 waren mein Bataillonskommandeur und ich (ich war damals sein Adjutant) in unseren Schützenlöchern, sehr nah am Stacheldraht. Kurz vor dem Einsetzen des Artilleriebeschusses flüsterte er mit etwas zu wie ‚Vergiss nie den 22. Juni 1941, 3.15 Uhr morgens.' Dann machte er eine kurze Pause und sagte: ,Nun, ich glaube, du wirst ihn ohnehin nicht vergessen! In diesem Augenblick wird sich der schlimmste Niedergang – die größte Katastrophe – der deutschen Geschichte seit vielen Jahrhunderten ereignen.'"

Nach stundenlangem Bombardement, das auf Grenzposten und Befestigungen niederging, rückte die Heeresgruppe Nord vor. Obwohl die Stärke der Gegenwehr variierte, war sie mancherorts heftig. Als das 501. Infanterieregiment in den ersten Minuten von Barbarossa eine sowjetische Position nördlich von Klaipeda angriff, wurde der Zugskommandant, Leutnant Weinrowski, durch Maschinengewehrfeuer aus einem als Heuwagen getarnten Bunker erschossen. Damit war er der erste deutsche Soldat, der im Osten starb. Das Regiment rückte trotz Verlusten im unteren Führungsbereich energisch auf sein unmittelbares Ziel, eine Brücke über die Mituwa, vor.

Die Lageberichte waren optimistisch und um 6 Uhr waren Einheiten der 16. Armee zwischen drei und zwölf Kilometer tief auf sowjetisches Gebiet vorgedrungen, obwohl die 121. Infanteriedivision im Dorf Kyrbatai kämpfte. Panzergruppe 4 war 12 km weit vorgerückt, und obwohl die 291. Infanteriedivision der 18. Armee in Kretinga im Häuserkampf verstrickt war, hatte die 61. die Brücke bei Gargzdai erobert.

HARTNÄCKIGER WIDERSTAND

Ein Aufklärer der Luftwaffe identifizierte sowjetische Befestigungsanlagen entlang der Düna zwischen Daugavpils (Dünaburg) und Jēkabpils (Jakobstadt). Flugzeuge machten sowjetische Konvois südlich der Düna aus, südwestlich von Siauliai (Schaulen) und südlich von Riga. In den nachfolgenden Bodenangriffen wurden 40 LKWs bei Siauliai zerstört. Die sowjetische 48. Schützendivision, noch immer in Aufstellung begriffen und ohne Artillerie und Luftunterstützung, wurde aus der Luft beschossen und von Panzerdivision 3 angegriffen, sodass sie den ungeordnetem Rückzug antrat.

Innerhalb des ersten Tages stellten die Soldaten der Heeresgruppe Nord ebenso wie ihre Kameraden in den anderen beiden Heeresgruppen fest, dass der sowjetische Soldat ein sturer, fast selbstmörderischer Kämpfer sein konnte. Während Verstärkungen für das 2. Bataillon, Infanterieregiment 422, Teil der 126. Infanteriedivision, heranrückten, eröffnete eine sowjetische MG-Mannschaft, die sich in den Getreidefeldern versteckt und die erste Welle vorbei gelassen hatte, das Feuer und verursachte schwere Verluste. Eine Kompanie brauchte drei Stunden, um sie auszuschalten.

An der rechten Seite der Heeresgruppe Nord drängte das II. Armeekorps die 5. und 33. Schützendivision, Teil des XVI. Schützenkorps, zurück. Das unmittelbare deutsche Ziel war

GEGNER ZUR SEE

Zu Beginn des Barbarossa-Feldzuges standen einander folgende deutsche und sowjetische Marinestreitkräfte im Baltikum gegenüber:

Marinekommando Nord

Admiral Claasen HQ Kiel

- Schlachtschiffe: KMS *Schlesien* und *Schleswig-Holstein* (nahmen nicht an Angriffen teil)
- Unterseeboote: 22. *U-Bootflotte*, befehligt von Korvettenkapitän Ambrosius (U-140, U-142, U-144, U-145 und U-149)
- Minenräumergruppe: *Grille*, *Preussen*, *Skagerrak* und *Versailles*
- Minenräumergruppe Nord: 5., 15., 17., 18. und 31. Räumbootflotte
- Sperrbrechergruppe: 6., 8. und 138. Flotte
- U-Bootjäger: 11. U-Bootjägerflotte, 11. und 12. Räumbootflotte
- Marinegruppe D: Minenräumergruppe „Cobra"
- 1. Torpedobootflotte (S26, S39, S40, S101, S102 und S103)
- 5. Torpedobootflotte (S27, S28, S29, S45 und S47)
- Hälfte der 5. Räumbootflotte (R56, R57, R58, R60, R61 und R62)
- Depotschiffe *Carl Peters* und *Tsingtao*
- 3. Finnische Küstenpatrouillenflotte (V304–308 und V310–314), *Ilmarinen*, *Väinämöinen*, *Hämeenmaa*, *Karjala*, *Turunmaa* und *Uusimaa* sowie drei U-Boote

Sowjetische Ostseeflotte

Admiral V. F. Tribuz

3. Kampfgruppe

- Schlachtschiffe: *Marat* und *Oktyabraskaja Revolustija*
- Zerstörer (Flottenführer): *Leningrad* und *Minsk*
- Zerstörer: *Artiom*, *Engels*, *Jakow Swerdlow*, *Kalinin*, *Karl Marx* und *Wolodarski*

Leichte Kampfgruppe

- Kreuzer: *Kirow* and *Maxim Gorki*
- 1. Zerstörerdivision: *Gnewnoi*, *Grodnoi*, *Groschjaschtschi*, *Smetliwoi* und *Stereguschtschi*
- 2. Zerstörerdivision: *Storoschewoi*, *Stoiki*, *Silnoi* und *Sereditoi*

Alle ehemaligen estischen, lettischen und litauischen Schiffe standen nun in sowjetischem Dienst.

die litauische Stadt Kaunas (den Russen als Kowno bekannt). Etwa 18 km vor der Stadt verhärtete sich der sowjetische Widerstand und der Vormarsch verlangsamte sich. In der Stadt erhob sich ein Teil der Einwohner gegen die sowjetischen Besatzer und besetzte den Radiosender. Am 23. Juni um 19.30 Uhr richtete ein Vertreter des „Litauischen Armeekommandos“ einen Appell an das deutsche Oberkommando, direkte Luftangriffe auf die Stadt zu fliegen; die Sowjets zogen sich zurück.

DAS POGROM BEGINNT

Gegen Mittag des folgenden Tages, als sich der sowjetische Rückzug fortsetzte, rückte eine Kampfpatrouille vom 123. Aufklärungsbataillon unter Leutnant Florret in die Stadt ein, vereinigte sich mit der „Litauischen Armee“ und besetzte den Radiosender. Um 17.15 Uhr erreichte die Garde des II. Armeekorps unter Oberst Holm die Stadt; ihm folgten bald die Infanterieregimenter 89 und 405 in Begleitung des 121. Aufklärungsbataillons. Am 26. Juni hatte die 501. Propagandakompanie den Radiosender Kowno übernommen und strahlte ihre erste Rundfunksendung auf Deutsch aus.

1939 lebten etwa 40.000 Juden in Kaunas, etwa ein Viertel der Stadtbevölkerung. Vor dem deutschen Angriff waren mehrere tausend aus der Stadt geflüchtet, bevor sie besetzt wurde, und hatten sich in die innere UdSSR zurückgezogen, wobei einige ums Leben kamen. Doch bereits vor dem Einmarsch der Deutschen in Kaunas wüteten litauische Banden gegen Juden, vor allem gegen die in der Vorstadt Slobodka.

Die Ermordung der Juden ging weiter, als die Deutschen die Stadt besetzten und die Verfolgung fortsetzten. Es wird berichtet, dass die SS-Truppen Kriminelle und Geisteskranke entließen und sie am Morden teilhaben ließen, indem sie Juden mit Eisenrohren zu Tode prügelten. Tausende Juden wurden aus der Stadt an andere Orte verschleppt wie das Siebte Fort (eine Kette von Festungen, die im 19. Jahrhundert um die Stadt angelegt worden waren). Hier wurden sie von den litauischen Wachen brutal misshandelt, bevor sie erschossen wurden. Man schätzt, dass im Juni und Juli 1941 10.000 Juden ermordet wurden.

Für die Verteidigung von Kaunas war Generalleutnant V. I. Morozow verantwortlich, der die 11. Armee befehligte. Er konnte Generaloberst Kusnezow im Stab der Nordwestfront nicht erreichen und so hatte er unter Druck seine Streitkräfte nach Jonava zurückgezogen; er wusste, dass dort die „relativ frische“ 23. Schützendivision unter Generalmajor W. F. Pawlow konzentriert wurde. Dann versuchte er, die Stadt zurückzuerobern, doch diese Angriffe kosteten Pawlows Leben. Schließlich erreichte Morozow Kusnezow am Telefon, doch Letzterer weigerte sich, den Lagebericht anzuhören, und denunzierte seinen Untergebenen letztlich als „deutschen Spion“.

Links: Das angespannte Gesicht der jungen deutschen Soldaten der Heeresgruppe Nord in den ersten Stunden des 22. Juni. Dahinter brennt der Wald nach dem Bombardement um 3.15 Uhr. Viele Offiziere hatten Bedenken wegen des nicht provozierten Angriffs.

Links: Das strenge Aussehen des Ritters von Leeb kennzeichnete einen Mann, der den Nazis gegenüber kritisch eingestellt und ein gläubiger Katholik war. Er hatte kein Verständnis für die Dynamik der Panzerkriegsführung und die Notwendigkeit von Aggression und Tempo.

„DER BLUMENKRIEG"

Am 23. Juni berichtete die 290. Infanteriedivision über die Begrüßung, die ihr seitens der Einwohner der baltischen Staaten zuteil wurde, die die Soldaten als Befreier ansahen. „Die Litauer begrüßten uns mit dem Ruf ‚*Swieks gyos*' und boten uns Blumen an. Vor den Häusern standen Tische mit Milch, Kaffee, Eiern, Brot, Butter und Kuchen. Und die Soldaten lernten rasch, in ihrer Muttersprache danke zu sagen: ‚*Swieks gyos, Marijana!*'" Den Landsern erschien dies fast wie ein Blumenkrieg oder wie die traditionellen Sommerparaden und vor allem die Siegesparade in Berlin 1940 nach dem Sieg über Frankreich, bei der BdM-Mädchen die Straßen mit Blumen gesäumt und Sträußchen in die Knopflöcher der Soldaten gesteckt hatten.

Die 58. Infanteriedivision, die als Teil der zweiten Angriffswelle vorrückte, war jedoch von dem Land nicht beeindruckt: „Als wir die Grenze überschritten, kamen wir uns wie in einer anderen Welt vor. Die Straßen waren schlecht, die Wälder zu beiden Seiten der Straße ungepflegt und voller Gebüsch, die Häuser in den Dörfern armselig." In einer makabren Notiz der Einsatzgruppe A, die hinter der Heeresgruppe Nord operierte, hieß es: „Zu unserer Überraschung war es gar nicht leicht, intensive Judenprogrome in Gang zu bringen … Beim ersten Progrom in der Nacht vom 25. zum 26. Juni beseitigten die litauischen Partisanen (mit deutscher Unterstützung) mehr als 1.500 Juden, setzten Synagogen in Brand oder zerstörten sie auf andere Weise und brannten ein jüdisches Wohnviertel mit etwa 60 Häusern nieder. In der folgenden Nacht wurden etwa 2.300 Juden auf dieselbe Weise obdachlos gemacht. Diese Selbstreinigungsaktionen gingen glatt vonstatten, da die Armeebehörden, die vorher informiert worden waren, Verständnis für diese Vorgänge zeigten."

Die Brutalität war aber nicht einseitig. General von Manstein notierte, dass eine vorgelagerte Stellung bei einem sowjetischen Gegenangriff überrannt worden war. Als die Panzerdivision 2 sie zurückeroberte, fand sie „die Leichen von drei Offizieren und 30 Soldaten, die verwundet auf einem Verbandsplatz gelegen waren, der am Vortag vom Feind erobert worden war. Ihre Verstümmelungen waren unbeschreiblich."

WILHELM RITTER VON LEEB

Von Leeb wurde am 5. September 1876 in Landsberg am Lech in Bayern geboren. Der Karrieresoldat wurde in den 30er-Jahren im Zuge eines als „Blomberg-Fritsch-Krise" bekannten Skandals entlassen. Zu Beginn des Krieges berief man ihn im Alter von 63 Jahren wieder ein. Er befehligte die Heeresgruppe C an der Westfront und wurde am 19. Juli 1940 zum Generalfeldmarschall befördert. Obwohl er bei Hitler protestierte, die Wehrmacht sei für einen Feldzug gegen Russland schlecht gerüstet, diente er treu und effektiv als Befehlshaber der Heeresgruppe Nord von Juni 1941 bis Januar 1942. Hitler entließ ihn, als er auf Rückzug drängte, um die Linien um Leningrad zu verkürzen. Wilhelm Ritter von Leeb war ein gläubiger Katholik, vorsichtig und konservativ in seinen Ansichten, ruhig und distanziert im Verhalten und kritisch gegenüber den Nazis. Wie viele höhere deutsche Offiziere verstand er das Wesen und die Fähigkeiten von Panzern nicht. Er starb in Hohenschwangau in Bayern am 29. April 1956.

Oben: Mit Winken und Hitlergruß wird ein Motorradteam in einem baltischen Dorf empfangen. Eine junge Frau wirft einen Blumenstrauß in den Beiwagen – das ist fast ein Blumenkrieg. Bilder wie dieses gaben hervorragendes Propagandamaterial in deutschen Zeitungen ab.

Die von der Kriegsmarine gelegten Minenfelder forderten früh die ersten Opfer. Am 23. Juni wurde der Zerstörer *Gnevnij* schwer beschädigt und sank später. Der Kreuzer *Maxim Gorkij* wurde schwer beschädigt und schleppte sich zum Flottenstützpunkt in Kronstadt. *U-144* unter dem Befehl von Kapitänleutnant von Mittelstedt torpedierte und versenkte das U-Boot *M-78* der Roten Armee westlich von Windau.

SCHLACHT UM LIBAU

Am 24. Juni waren die Aufklärungspatrouillen des 505. Infanterieregiments, Teil der ostpreußischen 291. Infanteriedivision, 50 km vor dem lettischen Hafen Libau (lettisch Liepāja). Hier wurde der sowjetische Widerstand stärker. Der Regimentskommandant, Oberst Lohmeyer, wartete, dass die Division aufschloss, bevor er angriff. In der folgenden Nacht startete die 291. Infanteriedivision mit Unterstützung der Matrosen der Marineangriffsabteilung unter Kapitänleutnant von Diest um 1.30 Uhr einen Überraschungsangriff auf Libau. Sie rückte über die Landenge zur Festung vor, wurde aber zurückgeworfen. Ein zweiter Angriff kam von der Marineartillerieabteilung 530 unter Kapitänleutnant Schenke. Der Angriff auf den Marinestützpunkt wurde von Teilen der sowjetischen 67. Schützendivision und Matrosen, die als Marineinfanteristen kämpften, abgewehrt. Der befehlshabende Offizier hatte um 5 Uhr gemeldet: „Bomben fallen auf militärische Einrichtungen und den Flugplatz. Keine ernsten Schäden."

Ein sowjetischer Ausbruchsversuch nach Norden und Nordosten traf auf wenig Widerstand beim 2. und 3. deutschen Bataillon des Infanterieregiments 504, wurde jedoch durch die Artillerie der 291. Division gestoppt. Bei einem zweiten Ausbruchsversuch der Garnison zwei Tage später gelangten kleine Gruppen unter schweren Verlusten in das Landesinnere von Litauen. Der Großteil der 67. Schützendivision wurde von den Deutschen gestoppt und zurück in den Hafen gezwungen. Hier drang das Infanterieregiment 505 mit Unterstützung eines Marinesturmbataillons unter Kapitänleutnant von Diest und des Marinesonderkommandos unter Kapitänleutnant Bigler vom Süden in den befestigten Hafen ein. Die Divisionsgeschichte berichtet: „Der Häuser- und Straßenkampf war heftig. Feindliches MG-Feuer kam aus getarnten Schießscharten. Der Widerstand konnte erst durch schwere Infanteriegeschütze, die auf direkte Sicht feuerten, schwere Feldhaubitzen und Mörser gebrochen werden."

Der Hafen wurde am 28. Juni erobert und das Marinekommando C unter Konteradmiral Claasen rückte ein, um die Küstenabwehr zu errichten und zu bemannen. Auch das 1. Marinenachrichtenbataillon unter Korvettenkapitän Glaeser nahm den Betrieb auf. Dann begann man, Kriegsschiffe, die die Rote Ostseeflotte auf Grund gesetzt hatte, zu bergen, und hob schließlich den beschädigten Zerstörer *Lenin* sowie die U-Boote *S-1*, *M-76*, *M-83*, *Ronis* und *Spidola*.

GEGENANGRIFF BEI RASEINIAI

Im Landesinneren hatte Reinhardts XLI. Korps die 125. Schützendivision zurückgedrängt. Als sie sich am 23. Juni dem Dorf Raseiniai näherten, traf sie ein heftiger Gegenangriff einer Streitmacht von 300 Panzern von drei Divisionen des III. Panzergrenadierkorps unter Generalmajor Kurkin. Mit Unterstützung durch Kavallerie und Artillerie griff sie frontal in Wellen an, ungestüm und ungeschickt. Unter den Panzern war einer, den die deutsche Panzerabwehr als furchtbaren Feind kennen lernen sollte – der Kliment Woroschilow I (KW-I). Raseiniai war die erste Panzerschlacht im Osten. Sie bestätigte, dass einige der sowjetischen Waffen, wenn auch für westliche Begriffe grob gefertigt, den deutschen ebenbürtig waren, obwohl die deutschen Soldaten durch taktische Erfahrung und Funk im Vorteil waren.

Der Hauptstoß des Angriffs traf die führenden Elemente der Panzerdivision 6 unter Generalmajor Landgraf. Als die Berichte eintrafen, befahl Reinhardt der Panzerdivision 1, die sowjetische Flanke anzugreifen. Für den ersten Kontakt mit dem KW-I gibt es widersprüchliche Daten. Am 25. Juni gegen 8.20 Uhr berichtet das Kriegstagebuch der Panzerdivision 1 von der ersten Begegnung mit sowjetischen KW-I- und KW-II-Panzern in der Nähe des staatlichen Agrarhofes Gut Saukotas, in einem unfruchtbaren Marschland mit schlechten Stra-

Unten: Sowjetische Soldaten marschieren. Der Mann in der Mitte ist mit dem leichten MG Pulemet Degtyareva Pekhotnii *(DP) bewaffnet, ein einfaches Gaskolbengewehr mit nur sechs beweglichen Teilen, 47-Schuss-Trommelmagazin und 520 bis 580 Schuss pro Minute.*

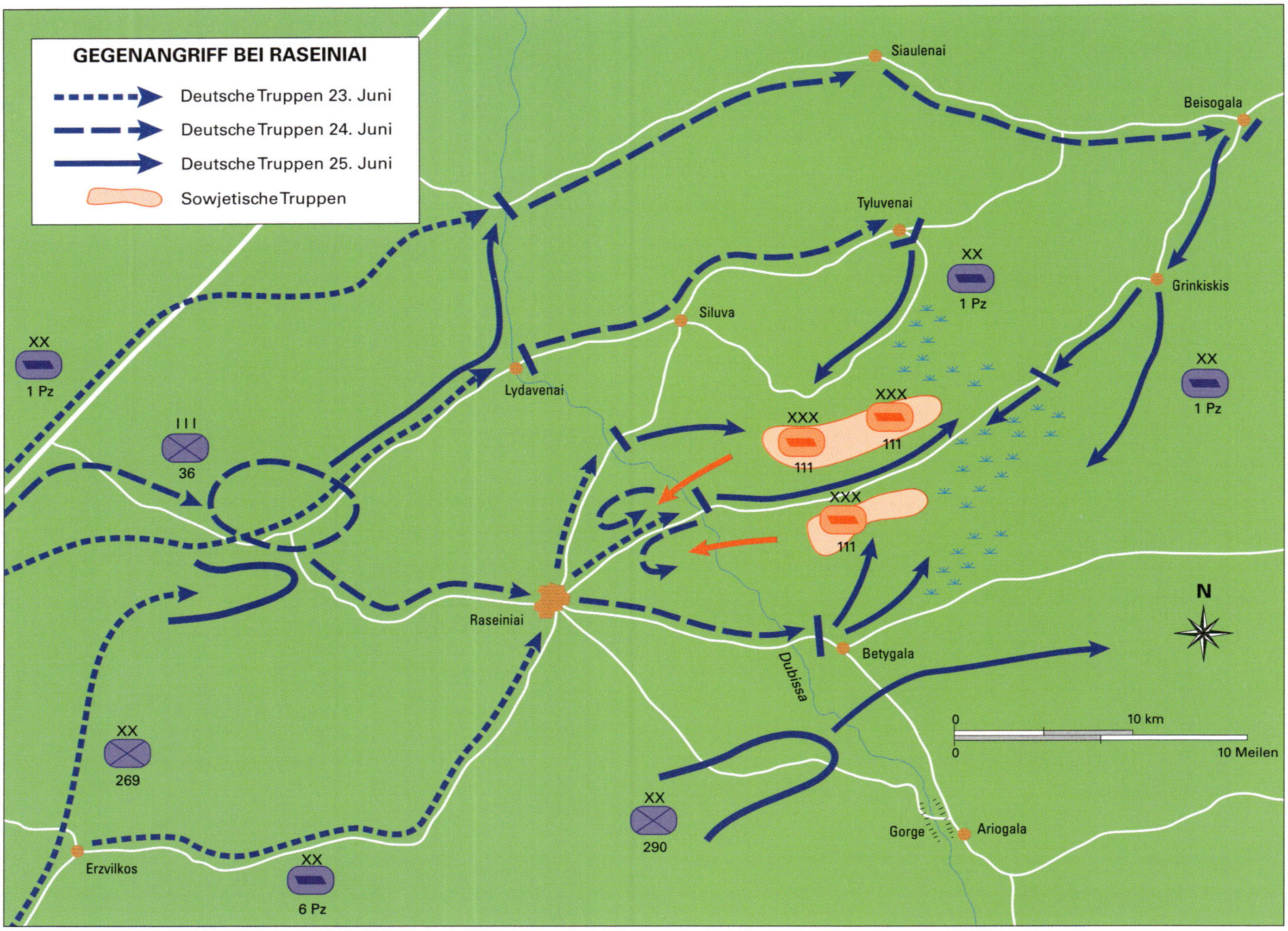

ßenverbindungen. In einem Bericht des 2. Bataillons, Panzerregiment 1, Panzerdivision 1, heißt es: 6. und 7. Kompanie des Panzerregiments 1 eröffneten auf 800 m Entfernung das Feuer, doch ohne Wirkung! Wir kamen dem Feind immer näher, der sich unbesorgt wiederum uns näherte. Sehr bald standen wir uns auf 50 bis 100 m gegenüber. Ein fantastischer Schusswechsel fand statt, ohne sichtbaren deutschen Erfolg! Die russischen Panzer rollten unbeeindruckt weiter voran. Alle panzerbrechenden Granaten prallten an ihrer Panzerung einfach ab … Panzerregiment 1 machte daher kehrt und fuhr, grob gesagt, zusammen mit diesen KW-I und KW-II in Linie! Schließlich konnten wir sie ausmanövrieren und viele ausschalten. Einige konnten wir mit Spezialgranaten [*Rotkäppchen*] aus einer Distanz von 30 bis 60 m unschädlich machen."

Über diese Ereignisse wurde auch am 24. Juni um 15 Uhr berichtet. Leutnant Ritgen von der 6. Division notierte: Diese bislang unbekannten sowjetischen Panzer lösten in der Kampfgruppe ‚Seckendorff' eine Krise aus, da offensichtlich keine Waffe der Division in der Lage war, deren Panzerung zu durchbrechen. Alle Geschosse prallten einfach an den sowjetischen Panzern ab und 8,8-cm-Flak-Geschütze waren noch nicht ver-

> Wir marschierten über eine Wiese und gerieten unter Artilleriebeschuss … Neben mir stand der befehlshabende Offizier und man musste den Helden spielen. Du konntest dich nicht einfach hinlegen, was einfacher gewesen wäre. Und dann lag da dieser deutsche Soldat. Seine Hand war erhoben und sein Ehering glänzte in der Sonne. Sein Kopf war etwas rot und aufgedunsen und seine Lippen waren voller Fliegen. Das war der erste Tote, den ich in meinem Leben gesehen hatte.
>
> *Leutnant Hubert Becker*
> *Heeresgruppe Nord*

Links: Der sowjetische Gegenangriff bei Raseiniai war ein Schock für die Panzerdivision 1, da sie erstmals dem schwer gepanzerten KW-1 begegnete. Nur durch überlegene Taktik und Funk konnten die deutschen Panzerbesatzungen den Angriff zurückschlagen.

fügbar. Angesichts des Angriffs gerieten einige Schützen in Panik. Die superschweren KW-Panzer rückten gegen unsere Panzer vor, die ohne sichtbare Wirkung auf sie feuerten. Der Kommandopanzer der Kompanie wurde von einem KW gerammt und umgedreht und der Kommandeur verwundet."

PANZERJAGD

Soldaten vom Pionierbataillon 37 griffen gegen die KW-I zu gefährlichen Taktiken. Mit improvisierten Sprengladungen näherten sie sich den riesigen Panzern und warfen diese gegen Ketten und Türme. Spanische und finnische Truppen hatten diese Technik bereits eingesetzt und die Deutschen behielten sie im gesamten Ostfeldzug bei. Erfolgreiche Soldaten erhielten Panzerabschussabzeichen. Die Mannschaften von 8,8-cm-Flak-Geschützen des Flak-Regiments 3 des 1. Bataillons waren für den deutschen Sieg bei Saukotas ebenfalls entscheidend. Bei flacher Flugbahn und hoher Geschwindigkeit waren ihre Granaten in der Lage, schwere Panzer auszuschalten. Reinhardt reagierte rasch und selbstbewusst mit einem Gegenangriff, bei dem die Sowjets in sumpfiges Gelände zurückgedrängt wurden, wobei sie 180 Panzer und mehr als 100 Geschütze verloren. Danach rückte er auf breiter Front über das Marschland nach Krustpils und dem nahen Lievenhof an der Düna vor. Nach den Kämpfen sprach Major Graf von Kielmansegg mit dem Kommandeur der 6. Division: „Herr General, dieser Krieg ist ganz anders als der in Polen oder Frankreich." Wie er später berichtete, war es ein „harter Kampf mit harten Soldaten. Anfängliche Panik wurde dank der Haltung und Disziplin der Offiziere gemeistert. Auf Divisionsebene sahen wir zum ersten Mal in diesem Krieg die Gefahr einer ernsthaften Niederlage. Dies war eine der größten Belastungen, die ich im Krieg erlebte."

Auch die Männer der Waffen-SS-Division *Totenkopf* trafen auf erbitterten Widerstand, als sie in Richtung Deguciai vorrückten, um am 29. Juni die Düna bei Dünaburg zu überschreiten. Nachdem er seine Fahrzeuge am 27. Juni aus einem gewaltigen Verkehrsengpass bei der Kreuzung Kedainiai befreit hatte, führte SS-Gruppenführer Theodor Eicke die Division durch Zentrallitauen. Doch die Russen hatten sich vom ersten Schock erholt und reagierten brutal. Die Aufklärungsabteilung musste an-

Unten: Der KW-1 war mit einer 76,2-mm-Kanone L/41 ZiS-5 und vier 7,62-mm-DT-Maschinengewehren bewaffnet. Seine Panzerung war 30–75 mm stark. Der V-12-Dieselmotor V-2K erreichte auf der Straße 35 km/h bei einer Reichweite von 150 km.

KLIMENT WOROSCHILOW I

Aus dem schwerfälligen, zweitürmigen T-100 konstruierte Z. Kotin, der Chefingenieur der Kirow-Zawod-Fabrik einen kompakteren Panzer, der ursprünglich als Kotin-Stalin bekannt war, doch dann nach dem damaligen Verteidigungskommissar Kliment Woroschilow (KW) benannt wurde. Der KW-I wurde mehrmals verbessert, wobei die wichtigsten Modifikationen die längere L/41.5 76,2-mm-Kanone des KW-IA war und der Gussturm des KW-IB und C waren. Er war instabil und verwundbar.

Im Juni 1941 hatte die Rote Armee 508 KW-1 im Einsatz. Der KW-II hatte das gleiche Chassis, war jedoch mit einer riesigen 152-mm-Haubitze bewaffnet und sollte in der direkten Feuerunterstützung eingesetzt werden. Bei Saukotas erhielt das HQ der 1. Panzerdivision einen beunruhigenden Funkbericht: „KW-I- und KW-II-Panzer haben das 2. Bataillon des Panzergrenadierregiments 1 überrollt. Weder die Pak-Geschütze der Infanterie noch die unserer eigenen Panzerjägerzüge oder die Kanonen der mittleren und schweren deutschen Panzer können die Panzerung der russischen Panzer brechen! Wie können wir sie stoppen?" Im Süden staunte Heeresgruppe Mitte, als ein KW-II elf Treffer von 7,5-cm-Kanonen des Panzer IV überstand.

Oben: Ein brennender KW-1 im Waldversteck. Durch seine breiten Ketten war der Kliment Woroschilow auch auf Schnee und weichem Boden sehr beweglich, wodurch er auch bei Bedingungen operieren konnte, in denen die deutschen PzKpfw III und IV nicht mehr einsatzfähig waren.

halten und eine Reihe von Panzergegenangriffen zurückschlagen – sie schalteten drei aus und vertrieben die Überlebenden. Noch immer ging die sowjetische Infanterie in selbstmörderischen Angriffswellen vor, und erst nachdem drei menschliche Wellen besiegt worden waren, zogen sich die Überlebenden in die Wälder zurück. Die Männer der Waffen-SS waren vom Fanatismus ihrer Gegner tief bewegt, doch sie betrachteten diese Einheiten von Nachzüglern als „Banditen“, die von Kommissaren und harten Offizieren der Roten Armee organisiert und aufgehetzt worden waren. Aufgrund dieser Rationalisierung gab Max Simon, Kommandeur des Infanterieregiments 1 in der Division, Befehl, Nachzügler zu erschießen, auch wenn sie sich ergeben hatten.

Links: Aus einem von der hastig aufgestellten 3,7-cm-Pak 35/36 ausgeschalteten leichten Panzer steigt Rauch auf. Die deutsche Pak war 1941 veraltet und wurde von den Soldaten wegen ihrer schlechten Leistung gegen so gut wie alle Panzer „Türklopfer der Armee“ genannt.

Im verständlichen Wunsch nach Rache nach den Verlusten im Winterkrieg 1939/40 erklärte Finnland der Sowjetunion am 26. Juni den Krieg. Am Tag zuvor sollen sowjetische Einheiten finnische Stellungen angegriffen und Luftangriffe auf Helsinki geflogen haben. Baron Mannerheim beschrieb den neuen Konflikt als „heiligen Krieg“. Finnische Streitkräfte begannen am 28. Juni, nach Murmansk vorzurücken.

Vier Tage zuvor war im besetzten Europa eine Rekrutierungskampagne ins Leben gerufen worden, die Freiwillige dazu aufrief, für die Deutschen in der Sowjetunion zu kämpfen. Männer aus Frankreich, Belgien, den Niederlanden, Skandinavien und Francos Spanien folgten dem Aufruf zum Kampf gegen den sowjetischen Kommunismus.

RADPANZERWAGEN BA-10

Der BA-10 wurde auf dem Chassis des kommerziellen Lastwagens GAZ-AAA gebaut und tauchte erstmals 1932 auf. Er wurde 1939 beim Einmarsch in Polen eingesetzt; die Deutschen erbeuteten viele davon und setzten sie bei Aktionen gegen Partisanen ein. Als Schutzschild waren sie 1941 sehr effektiv und verdienten sich den Spitznamen „Panzerpferde", weil ihre Besatzungen den Kampfstil der Kavallerie übernahmen. Unbeschädigte Fahrzeuge wurden von sowjetischen Ingenieuren abgerüstet und als gepanzerte Mannschaftstransporter eingesetzt.

ÜBERRASCHUNG IN DÜNABURG

Am 26. Juni kam die Brandenburger Spezialeinheit zum Einsatz. Die 8. Kompanie des heimlichtuerischen Lehrbataillons 800 „Brandenburg" verkleidete sich als verwundete sowjetische Soldaten und eroberte unter dem Kommando von Leutnant Wolfram Knaak die zwei strategisch wichtigen Brücken über die Düna bei Dünaburg, beide 300 m lang; über sie führte die Fernstraße Kaunas–Leningrad sowie, 1,5 km flussaufwärts, die Eisenbahn. Waffen, Uniformen und Helme hatte man von den Finnen erhalten, die sie 1940 erbeutet hatten. Mit zwei erbeuteten sowjetischen Lastwagen näherte sich die Kompanie Brandenburg, in der sowohl litauische als auch deutsche Soldaten waren, ihrem Ziel durch die durchbrochenen sowjetischen Linien. Wenn sie sowjetische Stellungen passierten, scherzten die Fahrer mit den Vorposten: „Die Deutschen sind noch weit hinten!" Bei Varpas, einem Dorf 3 km südlich des Flusses, teilte man sich zum Angriff auf die beiden Brücken auf. Der sowjetische Sprengtrupp hatte zum Schutz Radpanzerwagen GAZ BA-10 an den Zugängen postiert, doch als der Kampf im Gange war, konnten die Besatzungen nicht zwischen Freund und Feind unterscheiden. In diesem Chaos konnte Feldwebel Kruckeberg in die Brückenkonstruktion klettern und verdächtige Zündkabel durchtrennen.

ÜBERGÄNGE GESICHERT

Um 8 Uhr, etwa eine halbe Stunde nach dem Angriff, erhielt General von Manstein die Meldung: „Überraschung von Dünaburg und Brücken erfolgreich. Straßenbrücke intakt. Eisenbahnbrücke durch Sprengladungen leicht beschädigt, doch passierbar." Nach dem Feldzug schrieb er: „Vor der Offensive wurde ich gefragt, wie lange wir nach Dvinsk brauchen würden, so das überhaupt möglich sein sollte. Ich antwortete, dass wir, wenn wir es nicht in vier Tagen schafften, kaum damit rechnen durften, die Übergänge intakt zu erobern. Und nun, exakt vier Tage und fünf Stunden nach der Stunde null, haben wir einen Vorstoß von 200 Meilen Luftlinie durch feindliches Territorium vollendet. Wir haben es geschafft, weil der Name Dvinsk für jeden Offizier und jeden Soldaten das wichtigste war und weil wir bereit waren, große Risiken auf uns zu nehmen, um unser Ziel zu erreichen."

Auf der Eisenbahnbrücke wurden Knaak und fünf seiner Männer getötet, als eine Granate ihren Laster traf. Als Panzer vom Panzerregiment 10 der 8. Panzerdivision anrollten, hatten sie das gleiche Unterscheidungsproblem wie zuvor die Sowjets, doch sie schafften die Überquerung und sicherten mit den Brandenburgern das andere Ufer. Den Rest des Tages versuchten sowjetische Panzer, Infanterie und Flugzeuge vergebens, die Brücken zu zerstören. Bei Tagesende waren 20 leichte Sowjetpanzer ausgeschaltet, 20 Feldkanonen und 17 Pak. Es war ein harter Kampf, in dem die sowjetische Infanterie Panzer mit Granaten angriff, im Versuch, zu den Brücken durchzukommen und ihre Ladungen zu zünden. Der sowjetische Sprengtruppführer wurde gefangen genommen und gestand im Verhör: „Ich hatte keinen Befehl, die Brücke zu zerstören. Ohne Befehl konnte ich die Verantwortung nicht übernehmen. Doch es war keiner da, den ich fragen konnte."

Es wird berichtet, dass einer der überlebenden Brandenburger, staubig, blutverschmiert, so erschöpft, dass er kaum sprechen konnte, und noch immer in seiner sowjetischen Uniform, bei Tagesende zu Propagandazwecken gefilmt wurde – als perfektes Beispiel für den sowjetischen „Untermenschen", gegen den die Deutschen nun kämpften.

WEITERE ZIELE

Hitler war über die Eroberung der Dünaburg-Brücke erfreut und mischte sich ab 27. Juni in die Operationen ein. Dies sollte sich für das Ostheer als katastrophal erweisen, die Initiative behindern und später deutsche Soldaten zum Verbleiben in unhaltbaren Stellungen zwingen. Durch General Kei-

Bestimmte Offiziere dieser Stäbe … betrachteten weiterhin das Telefon als wichtigstes Kommunikationsmittel. Falls die Leitungen gekappt wurden, hatten sie keinen Kontakt zu ihren Einheiten, obwohl der Funk noch funktionierte. Wenn man in solchen Fällen vorschlägt, den Funk zu benutzen, erhält man oft die Antwort: „Was für eine Verbindung ist das – Funk?"

T. P. Kargopolow
Generalleutnant (Fernmeldewesen), Nordwestfront

Oben: Die Mannschaft eines 8-cm-Mörsers sGrW 34 sucht Deckung und hält sich die Ohren zu, während die braune 3,5-kg-HE-Granate geladen wird. Der Mörser hatte eine maximale Reichweite von 2.400 m und eine effektive Reichweite von 400–1.200 m.

tel hatte er Halder angewiesen, die Vormarschachse des XLI. Panzerkorps zu ändern und alle Panzerverbände hinter von Manstein über die Düna zu schicken. Der Befehl enthielt auch detaillierte Anweisungen zu einer weiteren Brücke, die für die Infanterie eingenommen werden sollte.

Mit der Weisung 21 instruierte Hitler von Leeb, den Feind im Baltikum zu vernichten und die Besetzung von Leningrad zu sichern. Die Direktive des OKH enthielt keine Angaben über die Prioritäten dieser beiden Aufgaben, was zu Zwist und gegenseitigen Beschuldigungen führte. Am 27. Juni flog Höppner in seiner Storch zum Brückenkopf bei Dünaburg, um Manstein zu treffen. Manstein sagte später, er wäre überrascht gewesen, dass Höppner anscheinend nicht über die neuen Befehle informiert war. Vier Tage später traf von Leeb im taktischen Stab der Panzergruppe 4 in Utena ein, um

DIE BRANDENBURGER

Diese Spezialeinheit wurde im Oktober 1939 unter dem Decknamen *Baulehr-Kompanie z. b. V. 800* in Brandenburg gebildet und wuchs rasch auf Bataillonsstärke an. Sie war direkt Admiral Wilhelm Canaris, dem Chef der Spionageabwehr des OKW, unterstellt. Ein Veteran der Brandenburger, Eduard Steinberger aus Südtirol, erklärte, dass sie viele Nicht-Reichsdeutsche rekrutierten, wie tschechisch Sprechende aus dem Sudetenland, und im Mai 1941 stellte die Abwehr die Bataillone *Nachtigall* und *Roland* auf, die aus Ukrainern bestanden. Diese Männer, die 1939 in die polnische Armee eingezogen worden waren, wurden nach dem Fall von Polen aus Kriegsgefangenenlagern rekrutiert.

In den Kämpfen im Baltikum fuhren Letten und Esten erbeutete sowjetische LKWs, sodass sie an Kontrollpunkten mit feindlichen Soldaten sprechen konnten. Das Bataillon *Nachtigall* erfreute sich eines zweifelhaften Rufs, da es nicht nur als entschieden antikommunistisch galt, sondern auch mehrere private Verfolgungen gegen Polen, Juden und Russen initiiert hatte. Die Brandenburger wurden auf verschiedene Weise zu ihren Zielen in der Sowjetunion gebracht. Manche überquerten die durchlässig gewordene Grenze in erbeuteten sowjetischen Armeefahrzeugen, andere landeten per Fallschirm. Am ungewöhnlichsten reisten wohl die, die unter Sand- und Kiesladungen in Güterwaggons verborgen über die Eisenbahnbrücke bei Brest-Litowsk in die UdSSR geschmuggelt wurden.

1940 führten als holländische Soldaten verkleidete Brandenburger in den Niederlanden deutsche „Deserteure" auf Brücken, bevor sie ihre Tarnung ablegten und angriffen. Der Trick funktionierte nur bei Gennep, doch hier eröffnete er die Straße nach 's Hertogenbosch für die Panzerdivision 9. In Nordafrika führte die Afrikakompanie, eine Abteilung unter Oberleutenant von Koenen, Angriffe weit hinter den britischen Linien durch, wobei manche als Araber getarnt waren. Divisionskommandanten stellten ihnen zugewiesene Brandenburger-Kompanien stets in die vordersten Reihen, wo sie zu den Ersten gehörten, die Kontakt zum Feind hatten.

Höppner über die Pläne in Kenntnis zu setzen. Die beiden Generäle gerieten fast sofort in Streit. Höppner war ein ausgesprochener Kavallerieoffizier und außergewöhnlicher Panzerführer, Leeb ein älterer, konservativer Offizier mit Bedenken über den Sinn von *Barbarossa*. Leeb war bald in einer ausweglosen Lage. Höppner war zeitweise voreilig, hatte aber ein exzellentes Gespür für den Kampf und die tägliche Sorgenliste, die Hitler über das OKH in Ostpreußen übermittelte.

Am 28. Juni versuchten die Brandenburger, auch die Dünabrücke bei Jekabpils einzunehmen. Die Stadt war von der 1. Panzerdivision unter Generalleutnant Kirchner erobert worden. Doch russische Sprengkommandos waren wachsam und zerstörten die Brücke. Das 2./113. Infanterieregiment unter Major von Kittel brachte Sturmboote an den Fluss, überquerte ihn unter Beschuss und griff an. In neuneinhalb Stunden bauten die Männer des 37. Pionierbataillons und des 26. Brückenbaubataillons rasch eine 20-Tonnen-Brücke über den 166 m breiten Fluss.

STALINLINIE DURCHBROCHEN

Am nächsten Tag starteten die Finnen einen Angriff auf die Halbinsel Karelien, die ihnen gegen Ende des Winterkrieges von den Sowjets geraubt worden war. Die Pläne sahen einen Zusammenschluss mit Heeresgruppe Nord vor, die in Richtung Nordosten durch die baltischen Staaten vorrückte. Riga, die Hauptstadt von Lettland, wurde am 1. Juli erobert und einen Tag danach durchbrachen die Deutschen die Verteidigungseinrichtungen der Stalinlinie an der lettischen Grenze.

Der Kampf um Riga, das von der sowjetischen 8. Armee gehalten wurde, war hart. Die Regimentsgruppe Lasch unter Oberst O. Lasch erlitt schwere Verluste. Der Angriff hatte um 3.10 Uhr mit drei Sturmgeschützen des 3./185. Sturmgeschützbataillons unter dem Kommando von Oberst Geissler, den Flak-Geschützen, einer 3,7-cm-Pak und einem Teil der 10. Kompanie, Infanterieregiment 43, mit Unterstützung von Pionieren, die über die 600 m lange Eisenbahnbrücke eilten, begonnen. Sie überquerten sie, nur um zu sehen, wie sie gesprengt wurde und laut zusammenbrach. Die kleine Streitmacht befestigte das gegenüberliegende Ufer und trug die Hauptlast der folgenden Angriffe durch die 10., 11. und 90. NKWD-Division, unterstützt durch einen gepanzerten Zug. Die deutsche Gruppe verlor neun Offiziere und 82 Mann.

In der Nacht des 1. Juli wurden Elemente des 5. Bataillons, 61. Infanteriedivision, vom 667. Pionierregiment unter Oberst Ullersperger über die Düna gesetzt. Als die Deutschen im Morgengrauen vorsichtig in die Stadt einrückten, stellten sie fest, dass sich die sowjetischen Truppen zurückgezogen hatten. Doch zuvor hatten sie drei Wahrzeichen der lettischen Hauptstadt in Brand gesteckt, das Zunfthaus der Bruderschaft der Schwarzhäupter, das Kunsthaus und die

Petrikirche. Als die Heeresgruppe Nord durch die Stadt zog, wurde sie von den Letten als Befreier begrüßt.

Vier Jahre später wurde Lasch, der Held von Riga und General, zum letzten Verteidiger des Ostseehafens Königsberg (heute Kaliningrad), das von der 38. weißrussischen Front unter Marschall Iwan Bagramjan eingekesselt war. Trotz schwerer Luft- und Bombenbombardements und konzertierter Angriffe hielt die Festung Königsberg bis zum 9. April 1945 hinter einem Gürtel aus improvisierten Verteidigungsanlagen aus. Lasch sah keinen Sinn in weiterem Widerstand, der große zivile Verluste verursachte. Seine menschliche Entscheidung verärgerte Hitler, der seine Familie inhaftieren und den General in Abwesenheit zum Tode verurteilen ließ.

Bis 28. Juni hatte Heeresgruppe Nord 400 Panzerfahrzeuge, 200 Geschütze, mehrere hundert Flugzeuge und eine Anzahl von Kriegsschiffen erobert, doch nur 6.000 Gefangene gemacht – viele Sowjets hatten bis zum Tode gekämpft.

ANGRIFF AUS DEM KALTEN NORDEN

Jenseits des Polarkreises war die 52. Schützendivision in der Region Murmansk stationiert, wobei das 205. Regiment die Marinebasis Murmansk schützte. In der kurzen arktischen Nacht des 22. Juni wurde es in Alarm versetzt und der Kommandeur der 52. Schützendivision, 14. Armee, angewiesen, alle Vorstöße deutscher oder finnischer Truppen auf die Halbinsel Kola abzuwehren. Dies geschah auf Befehl von Generalleutnant W. A. Frolow, dem Befehlshaber der 14. Armee, Militärdistrikt Leningrad, der die Verantwortung dafür übernahm, da ihm das Verteidigungskommissariat die Zustimmung zum Einsatz seiner Truppen verweigert hatte. Das war mutig und riskant angesichts des Schicksals, das sowjetische Offiziere bei Insubordination oder Versagen erwartete.

Tatsächlich wurden die deutschen Bodentruppen erst eine Woche nach Kriegsbeginn gegen die UdSSR in den Kampf geschickt, obwohl Bomber der Luftflotte V unter Generaloberst Hans-Jürgen Stumpff am 22. Juni von finnischen und norwegischen Flugplätzen aus sowjetische Flugfelder auf Kola angriffen. An diesem Tag waren die deutsche Wehrmacht und die Truppen der Waffen-SS vom norwegischen Kirkenes in das finnische Petsamo (heute Pechenga) vorgerückt und deutsche Pioniere in Zivilkleidung hatten die Zugänge zum

Unten: Sowjetische Soldaten mit Unterstützung durch einen Radpanzer GAZ BA-32 6 x 4 auf dem Weg durch ein Dorf. Der Radpanzer basierte auf dem Chassis des kommerziellen 1,5-Tonners GAZ-AAA, das auch für den mehrläufigen Katjuscha-Raketenwerfer verwendet wurde.

8,8-CM-FLAK 18/36/37

Die bei den deutschen Soldaten liebevoll als Acht-Achter bezeichnete Flak 18/36/37 glich vielen anderen mittleren Fliegerabwehrkanonen, die zwischen den Kriegen entwickelt wurden. Der Unterschied bestand darin, dass die Deutschen sie an der Front auch als Panzerabwehrgeschütz einsetzten. Mit einer Anfangsgeschwindigkeit von 795 m/sec bei Panzergranaten konnte sie die Panzerung jedes existierenden Panzers durchschlagen. Mit HE-Granaten betrug die v_0 820 m/sec. Die Granaten wogen 9,4 kg. Die Maximalreichweite betrug vertikal 9.900 m, horizontal 14.813 m. Die Feuerrate lag bei 15 Schuss pro Minute, doch eine erfahrene Mannschaft konnte schneller feuern. Die Gefechtsmasse betrug 4.985 kg. Die Flak wurde 1931 von einem Team entworfen, das für Krupps heimlich im Werk Bofors in Schweden arbeitete, und in Dienst gestellt, als Hitler den Vertrag von Versailles nicht mehr anerkannte. Im Verlauf des Krieges wurde das Geschütz mehrmals modifiziert und in den Panzer Tiger 1 eingebaut.

Fluss Petsamo ausgekundschaftet. Am Vorabend von Barbarossa wurde der deutschen 163. Infanteriedivision der Durchmarsch durch das neutrale Schweden gestattet, wobei sie auf dem Weg nach Karelia in der Festungsstadt Boden anhielten.

Am 29. Juni startete das Gebirgskorps *Norwegen* unter Generalleutnant Eduard Dietl die Operation *Platinfuchs* gegen Murmansk. Das Korps bestand aus der 2. und 3. Gebirgsdivision unter dem Kommando von Generalmajor Schlemmer bzw. Generalmajor Kreysing sowie dem finnischen Grenzwachebataillon *Ivalo*. Ein mit Panzern I und II sowie französischen Hotchkiss-Panzern, die 1940 in Norwegen erbeutet worden waren, ausgerüstetes Panzerbataillon wurde kurz zur Unterstützung eingesetzt. Dietl hatte Hitler zu erklären versucht, wie schwierig der Kampf im Norden werden würde. „Mein Führer, die Landschaft da oben in der Tundra vor Murmansk sieht wie nach der Schöpfung aus. Es gibt keine Bäume, keine Büsche, keine menschlichen Behausungen. Keine Straßen und keine Wege. Nichts als Felsen und Geröll. Es gibt unzählige Ströme, Seen und reißende Flüsse mit Stromschnellen und Wasserfällen. Im Sommer ist es dort sumpfig – und im Winter herrschen Eis, Schnee und 40 bis 50 Grad Minus.“ Die Analyse russischer Landkarten war ermutigender: An der Grenze gab es zwar keine Straßen, doch nicht weit dahinter gab es ein Straßennetz, auf dem man bis zum wichtigen Stützpunkt Murmansk vorrücken konnte.

Rechts: Finnische Soldaten marschieren durch südfinnischen Wald. Veteranen des Winterkriegs 1939/40 waren darauf aus, das in diesem heroischen, aber einseitigen Kampf an die Sowjetunion verlorene Territorium zurückzugewinnen, drangen jedoch nicht weiter in die UdSSR ein.

Das erste Hindernis für die Deutschen war der Fluss Titowka, an dessen Mündung ein Lager der Roten Armee und der NKWD-Grenzwache lag. Deutsche Planer waren besorgt, weil sie fürchteten, die sowjetischen Truppen auf der Halbinsel Rybatschi könnten angreifen. Das Gebirgsjägerregiment 136, 2. Division, wurde beauftragt, die Landenge zu blockieren und Stary Titowka anzugreifen. Es erfüllte seine Mission und fand das Lager unbesetzt. Im Süden traf das Regiment auf eine Linie von Bunkern, die entschlossen verteidigt wurden. Die sibirischen und mongolischen Soldaten in den Bunkern „kämpften, bis sie erschossen, erschlagen oder verbrannt wurden. Es wurden nur hundert Gefangene gemacht.“ Zufällig senkte sich arktischer Nebel, sodass die Soldaten vorbeischlüpfen konnten. Die Bunker wurden später durch Artillerie und Stukas ausgeschaltet.

RAUES GELÄNDE

Am 30. Juni gelangten die ersten Einheiten der 2. Division an den Fluss Litsa. Die 3. Division war auf der Suche nach der Straße, von der die deutsche Aufklärung berichtet hatte, mühsam um den Tschapr-See marschiert. Man glaubte, dass es Straßen von Motowskij zur Grenze und von Litska zur Titowka-Mündung gab. Als die Gebirgstruppen in der Region eintrafen, fanden sie jedoch nichts. Erst durch Aufklärungsflüge stellte sich heraus, dass es keine Straßen gab. Man erkannte, dass die Linien auf den sowjetischen Karten Telegrafenverbindungen und Wege der Lappen waren, keine Straßen wie von den Planern im OKH angenommen. Der Vormarsch verlangsamte sich, als Männer von den RAD-Gruppen K363 und K376 aufrückten, um in der Tundra Straßen zu bauen. Es sollte ein langer, dunkler und kalter Krieg werden.

Die „glatte Periode“ lag zwischen zwei Teilen. Im ersten wurden die Schlachten direkt an der Grenze ausgetragen – die waren hart, sehr hart. Dann kam die Blockade an der so genannten Stalinlinie, wo russische Verstärkungen hingeschickt wurden. Doch von „Überrennen“ zu sprechen, auch wenn Goebbels das behauptet hat, war von Anfang an eine Übertreibung.

Major Graf von Kielmansegg
6. Panzerdivision

KAPITEL SECHS

HEERES-GRUPPE MITTE

Heeresgruppe Mitte war die stärkste der drei Heeresgruppen. Ihre Panzergruppen 2 und 3 sollten den Frontbogen Bialystok abschneiden und tief nach Weißrussland vordringen. Die strategisch wichtigen Städte Minsk und Smolensk sollten eingenommen und eine große Zahl feindlicher Soldaten gefangen genommen werden. Das wichtigste Endziel der Heeresgruppe lag weiter im Osten: Moskau. Die optimistischen deutschen Soldaten hielten dies für ein Ziel, das man vor Einbruch des Winters erreichen konnte.

Als der Befehl zum Angriff auf Russland zu den tieferen Rängen der Heeresgruppe Mitte durchkam, suchte Eberhard Wagemann, Zugführer in der 13. Kompanie des 67. Regiments der 3. Infanteriedivision seinen Kollegen Ekkehard Maurer auf. Wie er sich erinnerte, war Maurer ein tapferer Offizier, bei seinen Offizierskollegen ebenso wie bei seinen Soldaten respektiert. Es verschlug ihm den Atem, als Maurer in aller Ruhe erklärte: „Dies ist das Ende Deutschlands."

Auf der Gegenseite meldete der Kommandeur der 3. Sowjetarmee, General W. I. Kujnestow, dass seine Patrouillen deutsche Truppen dabei beobachtet hätten, wie sie den Stacheldraht auf ihrer Seite der Grenze nordöstlich von Augustow in der Nähe eines Grenzübergangs beseitigt hätten. Die dichten Wälder deckten heimliche Operationen in der Gegend, in denen deutsche Spähtrupps und Agenten Verteidigungseinrichtungen, Straßen und Brücken ausgekundschaftet hatten. Oberst L. G. Starinow erinnerte sich, dass die

Links: Eine deutsche Patrouille mit MP38/40-MPs und einem Kar-98k-Karabiner nähert sich zögernd einem Bauernhof. Die in komfortablen westeuropäischen Häusern aufgewachsenen Männer waren über die primitiven Lebensbedingungen russischer Landarbeiter entsetzt.

Stabsoffiziere der 4. Armee, die die Zugänge nach Brest kontrollierte, an dem warmen Abend des 21. Juni in der schönen Altstadt von Brest-Litowsk einen typischen Samstag-Dienst absolvierten. Georgij Karbuk, der in Brest lebte, erinnerte sich, dass er sich an diesem Abend mit Freunden im Park traf, dem einzigen Platz, an dem man sich verabreden konnte. „Orchester und Blaskapellen spielten, die Leute tanzten und wir waren glücklich. Es war nett und angenehm."

Im Offiziersklub von Minsk wurde vor vollem Haus die Komödie „Die Hochzeit von Malinowka" gegeben. Generaloberst Pawlow, sein Stabschef Klimowskich und der stellvertretende Abschnittskommandeur Generalleutnant Boldin waren unter den Besuchern. Ihre Stimmung wurde kurz getrübt, als Oberst Blochin, der Geheimdienstchef des westlichen Militärdistrikts, auftauchte und berichtete, die Grenze sei in Alarmbereitschaft. Deutsche Truppen stünden in voller Gefechtsbereitschaft und in einigen Abschnitten sei es zu Schusswechseln gekommen. Pawlow reichte die Nachricht an Boldin mit den Worten weiter, es handle sich um ein Gerücht.

> In vielen Regionen Polens wurden die deutschen Soldaten als Befreier begrüßt. Doch sogar im alten Russland kommen sie mit Blumen und freundlichen Grüßen.
>
> *General Geyer*
> *Kommandeur des IX. Armeekorps, 22. Juni 1941*

Unten: Mit einer Drahtschere durchtrennt ein Soldat einen Stacheldrahtverhau. Er liegt, da solche Hindernisse meistens von Schützen gedeckt wurden und den Gegner gerade lange genug aufhalten sollten, damit ihm Verluste beigebracht werden konnten.

Vom anderen Ufer des Bug aus beobachtete General Guderian das Geschehen und notierte: „Wir konnten den Hof der Zitadelle von Brest-Litowsk einsehen und zusehen, wie sie Zug für Zug zur Musik von Militärkapellen exerzieren ließen. Die Stellungen entlang des Bug waren unbesetzt."

Düstere Erinnerungen an die letzten Momente vor Barbarossa hatte auch Oberleutnant Erich Mende von der 8. schlesischen Infanteriedivision. Er stand bei seinem leitenden Offizier, der doppelt so alt war wie er und schon 1917 an der Narwa-Front gegen die Russen gekämpft hatte. Nun war es 23.00 Uhr und der Angriffsbefehl war nicht aufgehoben worden. Als die Zeiger auf 3.15 Uhr vorrückten, sagte der Ältere: „Wir werden in der russischen Weite nur unseren Tod erobern, wie Napoleon. Mende, behalte diese Stunde im Gedächtnis, sie bedeutet das Ende Deutschlands! *Finis Germania!*"

Der erste Angriff der Heeresgruppe Mitte sollte sich gegen die linke Flanke der 11. Sowjetarmee unter Generalleutnant W. I. Morozow in der Nordwestfront und die ganze sowjetische Westfront in Weißrussland unter

Rechts: Der Vorstoß der Heeresgruppe Mitte nach Osten und Südosten schnitt viele Einheiten des Sondermilitärdistrikts West unter General Pawlow ab. Da Pawlow die Angriffe nicht aufhalten konnte, wurde er für Stalin zum idealen Sündenbock.

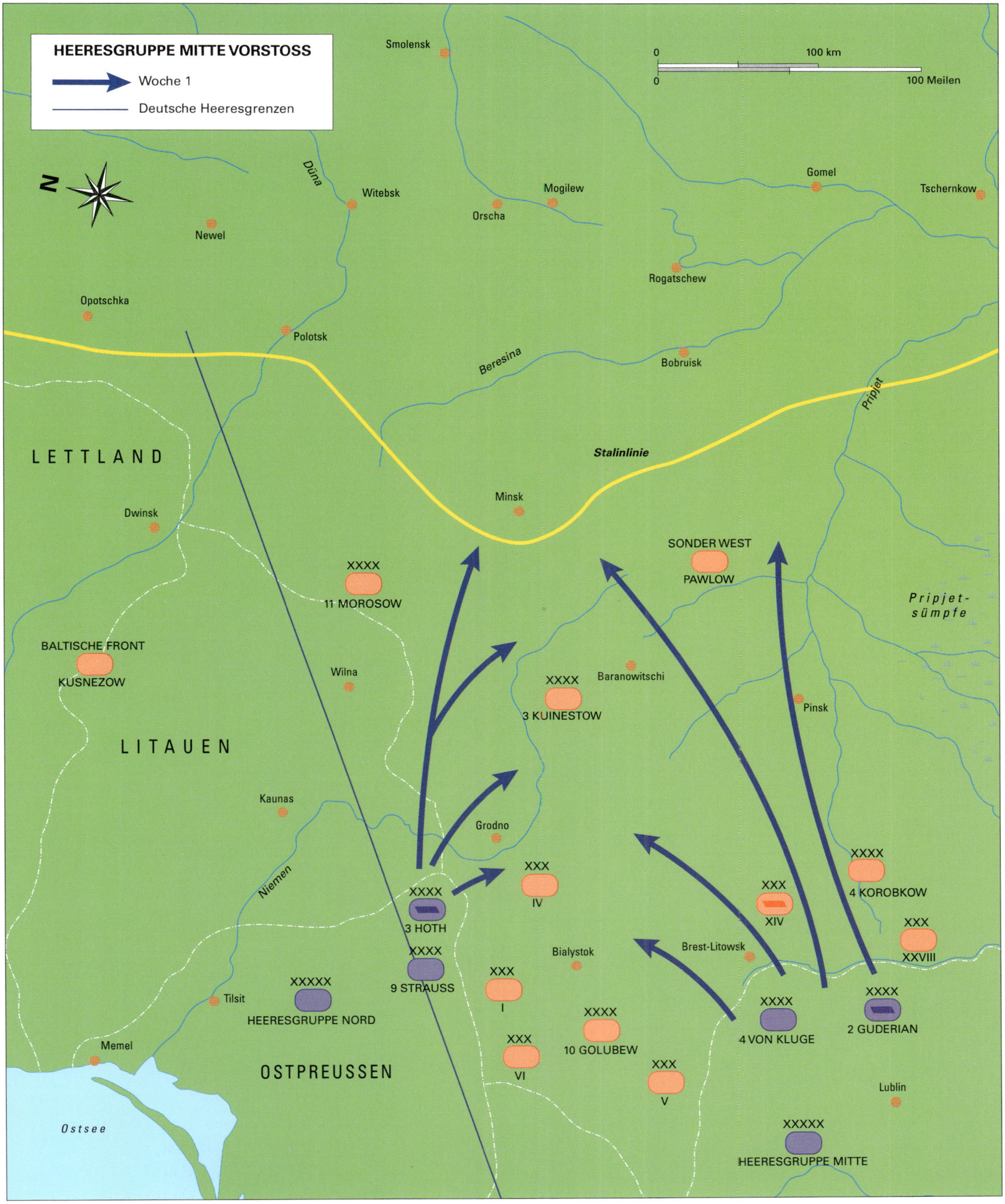
HEERESGRUPPE MITTE VORSTOSS
Woche 1
Deutsche Heeresgrenzen
0 100 km
0 100 Meilen
Smolensk
Düna
Witebsk
Orscha
Mogilew
Gomel
Tschernkow
Newel
Rogatschew
Opotschka
Polotsk
Beresina
Bobruisk
Pripjet
LETTLAND
Stalinlinie
Minsk
Dwinsk
SONDER WEST
PAWLOW
XXXX
11 MOROSOW
Pripjet-sümpfe
BALTISCHE FRONT
KUSNEZOW
Wilna
XXXX
3 KUINESTOW
Baranowitschi
Pinsk
LITAUEN
Kaunas
Grodno
Niemen
XXXX
4 KOROBKOW
XXX
IV
XXXX
3 HOTH
XXX
XIV
XXX
XXVIII
XXXX
9 STRAUSS
Bialystok
Brest-Litowsk
XXXXX
HEERESGRUPPE NORD
XXX
I
Tilsit
XXXX
4 VON KLUGE
XXXX
2 GUDERIAN
XXXX
10 GOLUBEW
Memel
XXX
VI
XXX
V
OSTPREUSSEN
Lublin
Ostsee
XXXXX
HEERESGRUPPE MITTE

General D. G. Pawlow richten. In dieser Front waren die 3., die 10. und die 4. Armee mit ihren eigenen motorisierten Einheiten an der Grenze im Einsatz. Weitere motorisierte Einheiten und Kavalleriekorps lagen in Bereitschaft.

Die Deutschen sollten zwei Angriffe vortragen, einen östlich von Brest, den anderen nördlich von Suwalki. Ziel war, mehrere Kesselschlachten in Weißrussland zu schlagen, aber selbst als die Pioniere über den Fluss setzten und die Panzerfahrer noch das Gelände vor ihnen beobachteten, waren sich ihre Kommandeure noch nicht darüber im Klaren, wie der Vorstoß ablaufen sollte. Selbst drei Tage nach Beginn der Kampfhandlungen waren die Generäle Hoth und Guderian noch unschlüssig, ob ihre Panzergruppen die Zangenbewegung bei Minsk oder erst bei Smolensk schließen sollten.

DER ANGRIFF BRICHT LOS

Der erste Angriff der Heeresgruppe Mitte erfolgte durch ein Kommando der Sturmpioniere der 3. Kompanie des 39. Pionierbataillons unter dem Befehl von Leutnant Moellhoff. Überzeugt, dass das Geräusch sich nähernder Flugzeuge die russischen Grenzsoldaten alarmieren würde, führte er seinen Zug schon um 3.00 Uhr über eine Brücke über den Bug bei Koden, südlich von Brest. Er nahm die vier russischen Posten gefangen, entfernte Sprengladungen und sicherte die Brücke vor dem Einsetzen des Artillerieangriffs. Zehn Minuten später wurde Oberstleutnant Beyerlein, dem Einsatzleiter im Kommandozelt des XXIV. Panzerkorps, per Feldtelefon die Einnahme der Brücke gemeldet.

Auf der sowjetischen Seite der Grenze war die Wucht des Artillerieüberfalls verheerend. Das Kriegstagebuch der 4. Armee berichtet von einem „Donner aus heiterem Himmel, der über die ganze Breite der Frontzone völlig unerwartet losbrach. Der überraschende Artillerieangriff konzentrierte sich

Unten: Ein deutscher Schütze bereitet eine 21-cm-Mrs-18 vor. Er hält die Sicherungsleine gespannt und seine rechte Hand in Bereitschaft, um auf Befehl jederzeit zu feuern. Die Haubitze verschoss eine große, 113 kg schwere Granate bis zu 18.700 m weit.

TAUCHPANZER PZKPFW III UND IV

In Vorbereitung auf die Operation *Seelöwe*, die für 1940 geplante deutsche Invasion in Großbritannien, wurden Panzerfahrzeuge für amphibische und sogar Unterwassereinsätze bis zu einer Tiefe von 15 m modifiziert. Zwischen September und Oktober 1940 wurden aus dem Panzerregiment die drei Panzerabteilungen A, B und C gebildet. Ihre PzKpfw III und IV wurden tauchfähig gemacht und auf dem Trainingsgelände an der Küste bei Putlos in Holstein Übungen abgehalten.

Sämtliche Öffnungen an den Fahrzeugen wurden versiegelt und der Lufteinlass für den Motor eliminiert. Der Turmring wurde mit Gummiringen abgedichtet und für Hauptwaffen, Gewehrstativ und Kommandokuppel Gummiabdeckungen angefertigt. In den Abdeckungen waren Zündschnüre eingearbeitet, sodass sie nach dem Auftauchen abgesprengt werden konnten und der Panzer einsatzbereit war.

Unter Wasser wurde der Panzer durch einen drahtverstärkten Schlauch mit 20 cm Durchmesser und 18 m Länge, der an einer Boje an der Wasseroberfläche befestigt war, mit Frischluft versorgt. An der Boje war auch eine Antenne für die Kommunikation angebracht. Die Abgasdämpfer waren mit Hochdruckventilen ausgestattet, um das Wasser abzuhalten, doch der Motor wurde unter Wasser mit Meerwasser gekühlt. Sickerwasser konnte mittels Bilgepumpe abgepumpt werden.

Die Navigation erfolgte unter Wasser mit einem Kreiselkompass, doch die Koordinaten für Unterwasserfahrten wurden im Allgemeinen über Funk von dem Transportschiff geliefert, das die Panzer abgesetzt hatte. General des Panzerkorps Reinhardt, der 1940 die Versuche leitete, ordnete an, die Panzer mit einem Tarnmuster zu bemalen, das dem Ozean ähnelte.

auf Punkte, an denen Schützen- und Pioniereinheiten zum Bau von Verteidigungsanlagen untergebracht waren, auf Abschnitte im Übungsgelände von Brest und auf Grenzposten. Das intensivste Feuer lag auf den Militärunterkünften von Brest und besonders auf der Festung von Brest. Letztere lag ununterbrochen unter Geschütz- und Mörserfeuer."

Als der Kampf begann, traf Wagemann zum ersten Mal auf die Standfestigkeit russischer Soldaten: „Die Besatzung der neuen Bunker von Sklody verteidigte sie bis auf den letzten Mann. Während des Vormarsches bekamen wir nachhaltige Eindrücke von der grauenhaften Wirkung moderner Waffen, als wir kilometerweit an russischen Panzerkolonnen entlang fuhren, die von unseren Stukas vernichtet worden waren."

Von den Soldaten in General Walter Models 3. Panzerdivision erinnerte sich der 28-jährige Martin Hirsche, dass nach Überquerung des Bug, als man auf Befehle wartete, „etliche Gerüchte im Umlauf waren, die rückblickend recht absurd scheinen, wie etwa, dass der Krieg im Osten kein lokal begrenzter Konflikt sei, denn die Engländer würden mit uns die Russen einkreisen und damit die Welt vom Kommunismus befreien … Auf dem Wege nach Brest-Litowsk bekam ich einen Vorgeschmack auf das Grauen. Es gab da ein riesiges Feld, bedeckt von toten und verwundeten Russen, die offenbar in einen Angriff der Luftwaffe geraten waren. Einer der Russen blutete stark und ich versuchte, ihn zu verbinden, als plötzlich ein Soldat aus einer anderen Einheit, den ich nicht kannte, zu mir herüberkam. ‚Was tun Sie da?', fragte er, worauf ich ihm erklärte, ich verbände einen Soldaten. Er sagte darauf, es sei nicht meine Aufgabe, mich um diese Untermenschen zu kümmern.' Für Hirsche, der in einer aktiven demokratisch-republikanischen Familie aufgewachsen war, galt ein verwundeter feindlicher Soldat nicht mehr als Feind; es war für ihn eine Pflicht, ihm zu helfen.

80 Amphibienpanzer des ersten Bataillons der 18. Panzerdivision unter Manfred Graf Strachwitz wurden während Barbarossa eingesetzt, den Bug unter Wasser zu überqueren; als Erster tauchte um 4.45 Uhr Unterfeldwebel Wierschin mit seinem Panzer ab. Aus seinem Hauptquartier bei Grodno berichtete General Kusnezow, Kommandeur der 3. sowjetischen Armee: „Die Deutschen überschreiten die Grenze, Grodno wird bombardiert. Der Telefonkontakt mit der Grenze ist unterbrochen, zwei Funkstationen sind gefallen …"

ÜBERQUERUNG DES BUG

Guderian überquerte den Bug bei Kolodno um 6.50 Uhr ohne auf die Fahrzeuge seines Hauptquartiers zu warten, die später herüberkamen. Diese umfassten zwei SdKfz-251-Funkwagen, Geländewagen und Kradmelder. Mit dieser Truppe nahm er die Brücke über die Lesna vor seinen Panzern ein. Eine kleine Gruppe von Russen lief davon und wurde von zwei Stabsoffizieren ohne Befehl verfolgt. Die fliehenden Russen drehten sich um, eröffneten das Feuer und töteten die beiden Offiziere.

Um 9.00 Uhr hatten deutsche Pioniere die erste Notbrücke über den Bug im Bereich der 4. Armee geschlagen. Doch der Bug war nicht das einzige Hindernis, denn auch Sand

10

> Gegen 3 Uhr gingen die Unteroffiziere von Fahrzeug zu Fahrzeug, um die Soldaten zu wecken. Die Fahrer drückten den Starter und die Kolonnen rollten langsam aus dem Wald, wie wenn sich ein Parkplatz nach einem großen Sportereignis leert. Diese neue Panzerdivision 12 war ein toller Anblick, wenn sie über Land fuhr und man die ganzen 14.000 Soldaten in ihren Fahrzeugen sah.
>
> *Hauptmann Alexander Stahlberg*
> *12. Panzerdivision*

und Sumpfland behinderten Menschen und Fahrzeuge. In den folgenden Monaten sollten Staub und Sand die Motoren zerstören, weil sich alle beweglichen Teile entweder festfraßen oder abschliffen.

Am ersten Tag von Barbarossa waren die Männer der 3. Panzerdivision unter General Model dermaßen durch das Sumpfland bei Stradez aufgehalten worden, dass sie statt der vorgesehenen 80 km nur 20 km weit vorgertückt waren. Um 15.00 Uhr stoppte der Kommandeur des XXIV. Motorisierten Korps, General Baron Geyr von Schweppenberg, seine Einheit und leitete die 3. Panzerdivision nach Norden um, wo sie auf der speziellen Panzerstraße mit höchster Vorfahrt schneller vorankamen.

FLIESSENDE FRONT

Feindliche Verteidigungsanlagen verlangsamten den Vormarsch in anderen Bereichen. Das Panzerregiment 25 der 7. Panzerdivision unter ihrem hochdekorierten Kommandeur Oberst Rothenburg, Träger des Pour le Mérite des Ersten Weltkrieges und des Ritterkreuzes des Zweiten, verlor die Hälfte seiner Fahrzeuge vor Olita. Das Panzerregiment war so rasch vorgerückt, dass die Einheiten sich vermischten; einige Panzer mit mechanischen Problemen fielen aus und wurden von anderen Einheiten übernommen.

An der oberen Memel steuerten zwei Bataillone des Regiments auf das gleiche Ziel, zwei Brücken, zu. Nachdem ca. 20 Panzer des 3. Bataillons die nördliche Brücke überquert hatten, wurde der nächste von einem getarnten russischen Panzer getroffen. Ein deutscher Offizier sah zu, wie der russische Panzer unter dem Feuer von 30 deutschen Panzern abdrehte. Ihre 37-mm-Kanonen konnten ihm nichts anhaben. Die Deutschen waren auf den ersten T-34 gestoßen.

Links: Nach der Durchquerung eines russischen Flusses läuft das Wasser von einem PzKpfw III Ausf E ab. Auf dem rechten Ufer haben Pioniere Holz aufgelegt, damit die Ketten im Schlamm nicht durchdrehen.

Explodierende Granaten aus einem brennenden Panzer verwundeten Rothenburg bald nach dem Vorfall bei Olita schwer. Er musste sofort zurück, aber das Regiment war so rasch vorgestoßen, dass der direkte Kontakt mit der Division abgerissen war. Der Kommandeur der 7. Panzerdivision bot seinen Fieseler Storch für den Rücktransport an, weil diese Maschine in fast jedem Gelände landen konnte. Rothenburg wusste, wie angreifbar diese Maschine war, und lehnte dankend ab. Ebenso lehnte er den Transport in einem gepanzerten SdKfz 231 ab. Schließlich fuhr er in einem Konvoi von zwei 4x4-Kübelwagen, der jedoch von sowjetischen Soldaten abgefangen wurde. Alle wurden erschossen; ihre Leichen wurden erst am nächsten Tag von einem ausgeschickten Stoßtrupp geborgen. Der Vorfall war nicht untypisch für die Ostfront; er wurde seinerzeit nur wegen der Berühmtheit des Mannes registriert, der dabei ums Leben kam.

Ungefähr zur gleichen Zeit überlebte Hauptmann Dr. Alfred Durrwanger, Kommandeur einer Infanteriegeschützkompanie in der 28. Infanteriedivision, den Kontakt mit einem Sowjetsoldaten. Er fuhr als Beifahrer auf einem Motorrad auf einem engen Waldweg. „Ein Soldat der roten Armee … ein paar Schritte vor uns, der mit seiner SMG auf uns zielte. Ich erinnere mich gut an ihn, ein junger Mann, gut gekleidet, mit markantem Gesicht, rosa Kragenspiegeln und einer Mütze auf dem Kopf. In unserer Verwirrung fiel dem Fahrer und mir nur ein einziges russisches Wort ein: Stoi (Halt!). Der Russe hielt abrupt inne. Der Fahrer stoppte und wir stellten beide den linken Fuß auf den Boden. Eine Sekunde später ließ der Fahrer völlig unerwartet den Lenker los und das Motorrad fiel um, wobei es mich ebenfalls zu Boden riss. Davon merkte mein Fahrer, der sich eiligst hinter ein paar Bäumen versteckte, nichts. Jetzt hätte der Russe nur zielen müssen, zuerst auf den Fahrer, dann in aller Ruhe auf mich unter dem

Unten: Im Morgendunst des 22. Juni 1941 überqueren Soldaten eine Brücke über den Fluss Bug in das sowjetisch besetzte Polen. In den meisten Fällen wurden die NKWD-Grenzwachen überwältigt, doch manche kämpften entschlossen aus ihren Bunkern und Baracken.

Oben: Ein Motorradbote rätselt gemeinsam mit zwei Unteroffizieren über einer Karte, beobachtet von russischen Kindern. In dem weiten Land mit den schlechten Straßen war Navigation extrem schwierig für Leute, die die gut beschilderten Straßen Westeuropas gewohnt waren.

Motorrad. Ich versuchte krampfhaft, den Abzug meiner MP40 zu erreichen, und es kam mir wie eine Ewigkeit vor, bis es gelang. Meine Schüsse gingen in den Himmel und nichts passierte! Der russische Soldat war offenbar vor den Schüssen erschrocken und verschwand, und mein Fahrer kam zurück."

LOGISTISCHE PROBLEME

Guderian wusste, dass es hinter dem Bug nur zwei gute Möglichkeiten gab, voranzukommen, zunächst auf der Straße Brest–Babrujsk und dann auf der Straße nach Minsk. Er und sein Stab waren sich bewusst, dass sie 27.000 Fahrzeuge seiner Panzergruppe und 60.000 Nachschubfahrzeuge bewegen mussten, dahinter Stabs- und Verbindungsleute. Guderian führte drei Prioritätsstufen für den gepanzerten Verkehr auf der so genannten Panzerstraße ein.

Für alle Fahrzeuge der Klasse 1 musste die Straße frei gemacht werden. Alle Fahrzeuge der Klasse 2 hatten Vorfahrt zu gewähren. Sobald 1 und 2 durch waren, durfte der Verkehr der Klasse 3 die Straße benutzen.

Als nach Berlin durchdrang, dass ein Konvoi von Fahrzeugen der Nachrichtentruppe des Regiments Hermann Göring die Priorität 3 erhalten hatte – dieser Konvoi aus fast 2.000 Fahrzeugen hätte die 19. Panzerdivision über Stunden blockiert –, war der Reichsmarschall wütend. Er verlangte, dass der Kommandeur der Einheit bei Guderian wegen einer sofortigen Umstufung auf 1 vorzusprechen habe.

„Können Telegrafenmasten schießen?", fragte der General den armen Luftwaffenoffizier.

„Natürlich nicht, Herr Generaloberst."

„Und deshalb behalten Sie die Prioritätsstufe 3."

Der Luftwaffenoffizier, unfähig, sein Scheitern zuzugeben und Görings Zorn zu ertragen, soll sich erschossen haben.

Dies war aber nicht der einzige Fehler, denn der Stab der 9. Armee begann, unter Missachtung der Verkehrsprioritäten, Infanteriedivisionen nach vorne zu schicken, indem man ihre begrenzte Zahl an LKWs zusammenlegte und so mobile Einheiten bildete. Dies war ein plumper Versuch, die

> Während die Infanterie vorrückt, ist die morgendliche Dunkelheit von Rufen, Gewehrschüssen, kurzen MG-Salven und dem erschütternden Krachen von Handgranaten erfüllt. Das Gewehrfeuer klang wie das Geklapper von Karren mit Metallrädern, die über Kopfsteinpflaster rollen. Unsere Infanterie überrante den Stacheldraht, den die Russen zu beiden Seiten des Niemandslandes errichtet hatte, und stürmten die Wachtürme und Bunker der Russen unmittelbar hinter dem Todesstreifen.
>
> *Oberleutnant Siegfried Knappe*
> *87. Infanteriedivision*

Rechts: Die Verkehrsregelung war in den ersten Tagen der Invasion zeitweise schwierig. Hier fährt eine Kolonne aus Stabsfahrzeugen, viele davon umgebaute zivile Limousinen, sowie Motorradboten auf einer Straße, die nicht nur in gutem Zustand, sondern auch ohne Stau ist.

Infanterie mobiler zu machen, denn eine Division zu Fuß belegte 35 km Straßenlänge; es konnte 24 Stunden dauern, bis sie durch eine Ortschaft kam. Diese halbmobile Infanterie hielt dadurch die Panzer zusätzlich auf.

AUF NACH VILNIUS

Panzer der 5. sowjetischen Panzerdivision standen verborgen in Bereitschaft zur Deckung der südlichen Brücke über die obere Memel in der Nähe von Olita. Östlich der Brücke gerieten deutsche Panzer in einen Hinterhalt; sechs wurden von Pak abgeschossen. Die Russen unternahmen einen Gegenangriff mit Panzern und Infanterie und verloren dabei 70 Panzer. Als die Deutschen sahen, dass Dörfer im Rücken der Russen brannten, wussten sie, dass die Schlacht von Olita zu ihren Gunsten ausgegangen war und die Sowjets sich zurückzogen. Ihre Reihen wurden in der kurzen Sommernacht wieder aufgefüllt und rückten vom südlichen Brückenkopf vor, um sich auf den Höhen von Vilnius festzusetzen.

In einem dramatischen Vorstoß gelang es dem 7. Panzeraufklärungsbataillon, als Vorhut eine unzerstörte Brücke 10 km westlich von Vilnius zu erobern, womit das Panzerregiment 25 die Stadt umfahren konnte, um sich nach nächtlichem Vorrücken östlich der Stadt zu positionieren. Am 24. Juni um 5.00 Uhr konnte ein Motorradbataillon der 7. Panzerdivision den Flughafen von Vilnius einnehmen und in die Stadt einrücken. Hier hatte die Bevölkerung ihre Häuser mit litauischen Fahnen geschmückt und begrüßte die Motorradeinheiten als Befreier.

Rechts: General Hermann Hoth, Kommandeur der Panzergruppe 3, trägt die Mütze M1938 mit Goldrand. Sie ist praktischer als eine Schirmmütze, vor allem bei Autofahrten. An den Seiten seiner Kniehosen sieht man die charakteristischen roten Streifen eines Stabsoffiziers.

Während das hohe Tempo der Operationen den deutschen Stabsoffizieren beim Einstecken der blauen Pfeile in ihre Karten klar war, war das bei den Sowjets offenbar nicht der Fall. Am 24. Juni erhielt Generalleutnant W. I. Boldin, Kommandeur der 10. Armee, Besuch von Marschall G. I. Kulik. Wie Marschall Budjonny war Kulik ein alter Mitkämpfer aus dem Bürgerkrieg und ebenso wenig qualifiziert, große Truppeneinheiten in einem schnellen Bewegungskrieg zu führen. Boldin war erschrocken, als er Kulik in lederner Fliegermontur sah. Der bedrängte Kommandeur erläuterte die Situation – wenig Benzin und Munition, kein Kontakt zu vielen seiner Einheiten und in Gefahr, eingeschlossen zu werden. Kulik konnte weder einen Befehl noch Rat, sondern nur die banale Empfehlung geben, weiterzumachen. Mittags flog er wieder ab; als das Flugzeug aufstieg, murmelte L. S. Nikitin, damals Korpskommandeur: „Seltsamer Besuch!"

VERPASSTE CHANCE

Am 24. Juni um 11.30 Uhr kam Guderian ins Stabsquartier der 17. Panzerdivision am Stadtrand von Slonim. Hier traf er nicht nur den Divisionskommandeur General von Arnim, sondern auch Korpskommandeur General Lemelsen. Es war eine gute Gelegenheit, die Operationen dem letzten Stand anzupassen. Als die Kommandeure sich berieten, „flammte auf einmal lebhaftes Gewehr- und MG-Feuer in unserem Rücken auf. Unser Blick auf die Straße von Bialystok war durch ein brennendes Lastauto versperrt, sodass wir nicht wussten, was los war, bis zwei russische Panzer aus dem Qualm auftauchten … Die russischen Panzer bemerkten die Gruppe von Offizieren, zu der auch ich gehörte, und wir wurden sofort mit einem Geschossregen eingedeckt, der uns wegen der kurzen Entfernung für einen Augenblick blendete und taub machte. Als alte Soldaten hatten wir uns sofort zu Boden geworfen." Zwei Offiziere wurden verwundet, einer tödlich; die Besatzungen der beiden russischen Panzer,

WH

Oben: Ein Unteroffizier der Feldgendarmerie steht stramm, während der Stabswagen von Generalfeldmarschall Fedor von Bock anhält, um seinen Adjutanten aussteigen zu lassen. Vielleicht regelte der Militärpolizist gerade den Verkehr der Konvois an einer Kreuzung.

die abgeschossen wurden, sollten nie erfahren, welch wertvolles Ziel sie vor sich gehabt hatten. Guderian überlebte eine weitere potenziell tödliche Feindberührung am gleichen Tage, als er zu seinem Stab zurückkehrte und sein Wagen bei Slonim auf zwei Laster voll sowjetischer Infanterie stieß. „Ich befahl meinem Fahrer, Vollgas zu geben, und wir fuhren stracks durch die Russen durch, die … so verdutzt waren, dass sie nicht einmal dazu kamen, auf uns zu schießen."

Guderian war auf Soldaten der 121. sowjetischen Schützendivision gestoßen, die mit der 55. Division von General Korobkow, dem Kommandeur der 4. Armee, von Babrujsk und Slutsk nach vorne geworfen worden waren. Er reagierte damit auf Berichte, dass die Deutschen Slonim überrannt hätten und Baranowitschi bedrohten. Oberst Konow, Kommandeur der 121., griff eine deutsche Kolonne auf der Landstraße Ruschana–Slonim an, auf der General Guderian fuhr.

Am 25. Juni erreichten die Soldaten des Schützenregiments 6 die Verteidigungsanlagen der Stalinlinie zwischen Polen und der Sowjetunion bei Maladzechna. Sie griffen um

FEDOR VON BOCK

Fedor von Bock wurde am 3. Dezember 1880 im heutigen Kostrzyn, Brandenburg, als Sohn eines berühmten Generals geboren. Er besuchte die Militärakademie Potsdam und trat 1898 der Kaiserlichen Fußgarde bei. Im Ersten Weltkrieg diente er im Generalstab. Als Kommandierender eines Infanteriebataillons wurde ihm 1917 der höchste Orden *Pour le Mérite* verliehen. 1938 wurde er zum General befördert und befehligte die Truppen, die beim „Anschluss" in Österreich einmarschierten. 1939 kommandierte er die Heeresgruppe Nord bei der Invasion in Polen. 1940 führte er die Heeresgruppe B durch die Niederlande und Belgien nach Westfrankreich bis zur Somme. Am 19. Juli 1940 wurde er zum Generalfeldmarschall befördert. Er befehligte die Heeresgruppe Mitte in Russland, wurde jedoch von Hitler entlassen, als der Angriff auf Moskau scheiterte. Am 16. Januar 1942 wurde er als Befehlshaber der Heeresgruppe Süd zurückberufen. Der für Vorgesetzte und Untergebene schwierige Offizier wurde nach einem Streit mit Hitler seiner Pflichten enthoben und starb bei einem Luftangriff am 4. Mai 1945.

6.00 Uhr an, trafen aber auf harten russischen Widerstand, den sie erst nach einem Tag durchbrechen konnten. Auf ähnlichen Widerstand stießen Schützenregiment 7 und Panzerregiment 25, die im Gebiet südlich von Radaskowitschi angekommen waren, wo die Rote Luftwaffe den Deutschen durch die Zerstörung der Brücke das Leben schwer machte.

ÜBER DIE FLÜSSE

Am 24. Juni erreichte das Panzerbataillon 1 als Teil der 3. Panzerdivision die Verteidigungslinie an der Schtschara. Die Russen hatten die Holzbrücke und einen 800 m breiten Streifen der Flussniederung in Brand gesetzt. Als die Aufklärungseinheiten in die Nähe der Brücke kamen, gerieten sie unter schweres Artilleriefeuer. Gegen Sonnenuntergang kam der Bataillonskommandeur nach vorn und organisierte rasch eine Sturmabteilung mit dem 2. Zug der Panzerkompanie und Infanterie in Schlauchbooten, Teilen der 4. Panzerkompanie und einer Schwadron leichter Panzer. Um 20.00 Uhr näherte sich der Sturmtrupp am hellen Sommerabend der immer noch brennenden Brücke. Der Kompanieführer stieg ab und und rannte mit ein paar Schützen über die Brücke, während ihm seine Panzer Feuerschutz gaben. Sie hatten die Schtschara-Linie durchbrochen. Kriegsberichterstatter und Filmleute schossen Bilder von Soldaten im Schlauchboot bei der Flussüberquerung mit brennenden Brücken im Hintergrund.

Am 28. Juni lag vor der 3. Panzerdivision eine brennende Brücke über den Pritsch, einen Nebenfluss des Pripjet. In den vergangenen vier Tagen war die Division bei ständiger Feindberührung 150 km weit vorgestoßen. Wenn sie örtliche Stellungen durchbrach, tauchten viele russische Soldaten unter und überfielen in kleinen Gruppen nachfolgende Versorgungseinheiten aus dem Hinterhalt. Wie Guderian schon selbst erfahren hatte, mussten Soldaten vom Stab und aus

Unten: Zwei Panzerexperten beraten. Die Generäle Hoth und Guderian diskutieren die nächste Phase der Operation. Sie bevorzugten einen kühneren Stil als Hitler und die konservativeren höheren Offiziere im Heer und wären gern schneller und tiefer in die UdSSR eingedrungen.

Oben: Ein 76,2-mm-Infanteriegeschütz Modell 1927 (76–27) wartet unter dem Kommando von D. Solodnow im Hinterhalt. Das kleine Geschütz war sehr effektiv; es wog nur 780 kg und feuerte im Einsatz eine 6,21-kg-Granate maximal 8.555 m weit.

der Logistik in solchen Situationen absteigen und wie Infanteristen kämpfen.

Am Pritsch spurteten drei deutsche Panzer über eine brennende Brücke, bevor diese zusammenbrach. Am nahen Ufer stiegen der Brigadekommandeur und ein Teil seines Stabes ab, um sich umzusehen. Deutsche Panzer auf der anderen Seite sahen die Männer an der Brücke, hielten sie für Russen und eröffneten das Feuer. Der Brigadier wurde verwundet und verlor einen Arm. Dies war ein tragisches, aber bei weitem nicht das einzige Beispiel dafür, was man heute „friendly fire" nennt. Nach einem langen Umweg fand man auch einen Übergang über den Pritsch. Der Untergrund war so morastig, dass Reifenfahrzeuge von Raupen gezogen werden mussten. Im Morgengrauen erreichten zwei leichte Panzerschwadronen und eine motorisierte Kompanie als Vorhut den Ortsrand von Babrujsk an der Beresina. Sie donnerten vorbei an nach Artilleriebeschuss brennenden Häusern und hissten um 5.00 Uhr die Hakenkreuzfahne auf der Burg. Diese wurde nicht intensiv verteidigt, aber nach der Zerstörung der Brücke setzten sich starke sowjetische Kräfte auf dem Ostufer fest. Während ein Gewitter über die Steppe zog, trugen sie lokale Gegenangriffe vor. Model, ein hart antreibender Panzergeneral, kam an und befahl dem 2. Bataillon des Schützenregiments 394, über den Fluss zu setzen und einen Brückenkopf zu bilden. Als ein Artillerieangriff die rus-

> Gestern schaltete ich einen russischen Panzer aus, wie schon vor zwei Tagen! Bei einem weiteren Angriff bekomme ich mein erstes Kampfabzeichen. Krieg ist halb so schlimm und es ist glasklar: die Russen fliehen und wir folgen ihnen. Wir alle glauben an einen baldigen Sieg!
>
> *Karl Fuchs*
> *Kanonier eines PzKpfw 38 (t), 7. Panzerdivision*

INFANTERISTEN

Die deutschen Infanteriesoldaten trugen Tuch-Uniformen und kniehohe Lederstiefel mit beschlagenen Ledersohlen, die die Soldaten „Knobelbecher" nannten. Sie führten ein 3,9 kg schweres 7,92-mm-Bolzengewehr Kar98k sowie 60 Patronen in Ledertaschen mit sich. Unteroffiziere trugen die 9-mm-MP40-Maschinenpistole mit sechs Magazinen und Offiziere eine P08-Luger oder eine P38-Pistole. Im ledernen Koppel steckten Stielgranaten „24", jede zu 0,56 kg, sowie ein Bajonett, ein Klappspaten, eine M1938-Gasmaske in einer Tragebüchse, eine M1931-Feldflasche und ein M1931-Brotbeutel.

Im Rucksack befanden sich persönliche Gegenstände, außen waren ein Mantel, ein Feldzelt sowie ein zweiteiliges Kochgeschirr mit Gurten befestigt. Wenn der Soldat Glück hatte, wurde der Rucksack auf dem Pferdetransporter der Einheit mitgeführt. Sein Gesamtgewicht betrug rund 30 kg, doch dazu musste der Soldat auch Reservemunition für das MG34 oder den leichten Mörser tragen. Daher überrascht es nicht, dass deutsche Soldaten häufig sowjetische Gefangene als Munitionsträger einsetzten.

Am Ende jedes Tages waren die marschierenden Soldaten erschöpft. Leutnant Heinrich Haape, der Sanitätsoffizier des Infanterieregiments 18, erinnerte sich an die Ermüdung: „Die eineinhalb Stunden Schlaf hatten kaum etwas genützt. Es war nicht leicht, die todmüden Männer aufzuwecken. Uns war kalt bis in die Knochen, die Muskeln waren steif und schmerzten und unsere Füße waren geschwollen. Es war sehr schwer, die Stiefel auszuziehen."

Curzio Malaparte erinnerte sich nach einem Tagesmarsch: „Als wir am Abend im Dorf anhielten – wir waren nun im Herzen des alten Kosakenlandes am Djepr – und Feuer machten, um die durchgeschwitzten Kleider zu trocknen, fluchten die Soldaten leise und grüßten einander verächtlich mit ‚Ein Liter!'. Sie sagten nicht ‚Heil Hitler!' und sie lachten, während sie ihre geschwollenen und mit kleinen weißen Blasen übersäten Beine in Richtung Feuer streckten."

sischen Stellungen eindeckte, setzte die deutsche Infanterie in Schlauchboten trotz heftiger Gegenwehr über, konnte sich festsetzen und hielt die Stellung einen Tag lang. Pioniere bauten eine Brücke, und als sich der Brückenkopf vergrößerte, zogen sich die Russen zurück. In der ersten Woche hatte es harte Kämpfe gegeben, aber die Division stand tief in Westrussland.

DAS BAUERNOPFER

Im Norden der Invasionsfront bei Koden hielt das „Bauernopfer" Brest-Litowsk immer noch die Stellung, verzögerte den Truppenvormarsch und verursachte horrende Verluste. Das Fort musste schleunigst genommen werden, weil es Straßen- und Eisenbahnbrücken kontrollierte, die als Rollbahnen eine lebenswichtige Funktion für die deutschen Panzertruppen auf dem Weg nach Osten hatten.

Am Ende des Polenfeldzuges 1939 hatten sich die UdSSR und Deutschland auf den Bug als neue Staatsgrenze geeinigt. Ostpolen fiel an die Sowjetunion, Westpolen an Deutschland. Der Mittelteil bildete das Generalgouvernement, in dem Hans Frank herrschte. Der größte Teil der Festung von Brest-Litowsk lag auf dem Ostufer und wurde somit sowjetisch, während Außenforts auf dem Westufer unter deutscher Kontrolle standen. Dadurch war die 45. Infanteriedivision im Vorteil, denn sie war schon durch die Verteidigungsanlagen hindurch.

In den Wochen vor dem 22. Juni hatten Bataillone der Regimenter 130 und 135 Angriffe mit Übersetzen über Flüsse geübt, was anfangs Spaß gemacht hatte. Die Bataillone 2 und 3 des 135. Regiments sollten den Norden und den Westen der Insel und den Mittelteil mit den Unterkünften einnehmen.

Zur Vorbereitung des Angriffs hatte der Aufklärungsstab aus Luftaufnahmen und 1939 eroberten Plänen ein Modell

Unten: Der sowjetische schwere Panzer T-35 hatte ein 76,2-mm-Geschütz im Hauptturm und zwei Hilfstürme mit 37-mm-Kanonen sowie zwei mit Maschinengewehren ähnlich denen am leichten T-37-Panzer. Er hatte zehn Mann Besatzung.

Links: Deutsche Schützen und die Mannschaft eines leichten 5-cm-Mörsers leGrW 36 nehmen vom Stacheldrahtzaun der Festung Brest-Litowsk aus sowjetische Stellungen unter Beschuss. Der Mörser feuerte 0,9-kg-Granaten bis zu 520 m weit, richtete aber auch bei 15–20 Schuss pro Minute wenig gegen die Mauern aus.

der Zitadelle erstellt. Zwei Bataillone des Regiments 130 sollten die Südinsel angreifen und versuchen, die Stadt Brest weiter im Süden zu nehmen. Die Wichtigkeit der Eroberung der Brücken im Kontrollbereich des Forts hatte man der Infanterie vor Augen geführt. Ohne die Brücken konnten die Panzer ihren Vormarsch nach Russland nicht beginnen. Zur Unterstützung der mit dem Einbruch ins Fort betrauten Bataillone sollten Truppen aus weiteren 18 Infanteriebataillonen zum Flankenschutz vorrücken.

AMPHIBISCHER ANGRIFF

Zur gleichen Zeit, als die deutsche Infanterie ihre Flussüberquerungen übte, hatte die 4. Sowjetarmee am 3. Juni einen Probealarm ausgelöst. Dieser zeigte etliche Unzulänglichkeiten bei der Artillerie, der Flugabwehr und der Logistik in und um Brest auf, von denen einige innerhalb der nächsten 19 Tage behoben werden konnten. Am Sonntagmorgen war die Garnison nicht vollzählig – schließlich war Wochenende. Von den 8.000 Mann waren ca. 3.500 in der Festung. Viele von ihnen schliefen in Zelten und wurden durch das eröffnende Artilleriefeuer getötet oder verwundet.

Drei Stunden, nachdem die ersten deutschen Granaten im Fort und in Brest einschlugen, schickte Generalmajor A. A. Korobkow, Kommandeur der 4. Sowjetarmee, einen Lagebericht aus seinem HQ bei Kobrin zum Sondermilitärdistrikt West in Minsk: „Um 4.15 Uhr begann der Feind die Zitadelle und die Stadt Brest unter Beschuss zu nehmen. Zur gleichen Zeit flogen feindliche Flugzeuge Angriffe gegen die Flugplätze von Brest, Kobrin und Pruschani. Um 6.00 Uhr nahm das Feuer auf Brest zu. Die Stadt brennt.“ Kurz danach, um 6.30 Uhr, wurde der Stab der 4. Armee von zwei Wellen von Stukas bombardiert; die Überlebenden des Stabes zogen nach dem 5 km entfernt liegenden Buchowitsch um.

Diese nackten Tatsachen verschleiern das brutale Geschehen. Georgij Karbuk erinnert sich an den Wechsel vom Frieden zum Krieg. „Wir ahnten, dass der Krieg bald ausbrechen würde. Natürlich hatten wir die Deutschen auf der anderen Seite des Bug gesehen, aber wir wollten es nicht glauben. Erst als wir die ersten Verwundeten und Toten auf dem Pflaster in all dem Blut liegen sahen, mussten wir uns eingestehen: Jetzt sind wir im Krieg!“

Als einer der deutschen Soldaten, die auf den Angriff warteten, schaute Gerd Habedanck von der 45. Infanteriedivision aus dem Bunker des Bataillonsgefechtsstands. Er hörte ein einziges Geschütz feuern: „Wir hatten es kaum gehört, als die Erde bebte, wackelte und schwankte. Der Wind blies uns ins Gesicht … Ich riskierte einen raschen Blick nach draußen. Der Himmel über uns leuchtete hellrot. Ein infernalisches Pfeifen, Brummen und Knattern von Explosionen erfüllte die

Luft. Weiden bogen sich wie im Sturm. Es ist noch nicht ganz hell und dichte Rauchwolken verdunkeln den Himmel."

Am anderen Ende des Artilleriefeuers erinnerte sich Oberschwester Katschowa Lesewna aus der Chirurgischen Klinik in einem der 36 Gebäude der Südinsel: „Sofort bei Einsetzen des Beschusses gingen die Gebäude der chirurgischen Klinik in Flammen auf. Wir glaubten, die Faschisten würden die Kliniken schonen, ein großes rotes Kreuz war auf das Dach gemalt." Als die Holzhäuser richtig in Flammen standen, wurden die ersten Verwundeten hereingebracht.

Rudolf Gschöpf, der Feldgeistliche der 45. Division, der vorher die letzten Züge zwischen Deutschland und der UdSSR beobachtet hatte, erinnerte sich, dass „um 3.15 Uhr ein Orkan losbrach und über unseren Köpfen heulte, wie ich ihn weder vorher noch nachher im Krieg je wieder erlebt hatte. Dieser allumfassende, gigantische Artillerieeinsatz ließ buchstäblich die Erde beben. Säulen aus dickem, schwarzem Rauch schossen in die Höhe wie Pilze. Da das Feuer von der Gegenseite nicht erwidert wurde, nahmen wir an, dass die Zitadelle schon dem Erdboden gleich war."

DER STURMANGRIFF

Als das Feuer nachließ, begab sich Habedanck zum Flussufer, wo die Soldaten die hölzernen Sturmboote zu Wasser ließen. „Boot für Boot glitt ins Wasser, es gab aufgeregte Schreie, Platschen und das Heulen der Außenbordmotoren. Kein Schuss vom anderen Ufer, als sich blutrote Flammen im Wasser tanzend spiegeln. Wir springen an Land und drängen vorwärts."

Das Artilleriefeuer, das den Angriff unterstützen sollte, war zeitlich so programmiert, dass es alle vier Minuten um 100 m vorverlegt werden sollte. Diese Taktik stammte aus dem Ersten Weltkrieg und sollte der vorrückenden Infanterie Schutz gewähren, während sie ihre Position sicherte und sich auf das nächste Aufspringen vorbereitete. Gefreiter Hans Teuschler hatte die Männer des Infanterieregiments 135 beobachtet, die die erste Angriffswelle am Nordflügel um 3.19 Uhr in ihren Schlauchbooten vortrugen. Die Erinnerung an das Artilleriefeuer sollte er nie verlieren. „Der Himmel war voller explodierender Granaten jeden Kalibers. Es war ein furchtbares Getöse von Explosionen, Krachen und Heulen, als wenn die Hölle auf Erden ausbrechen wollte."

Rechts: Soldaten der Waffen-SS-Division Das Reich *überqueren ein Wasserhindernis in einem Sturmboot. Feldblusen und Tarnüberzug des Helms weisen das charakteristische grünbraune Frühlingsmuster auf; die Wendehemden waren innen herbstbraun gemustert.*

Nach einer Woche Belagerung drangen die Faschisten in die Festung ein. Sie führten die Verwundeten, Kinder, Frauen und Soldaten ab und erschossen sie vor unseren Augen. Als Schwestern in unseren weißen Kappen und weißen Arbeitskitteln mit dem Roten Kreuz darauf versuchten wir, einzugreifen. Doch die Faschisten erschossen allein in meiner Station 28 Verwundete und als sie nicht gleich tot waren, warfen sie noch Handgranaten auf sie.

Krankenschwester Katschowa Lesewna
Chirurgisches Hospital, Südinsel, Brest

Die Eisenbahnbrücke mit ihren vier Bögen im Norden der Festung wurde in einem klassischen Handstreich von Leutnant Zumpe mit seiner 3. Kompanie vom Regiment 135 erobert. Als sie die Brücke sicherten, entdeckten sie eine Sprengladung, die rasch abgetrennt und im Bug versenkt wurde. 15 Minuten nach dem Start von Barbarossa rollten Panzer über die Brücke in das sowjetisch besetzte Polen.

DIE NUSS WIRD GEKNACKT

Bei der Eisenbahnbrücke hatte ein gemischter amphibischer Stoßtrupp aus Pionieren des 130. Regiments und des 81. Pionierbataillons neun Sturmboote zu Wasser gelassen. Unter dem Kommando von Leutnant Kremer sollte man die Brücke zur Zitadelle und die Straßenbrücke nehmen, die der Panzergruppe II als Panzerstraße zugewiesen worden war. Auf dem Fluss gerieten die Boote unter verheerenden Beschuss. Das geheime Nebelwerferregiment 4 (ZbV Nr. 4) hatte mit Raketenwerfern das Feuer eröffnet, aber zu kurz gezielt, so dass 20 Mann getötet und vier Boote zerstört wurden. Dank seiner Führungsqualitäten konnte der junge Offizier seine geprüften Leute sammeln und in der Nähe der Brücken landen.

Eine Gruppe erreichte die Festungsinsel und blieb dort zwei Tage lang abgeschnitten. Der Amphibienangriff wurde auf dem Land vom Stoßtrupp Lohr vom 130. Regiment unterstützt. Er gab den verbliebenen Booten auf dem Weg zur Straßenbrücke Feuerschutz. Um 3.55 Uhr war die Brücke genommen und Kremer zog in seiner Begeisterung eine Hakenkreuzfahne aus seiner Uniform, lief auf einen Fahnenmast bei der Brücke zu. Als er das Siegeszeichen hochzog, tötete ihn die Kugel eines sowjetischen Scharfschützen.

Links: Die Flammenwerfer-Mannschaft nimmt einen sowjetischen Bunker ins Visier. Der Flammenwerfer 35 hatte eine Reichweite von 25–30 m und eine Stoßdauer von zehn Sekunden. Der Soldat trug eine schwere Last von 11,8 Liter Flammöl, die 35,8 kg wogen.

Gegen Mittag drangen die Bataillone der Regimenter 135 und 130 an einigen Stellen tief in die Festung ein. Das Ostfort auf der Nordinsel, der Offiziersklub und der Barackenblock auf der Festungsinsel blieben in sowjetischer Hand. Nun waren Angreifer und Verteidiger so ineinander verzahnt, dass die deutsche Artillerie kaum Hilfe bieten konnte.

Am Nachmittag wurde die Reserve des Korps, das Infanterieregiment 133, eingesetzt, wobei es von Sturmgeschützen mit ihren kurzen 7,5-cm-Geschützen unterstützt wurde. Bis zum Abend waren 21 Offiziere sowie 290 Unteroffiziere und gewöhnliche Soldaten gefallen. Unter den Toten waren auch die Hauptleute Praxa und Krauss, letzterer Kommandeur des 1. Bataillons des Artillerieregiments 99 und des Stabes. Man erkannte, dass man die Festung noch einmal unter Beschuss

AUFTRAGSTAKTIK

Eine der Stärken der deutschen Operationen in der Sowjetunion war das Auftragstaktik-System, das aufgrund von Erfahrungen im Ersten Weltkrieg entwickelt worden war. Kommandeure hatten erkannt, dass es nahezu unmöglich war, neue Befehle zu geben oder den Kampf zu „leiten", wenn die angreifenden Soldaten das Niemandsland überquert hatten und in den feindlichen Schützengräben standen. Es war besser, einen Befehlsrahmen ohne detaillierte Instruktionen auszugeben und die nachgeordneten Kommandeure innerhalb dieser Parameter operieren zu lassen. Obwohl die Wehrmacht diese herrlich flexible Einsatzphilosophie entwickelt hatte, mischte sich Hitler, der das strategische Oberkommando innehatte, auf operativem und taktischem Niveau ein und machte die Vorteile der Auftragstaktik zunichte. General Hermann Hoth brachte das Problem auf den Punkt, als er das OKH kritisierte, einen Krieg ohne zuvor niedergeschriebene Grundstrategie zu beginnen, bei dem alle Züge auf täglichen Gesprächen zwischen Hitler und seinem Stab beruhten. Heute gehört die Auftragstaktik zur Standardprozedur der NATO.

Ein Veteran der Ostfront, Hauptmann Dr. Alfred Durrwanger von der 28. Infanteriedivision, erklärte sie bei einem Symposion 1987: „Der Befehl, eine bestimmte militärische Aufgabe zu erfüllen, wird innerhalb breiter Parameter gegeben und alle weiteren Details werden dem Untergebenen überlassen. Dieses Prinzip kann bei allen Streitkräften angewendet werden. Es ist das Ergebnis langer Erfahrung und der Überzeugung, dass der, der mehr über Kriegsführung weiß, in der Schlacht siegen wird."

Oben: Nach der Rückeroberung 1944 fliegt ein sowjetisches Flugzeug über die Festung von Brest-Litowsk. Im Hintergrund sieht man links der Mitte die Garnisonskirche, eines der Zentren der Verteidigung.

nehmen musste, und zog die Infanterie bis auf eine kleine Einheit des 3. Bataillons, die sich nahe der Festungskirche verschanzt hatte, zurück. Dies schien vernünftig, wenn es auch den Sowjets erlaubte, die Stellungen, die sie zuvor verloren hatten, wieder zu besetzen.

Nach einem mörderischen 15-minütigen Artilleriefeuer fuhren zwei deutsche Propaganda-Wagen mit Lautsprechern zur Nordinsel und boten den Überlebenden eine 90-Minuten-Amnestie an. Da das Trinkwasserreservoir im Terespol-Turm zerstört war, litten viele Zivilisten und Soldaten an Durst; 1.900 Personen entstiegen zitternd den Ruinen.

Nikitina Archinowa, die Frau eines sowjetischen Offiziers, erinnerte sich: „Wir Frauen und die älteren Kinder wurden aus den Kasematten geholt und rausgeschickt. Die Deutschen sortierten und behandelten uns, als wenn wir Soldaten wären, obwohl wir keine Waffen hatten, und nahmen uns gefangen.“ Ihr fünfjähriger Sohn sollte als Folge des Bombardements taub bleiben. Obwohl ihre Familie schwer unter dem Krieg zu leiden hatte, überlebten sie und ihre Kinder dank der Humanität eines deutschen Soldaten, der sie ins Lager bringen sollte. Sobald sie für die anderen Soldaten außer Sicht waren, befahl er ihnen, zu verschwinden und nach Hause zu gehen.

Zu Mittag des dritten Tages brach ein Stoßtrupp des 1. Infanteriebataillons des 133. Regiments zu den in der Kirche eingeschlossenen Männern durch. Sie hatten in Funkkontakt gestanden und den Artilleriebeschuss ebenso wie das sowjetische Gewehrfeuer überlebt. Die 45. Infanteriedivision meldete: „Die Zitadelle ist genommen und wird von versprengter Infanterie gesäubert.“ Der Optimismus war jedoch verfrüht.

BELAGERUNG

Am vierten Tage wurde Leutnant Schneiderbauer vom 5-cm-Panzerabwehrzug der 45. Division zur direkten Feuerunterstützung beordert. Bei der Fahrt über die Südinsel vermerk-

BOTSCHAFTEN VON DEN TOTEN

In der Zitadelle und anderen Gebäuden in Brest kratzten sowjetische Soldaten Botschaften in die Mauern. Aus ihnen lässt sich schließen, dass der Widerstand zwar am 29. Juni endete, dass aber Männer in den Tunneln und Kellern überlebten, und es gab bis Juli Berichte über Heckenschützen im Bereich der Festung.

Wir sind drei Mann aus Moskau – Iwanow, Stepantschikow und Schuntjajev. Juli 1941

Jetzt bin ich allein. Stepantschikow und Schuntjajev wurden getötet. Die Deutschen sind in der Kirche. Ich habe eine Handgranate übrig. Sie kriegen mich nicht lebend.

Die Dinge sind schwierig, aber wir verlieren nicht den Mut. Wir sterben zuversichtlich. Juli 1941

Ich werde sterben, aber ich werde nicht aufgeben. Lebe wohl, mein Heimatland. 20. 7. 41

te er, dass „die Gebäude größtenteils zerstört waren und Ziegelbruch, tote Russen und Pferde die Straßen bedeckten. Der grausame Gestank des Feuers und der Toten herrschte überall.“ Er beobachtete deutsche Sturmpioniere, die im Schutze der Pak Ladungen gegen die russischen Stellungen zum Einsatz brachten. Die Sowjets saßen in ihren sicheren Kellern und nahmen trotz des schweren Artilleriefeuers ihren Kampf wieder auf, sobald die Ladungen explodiert waren.

Der Offiziersklub der Zitadelle hatte standgehalten und die deutschen Truppen auf der Nordinsel immer wieder mit Flankenfeuer bedacht. Das 81. Sturmpionierbataillon erhielt den Auftrag, die Stellung zu zerstören, indem man vom Dach aus Ladungen vor den Fenstern und Schießscharten hochgehen ließ. Der Divisionsbericht sprach vom Schreien und Stöhnen der verwundeten Russen, „aber sie feuerten weiter“.

Am 26. Juni arbeiteten sich die Pioniere an das Gebäude der kommunistischen Offiziersschule der Nordinsel mit me-

Unten: Unmittelbar nach der Explosion einer Sprengladung, während die Verteidiger noch gelähmt sind, stürmt der Infanterietrupp mit Granaten, Gewehren und MPs durch Rauch und Staub die befestigte sowjetische Stellung. Bei dieser Art von Kampf waren Geschwindigkeit und Aggression für den Erfolg entscheidend.

Am 24. Juni verließ ich um 8.25 Uhr mein Hauptquartier und fuhr nach Slonim. Inzwischen war die 17. Panzerdivision in dieser Stadt eingetroffen. Zwischen Rozana und Slonim traf ich auf russische Infanteristen, die die Hauptstraße unter Beschuss nahmen. Eine Batterie der 17. Panzerdivision und abgesessene Kradfahrer erwiderte das Feuer ohne besonderen Erfolg. Ich beteiligte mich, indem ich mit dem MG aus meinem gepanzerten Kommandowagen schoss, und konnte den Feind aus seiner Stellung treiben. Dann konnte ich weiterfahren.

General Heinz Guderian
Panzergruppe II

terdicken Mauern heran und brachten einen riesigen Sprengsatz zur Explosion. Das Ergebnis: 450 vor Schreck gelähmte Gefangene. Das Einzige, was nun auf der Nordinsel noch blieb, war eine Stellung, die die Deutschen unter dem Namen Ostfort kannten. Die Verteidiger waren so entschlossen, dass der Stab der 45. Division zur ältesten Belagerungstaktik Zuflucht nahm. „Die einzige verbleibende Möglichkeit bestand darin, die Russen durch Hunger und besonders durch Durst zur Aufgabe zu zwingen. Alle anderen Maßnahmen sollten

Unten: Die Mannschaft eines 3,7-cm-Panzerabwehrgeschützes Pak 35/36 neigen das Rohr um –8 Grad, um auf einen nahen sowjetischen Bunker zu feuern. Ein Mann stützt den geteilten Lafettenschwanz, um dem Geschütz auf dem Betonuntergrund mehr Stabilität zu geben.

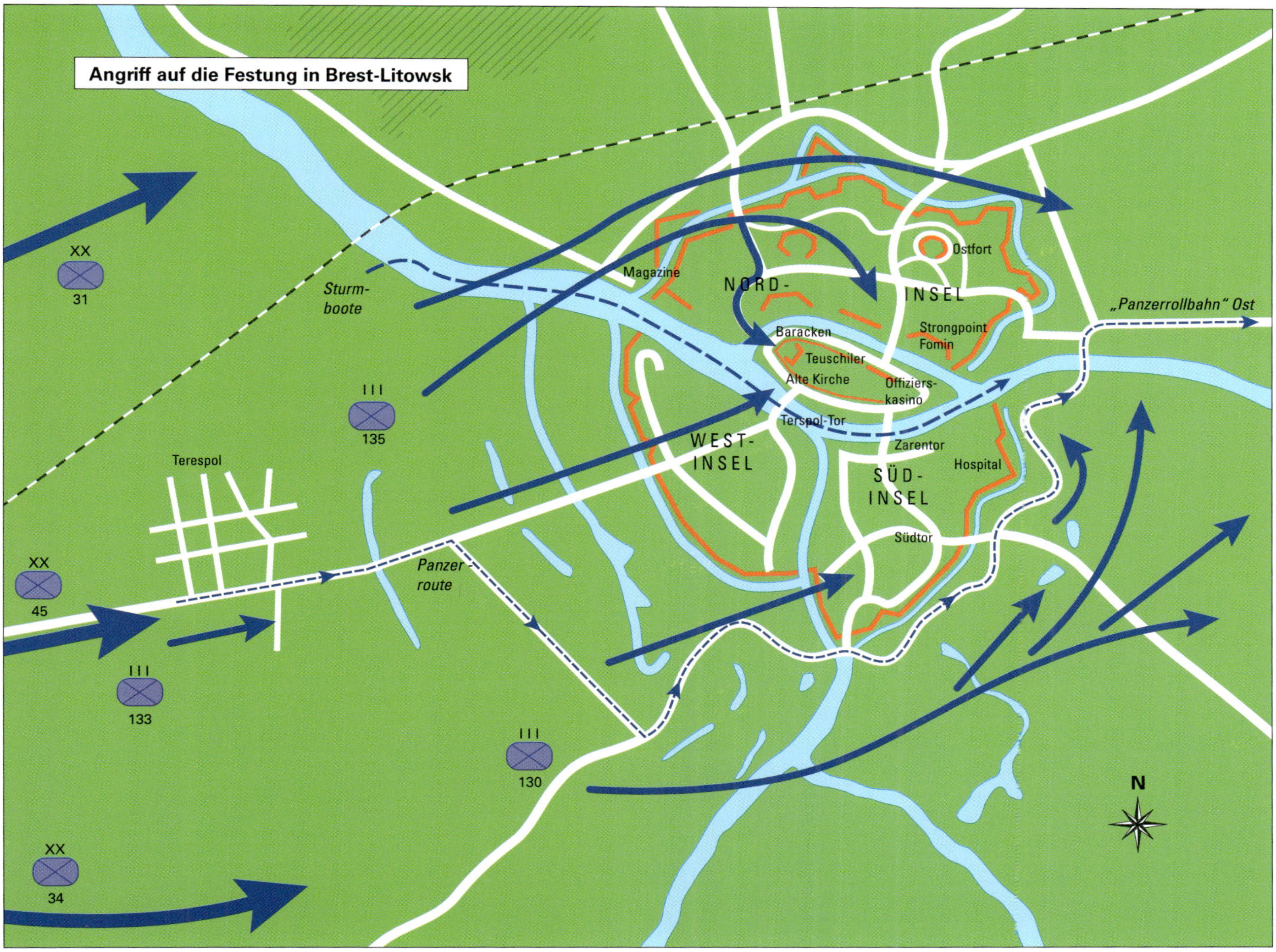

Oben: Der Angriff auf die Festung von Brest-Litowsk war sorgfältig geplant worden. Nach 18-monatiger Besetzung hatten die Deutschen ausreichend Gelegenheit, die Position aus nächster Nähe zu studieren. Was sie nicht bedacht hatten, war, dass die Garnison entschlossenen Widerstand leistete, obwohl sie abgeschnitten war.

diesen Prozess der Zermürbung beschleunigen, z. B. Störfeuer mit schweren Mörsern, um damit Bewegungen zwischen den Schützengräben oder in Häusern zu unterbinden, Direktbeschuss durch die Panzerwaffen, Übergabeaufforderungen über Lautsprecher oder Flugblätter."

Georgij Karbuk, damals im Inneren des Forts, erinnert sich: „Die Deutschen stellten auf ihrem Ufer Scheinwerfer auf und beleuchteten unsere Seite taghell. Jeder Busch war hell erleuchtet, und wenn einer von uns zum Fluss gehen und Wasser holen wollte, wurde er sofort abgeknallt. Viele von uns endeten auf diese Weise."

DAS OSTFORT WIRD GENOMMEN

Nach sechstägiger Belagerung erzählte ein Deserteur aus dem Ostfort, dass sich der Widerstand um 20 Offiziere und 370 Mann des 393. Luftabwehrbataillons der 42. sowjetischen Schützendivision gruppiert hatte. Sie hatten ein 7,62-mm-Vierlingsmaschinengewehr, zehn leichte Maschinengewehre, 1.000 Handgranaten und große Mengen Munition und Verpflegung. Das Wasser war knapp, aber es gab genügend tiefe Bohrlöcher. Den Kern des Widerstandes bildeten ein Major und ein Kommissar. Das Ostfort wurde schließlich von Pioniereinheiten mit Flammenwerfern angegriffen. Die Soldaten rückten vorsichtig mit den 21 kg schweren Flammenwerfern auf dem Rücken vor. Diese Geräte konnten zehn Flammenstöße von 30 m Länge und einer Temperatur von 4.000 °C losschicken und entweder die Opfer verbrennen oder in geschlossenen Räumen den gesamten Sauerstoff verbrauchen und so ihre Opfer ersticken. Georgij Karbuk erinnerte sich, wie es auf der anderen Seite aussah: „Die Deutschen setzten Flammenwerfer ein. Sie steckten die Rohre einfach in die Kellerfenster und hielten sie dort fest. In die Keller selbst drangen sie nicht ein. Sie hielten die Rohre hinein und verbrannten alles; selbst die Steine schmolzen. Andere warfen Handgranaten in die Keller, in denen sich Familien versteckten."

Der Turm des Ostforts war am Ende des sechsten Tages immer noch in der Hand der Sowjets. Selbst als man ein 8,8-cm-Flakgeschütz, einen erbeuteten sowjetischen Panzer und andere Panzer des Panzerzugs 28 einsetzte, trafen Scharfschützen und MG-Salven immer noch deutsche Soldaten.

TROTZIGE KAPITULATION

Generalmajor Schlieper, der Kommandeur der 45. Division war am 28. Juni nicht mehr bereit, das Leben seiner Soldaten zu gefährden. Er rief die Luftwaffe auf dem Stützpunkt Malaszewieze an und bat, Bomben schwersten Kalibers auf den Stützpunkt abzuwerfen. Der Einsatz wurde wegen tief hängender Wolken auf 8.00 Uhr des nächsten Tages verschoben. Ein Bomber warf eine einzige 500 kg schwere SC-500-Bombe ab, aber trotz der gewaltigen Explosion ergab sich die Garnison nicht. Am nächsten Tag wiederholte der Bomber den Angriff mit dem gleichem Ergebnis. Danach erfolgte ein Angriff mit einer SC-1800, d.h. einer Bombe von 1.800 kg. Die Explosion war gewaltig und beendete den Widerstand des Ostforts. 389 Mann ergaben sich.

Die Haltung der sowjetischen Soldaten wurde von den Kriegsberichterstattern in Bild und Film festgehalten. Die Hände zum Zeichen der Kapitulation in der Luft, schauten sie mit erhobenem Kopf stolz in die Kameralinsen und auf ihre Gegner. Sie hatten lange und tapfer gekämpft. Die Leichen von 2.000 russischen Soldaten wurden in und um Brest gefunden; die Gesamtzahl der Toten wurde auf 3.500 geschätzt. Doch auch die Gegenseite hatte Tribut gezollt. Die 45. Division hatte 1940 im Frankreichfeldzug 462 Mann verloren; in einer Woche bei Brest waren 482 Mann gefallen, 30 Offiziere und 1.000 Soldaten waren verwundet.

Links: Durstig, erschöpft und vielleicht taub durch das massive Bombardement, mit dem die Festung eingedeckt worden war, blickt ein sowjetischer Verteidiger stolz den deutschen Fotografen an, während er sich ergibt. Einige wenige Männer feuerten bis Ende Juli als Heckenschützen auf deutsche Konvois.

Oben: Die Mannschaft bringt ihr leichtes Geschütz in Stellung, während sie sich im Juni 1941 auf den Angriff auf ein Dorf in Weißrussland vorbereitet. Alle tragen hoch belastbare Gurte über der Schulter, die beim Umgang mit dem Geschütz hilfreich waren.

Für Stalin war der Fall von Brest-Litowsk eine Niederlage und verdiente, da sich einige Überlebende ergeben hatten, weder Gedenken noch Respekt. Erst 1956 – drei Jahre nach Stalins Tod – änderte sich dies, als der Historiker Sergej Smirnow 400 Überlebende ausfindig machte. Die Hauptzitadelle war von einer Truppe unter Kommissar Fomin, Hauptmann Zubatschew, Oberleutnant Semenenko und Leutnant Vinogradow gehalten worden. Die Soldaten im Ostfort standen unter dem Befehl von Major Petr Michailovitsch Gawrilow vom 44. Schützenregiment. Am 25. Juni versuchte eine Gruppe unter Fomin, Zubatschew und Vinogradow auszubrechen, wobei die drei Offiziere in Gefangenschaft gerieten. Gawrilow überlebte den Krieg.

Smirnow berichtet über ihre Schicksale. Kommissar Fomin hatte sich vor dem Ausbruch die Uniform eines toten Soldaten angezogen, wurde aber im Lager von einem anderen

MOLOTOWCOCKTAIL

Die im Westen nach dem sowjetischen Außenminister Wjatscheslaw Molotow benannte Waffe ist auch als Benzinbombe bekannt. Sie bestand aus einer dünnwandigen 1- oder 0,75-Liter-Flasche mit Benzin, in deren Hals ein Stück Stoff gestopft wurde. Das Benzin konnte mit etwas Öl oder einem Stück Rohgummi eingedickt werden. Unmittelbar vor dem Werfen wurde die Flasche gekippt, sodass der Stofflappen mit Benzin getränkt wurde, dann zündete man ihn an. Wenn die Flasche ihr Ziel traf, spritzte das brennende Benzin über ein Gebiet von etwa 2 bis 3 m^2 und brannte bis zu fünf Minuten lang. Ziel war, die Flasche so auftreffen zu lassen, dass sie auf dem Heck eines Panzers landete und das brennende Benzin in den Motorraum drang. Sowjetische Soldaten warfen oft mit Benzin gefüllte Flaschen hinterher, damit das Feuer, das der Molotowcocktail entzündet hatte, weiterbrannte. Es konnte spektakulär aussehen, doch die Erfolgsrate schwankte.

Oben: Die ausgebrannten Wohnhäuser im Zentrum von Minsk nach der Eroberung. Für die Bevölkerung von Städten, wo es wenig Gärten oder Kleinländereien gab, war die Aussicht auf Hunger sehr real. Die deutschen Besatzer verschlimmerten das Problem durch ihr Verhalten.

Soldaten denunziert und erschossen. Zubatschew starb in der Gefangenschaft. Major Gawrilow hatte sich schwer verwundet gegen die Gefangennahme gewehrt, indem er mit einer Handgranate einen deutschen Soldaten tötete. Die Entschlossenheit sowjetischer Soldaten zeigte sich auch in Sokal in der Westukraine, wo Jaroslaw Branko einen verzweifelten Kampf sah, der den Widerstand veranschaulicht: „Ein Panzer fuhr direkt auf die Ruine eines ehemaligen Grenzpostens zu, in dessen Keller Frauen und Kinder Schutz gesucht hatten. In diesem Augenblick stürzte ein Mann in brennenden Kleidern auf das gepanzerte Ungetüm los, riss sich die brennende Jacke herunter, warf sie auf das Gitter der Motorabdeckung und sich selbst als brennende Fackel unter den Panzer. Es folgte eine Explosion. Die Faschisten drehten ab … Dies geschah am ersten Tag des Krieges, am 22. Juni, gegen 9 Uhr.

Grenzposten und Holzbrücke bei Sokal unterstanden einem Kommando unter Hauptmann Berschadskij. Seine Frau und sein 11-jähriger Sohn waren unter den Zivilisten im Keller und kamen bei den Gefechten um. Am 25. Juni um 19.00 Uhr meldete das 2. sowjetische Schützenkorps, dass sich 50 km nordwestlich von Minsk eine feindliche Panzerkolonne ungehindert bewege. In der Nacht wurde die 100. Schützendivision angewiesen, einen Sperrriegel aufzubauen. Die Division stellte fest, dass sie sich dank einer seltsamen Fügung auf ihrem Vorkriegs-Übungsplatz verschanzen durfte. Da er keine Panzerabwehrwaffen besaß, plünderte der Kommandeur das Lager der örtlichen Weißrussischen Glasflaschenfabrik zur Herstellung von Molotowcocktails.

DIE FALLE SCHNAPPT ZU

Die Schlacht von Minsk wurde am 26. Juni geschlagen. Am Morgen hatte General Pawlow seinen Stab nach Magiljou verlegt. Obwohl er zu vielen Einheiten keinen Kontakt mehr hatte, wurden immer noch Angriffsbefehle ausgegeben. In der Stadt suchte Oberst Sandalow von der 4. Armee zu Fuß nach dem Distriktkommandeur. Er fand nur Trümmer und eine Flut von Fahrzeugen, die über die Swislatsch oder zu anderen östlichen Ausgängen fuhren.

In der Nacht vom 26. auf den 27. Juni suchte General Nehring, der Kommandeur der 18. Panzerdivision, in seinem SdKzf-251-Stabswagen das alte Schloss der polnischen Familie Radziwill in Nieswiez, in dem nun der Stab von Guderians Panzergruppe II residierte. Als er sich dem Panzer III näherte, der den Eingang bewachen sollte, war klar, dass die Besatzung döste. Nehring hielt seinen Wagen 40 m vor dem Panzer an und beleuchtete ihn mit seinem Scheinwerfer.

Da kam plötzlich aus der Dunkelheit das Geräusch von Raupen, zwei leichte russische Panzer T-26 tauchten auf und hielten auf den Stabswagen zu. „Weichen Sie halbrechts aus!“, schrie Nehring seinen Fahrer an. Nun wachte auch die Besatzung des Panzer III auf und reagierte mit bemerkenswerter Geschwindigkeit. Drei Granaten reichten aus, um die russischen Panzer in brennende Wracks zu verwandeln. Im Schloss, in dem zuvor der russische Stab untergebracht war, war der deutsche Stab eifrig dabei, Kartentische und Fernsprechverbindungen einzurichten. Als man auf dem Dachboden eine gerahmte Fotografie aus dem Jahr 1912 fand, die eine Jagdgesellschaft zeigte, war die Freude groß, denn der Ehrengast in der Mitte war Kaiser Wilhelm II. Als der Stab eingerichtet und die Gegend abgesichert war, kam die Bevölkerung von Nieswiez auf General Guderian zu und bat, einen Dankgottesdienst für ihre Befreiung abhalten zu dürfen.

Der Vorstoß nach Osten beschleunigte sich und so manches taktische Prinzip wurde von den Panzerkolonnen über Bord geworfen. Die Leute standen 24 Stunden im Einsatz, was sowohl Risiken wie Vorteile barg. Panzer und Fahrzeuge der 7. Division fuhren nun rasch auf der befestigten Straße Minsk–Moskau, waren aber nicht allein. Der Kriegsberichterstatter Bernd Overhues berichtete von einer Warnung vor sowjetischen Panzern. „Was war passiert? Eine Anzahl kleiner sowjetischer AFVs hatte sich in die Mitte der deutschen Kolonne geschoben. Offenbar war man eine kurze Strecke zusammen gefahren, als die Russen plötzlich mit einem Vierlings-MG von einem Lastwagen aus das Feuer auf die deut-

PZKPFW III AUSF C

Der Ende der 1930er-Jahre ursprünglich von Daimler-Benz gebaute PzKpfw III war bei der Invasion von Polen noch nicht in großer Zahl verfügbar. Nur 17 Stück in Ausf C, 30 in Ausf D und einige in Ausf E wurden aufgestellt. Ausf C war nur kurz im Einsatz und wurde nach dem Polenfeldzug verschrottet. Spätere Modelle wurden mit der stärkeren 5-cm-Kanone L/42 bestückt, was sie in Nordafrika zu gefürchteten Gegnern machte. Doch wie der PzKpfw IV war er dem T-34 bei weitem nicht ebenbürtig und die deutschen Ingenieure waren gezwungen, neue Modelle wie den Tiger und den Panther zu entwickeln.

Links: Der PzKpfw III Ausf H verfügte über verbesserte Lager und Ketten – sie waren um 40 mm breiter. Die vom Band rollenden Panzer wurden zusätzlich mit einer 30-mm-Platte an der Vorderseite des Rumpfes und des Aufbaus ausgestattet.

schen Fahrzeuge eröffneten. Die schneidende Stimme eines deutschen Offiziers stellte eisig die Ordnung wieder her. Der sowjetische Panzer und der Lastwagen wurden in Brand geschossen und beiseite geschafft.“ Hauptmann Iwan Krilow, der eine Kompanie befehligte, die die Vorstöße auf Minsk aufzufangen hatte, wurde versichert, dass die Heeresgruppe Mitte aufgehalten werden könnte, „wenn unsere Soldaten bis zum Ende kämpfen. Den Männern wurde befohlen, nicht zu sterben, ohne wenigstens einen Deutschen mitzunehmen.“

DIE WEGMARKEN UNSERES MARSCHES

Für Oberleutnant Siegfried Knappe glich der Vormarsch mit seiner Geschützbatterie in Russland dem Szenario von Napoleons Vorstoß 1812. „Brennende Dörfer, die Leichen toter russischer Soldaten, die Kadaver toter Pferde, ausgebrannte Panzer und weggeworfene Ausrüstung markierten unseren Marsch. Die Infanterie musste zu Fuß gehen, aber wir ritten zu Pferde oder saßen auf unserer Ausrüstung, die von Pferden gezogen wurde. Ab und zu stieß man vorne auf Wider-

Unten: Ein Sturmgeschütz III, gewöhnlich abgekürzt als StuG III, rollt an brennenden Gebäuden vorbei. Es war billiger zu bauen als ein PzKpfw III, obwohl das gleiche Chassis verwendet wurde. Es war für die Nahkampfunterstützung der Infanterie gedacht.

Rechts: Ein erschöpfter Infanteriezug am Wegrand. Die langen Märsche auf schlechten Straßen forderten in der Sommerhitze auch von den stärkstens Soldaten Tribut, auch wenn sie nicht ihr volles Marschgepäck, sondern nur Kampfausrüstung mit Waffen und Munition trugen.

stand; dann schickte die 9. Armee Lastzüge, damit die Infanterie schneller vorwärts kam."

Am Mittag des 26. Juni stand Hoths Panzergruppe 3 nur noch 29 km nördlich von Minsk. Zur gleichen Zeit bekam Guderian, der immer noch nach Osten vorrückte, von der Heeresgruppe Mitte Befehl, mit dem Gros seiner Truppen zu schwenken, um den Kessel von Minsk zu schließen. Panzerkorps XXIV sollte auf der rechten Flanke weiter in Richtung Babrujsk an der Beresina und nach Rogatschew am Djnepr vorstoßen. Hoth und Guderian gehorchten nur widerwillig, weil sie die Chance auf einen viel größeren Erfolg sahen, wenn sie den Kessel erst weiter östlich bei Smolensk schlossen.

Bist du verwundet, so stelle dich tot, und wenn sich die Deutschen nähern, töte einen davon. Töte sie mit deinem Gewehr, mit dem Bajonett, mit deinem Messer, reiß ihnen mit deinen Zähnen die Kehle auf. Stirb nicht, ohne einen toten Deutschen zu hinterlassen.

Befehl im sowjetischen Sondermilitärdistrikt West

In Rastenburg gab es Spannungen und Uneinigkeit zwischen Hitler, OKH und Heeresgruppe Mitte. In den ursprünglichen Befehlen des OKH vom 31. Januar war vorgesehen, dass sich die Panzerzange bei Minsk schließen sollte. Von Bock war dafür, weiter vorzustoßen, und versuchte, die Planung zu ändern. Nun, wo der Blitzkrieg eindeutige Erfolge zeitigte, bekam Hitler Befürchtungen, dass die Panzergruppen über ihr Ziel hinaus schießen und die starken sowjetischen Truppen im Kessel zwischen Bialystok und Nowogrodek nach Osten durchbrechen könnten.

Am 25. Juni sandte er seinen persönlichen Berater, Oberst R. Schmundt, zum Stab der Heeresgruppe Mitte; er wollte, dass der Kessel noch westlich von Minsk geschlossen würde. Von Bock, ein Offizier mit Mut und strategischen statt taktischen Visionen, lehnte diese Instruktionen mit all seiner Eloquenz und professionellen Erfahrung ab.

Halder vertraute seinem Tagebuch an, dass er hoffe, dass die Bodentrup-

Links: Eine weibliche Sanitätskraft der Roten Armee versorgt das Bein eines deutschen Obergefreiten im Juli 1941. Zur Überraschung der Deutschen wirkten Frauen in vielen Bereichen an der Front, auch als Heckenschützen und bei Panzerbesatzungen.

Oben: Ein deutscher Fußsoldat posiert neben einem brennenden Kollektivbauernhof. Die Politik der verbrannten Erde war für die Zivilbevölkerung grausam, doch für Moskau waren alle Zivilisten, die die Umsiedlung nach Osten verweigerten, suspekt.

pen das Richtige täten und den Dnjepr bei Magiljou und Rogatschew überschritten. Der verärgerte von Bock, der Guderian und Hoth unterstützte, wurde wütend, als von Brauchitsch Hitlers Befehle überbrachte und gleichzeitig hoffte, dass Heeresgruppe Mitte ein taktisch vernünftiges Vorgehen wählen würde. Hoth und Guderian waren überzeugt, dass sie das Dreieck Witebsk–Orscha–Smolensk besetzen müssten, um die Russen daran zu hindern, am Dnjepr eine Verteidigungslinie aufzubauen.

Am 23. Juni bestand von Bock nach einem Telefongespräch mit von Brauchitsch darauf, dass er Befehle nur noch schriftlich akzeptiere.

DIE KESSEL WERDEN VERNICHTET

Die Zangen um den Kessel von Bialystok schlossen sich am 29. Juni; am 3. Juli ergaben sich die eingeschlossenen Streitkräfte. Am 8. Juli zählte man 290.000 Gefangene, darunter etliche Korps- und Divisionskommandeure, 2.500 abgeschossene oder erbeutete Panzer und 1.500 Geschütze. Die Deutschen schätzten, dass 22 Schützendivisionen und das Äqui-

> Was ich in den Kämpfen gesehen habe, werde ich nie mehr los. Glaub mir, Liebste, wenn du mich wiedersiehst, wird du einen anderen Menschen vor dir haben, eine Person, die den knappen Befehl „Ich will überleben!“ gelernt hat. Im Krieg kannst du nicht weich sein, sonst stirbst du.
>
> *Karl Fuchs*
> *Kanonier eines PzKpfw 38 (t), 7. Panzerdivision*

valent von sieben Panzerdivisionen und sechs motorisierten Brigaden, vernichtet waren. Die eingeschlossenen Einheiten entstammten der 3. und 10. Armee, einige der flankierenden 4. und 11. Armee und ein großer Teil der 13. Armee.

Es war ein vernichtender deutscher Sieg und General Pawlow bezahlte die Niederlage mit seinem Leben. Seine Truppen waren gut ausgerüstet und zahlenmäßig so stark wie ihre Gegner; die russischen Panzer mögen den deutschen qualitativ unterlegen gewesen sein, sie waren aber der Heeresgruppe Mitte zahlenmäßig überlegen. Sowjetische Historiker gingen sehr hart mit Pawlow um. Er war der einzige Frontkommandeur des Krieges, der exekutiert wurde, obwohl zwei Monate später Marschall S. M. Budjonny bei Kiew am 19. September für eine viel größere Niederlage verantwortlich war. Auf Stalins Befehl wurde Budjonny aus dem Kessel ausgeflogen, in dem fünf Armeen unter seinem Kommando eingeschlossen

KRIEGSGEFANGENE

Im Krieg im Osten wurden rund 6 Millionen Sowjetsoldaten gefangen genommen; nur einer von zehn kehrte heim. Im Geiste des Marxismus hatte die Sowjetunion 1929 tragischerweise die Genfer Konvention nicht unterzeichnet. 1941 gab Stalin Weisung Nr. 274 aus, welche alle Gefangenen zu Landesverrätern stempelte. Als sein ältester Sohn Jakob, ein Artilleriehauptmann, in Weißrussland gefangen genommen wurde und sein Bild auf dem Titelblatt von *Signal* erschien, verleugnete er ihn und ließ seine Frau aufgrund eines Gesetzes einsperren, das die Bestrafung von Verwandten regelte.

In einem Interview des italienischen Kriegsberichterstatters Curzio Malaparte sprach ein Stabsoffizier einer Panzereinheit in der Heeresgruppe Süd über den Feind: „Er sprach als Soldat, objektiv, ohne Übertreibung, in rein technischen Begriffen. ‚Wir nehmen kaum Gefangene‘, sagte er, ‚weil sie stets bis zum Ende kämpfen. Sie ergeben sich nicht. Ihre Ausrüstung ist mit unserer nicht zu vergleichen, doch sie wissen sie einzusetzen.‘“

Zu Beginn der Kämpfe war Oberleutnant der Artillerie Siegfried Knappe jedoch darüber erstaunt, wie viele Gefangene sie machten. „Vom ersten Tag der Invasion an machten wir Gefangene. Die Infanterie brachte sie zu tausenden herein, zu zehntausenden und sogar zu hunderttausenden.“

Die Entfernungen und das Klima förderten das Überleben gewöhnlicher sowjetischer Kriegsgefangener nicht. Im ersten Winter nahmen deutsche Soldaten die Fellstiefel, Mützen und Mäntel gefallener oder gefangener Sowjets an sich. Bei Temperaturen unter Null bedeutete das für die Gefangenen den Tod. Im Sommer mussten die langen Gefangenenkolonnen durch die trockene Steppe marschieren und viele starben an Dehydrierung. Manche Männer, die sich ergaben, wurden wie ganz selbstverständlich erschossen. Wenn sie überlebten und Polen oder Deutschland erreichten, erwartete sie ein hartes Schicksal. Manche wurden Zwangsarbeiter in Munitionsfabriken, in Minen und beim Bau von Abwehranlagen eingesetzt. Die langen Arbeitszeiten bei Hungerrationen überlebten viele nicht. Einige wurden zu medizinischen Experimenten und den ersten Versuchen mit Zyklon B missbraucht.

Angesichts des Hungertodes und in vielen Fällen auch aus antikommunistischer Überzeugung halfen viele sowjetische Kriegsgefangene den Deutschen. Die dramatischste Form davon war die Wlassow-Armee unter der Leitung des früheren Generals der Roten Armee, Andrej Wlassow. An die 800.000 frühere sowjetische Gefangene arbeiteten als *Hilfswillige* oder *Hiwis* in der deutschen Armee. Mehrere tausend Kosaken im Dienst der Deutschen kämpften in der 15. Kosakenkavallerie gegen Partisanen in Frankreich und Jugoslawien und ergaben sich schließlich in Norditalien der 2. britischen Panzerdivision.

Deutsche Gefangene starben an der Ostfront nicht in Vernichtungslagern. Sie arbeiteten noch lange nach Kriegsende bei Hungerrationen an Wiederaufbauprojekten in der Sowjetunion. Viele derer, die zurückkehrten, trafen Mitte der 1950er-Jahre in Deutschland ein. Die Praxis der Waffen-SS, die Blutgruppe des Soldaten in seine linke Achsel zu tätowieren, war bei Verwundungen sehr sinnvoll, doch sie verhinderte auch, dass sich Angehörige der Waffen-SS als gewöhnliche Wehrmachtsoldaten ausgeben konnten, wenn sie gefangen genommen wurden. An der Ostfront überlebten nur wenige Soldaten der Waffen-SS die Gefangenschaft. Ein erbeutetes Dokument der 5. sowjetischen Armee besagte: „Es ist öfter vorgekommen, dass Soldaten und Kommmandeure der Roten Armee in Verbitterung über die Grausamkeiten der faschistischen Diebe … deutsche Soldaten und Offiziere nicht gefangen nahmen, sondern sie an Ort und Stelle erschossen.“

Berichten zufolge wurden hungernde und verzweifelte deutsche und sowjetische Soldaten, die in exponierten Stacheldrahtkoppeln in Gruppen gehalten wurden, zu Kannibalen, um zu überleben. Man schnitt Fleisch aus Gesäß und Oberschenkeln toter Gefangener und kochte es – der Geschmack soll an Schweinefleisch erinnert haben.

waren. Budjonny war schließlich ein alter Kamerad Stalins aus dem Bürgerkrieg. Er erhielt eine Pension und starb 1973 in hohem Alter. Sein Nachfolger im Kiew-Kessel, Generaloberst Kirponow, und sein Stabschef, Generalleutnant Turpikow sollten bei ihrem Versuch, sich aus dem Kessel herauszukämpfen, beide fallen. Mit ihrem Tod brach der Widerstand zusammen; 665.000 Gefangene, 3.718 Kanonen und 884 Panzerkampfwagen wurden bei Kiew erbeutet.

Der große Kessel von Minsk wurde eine Woche nach Beginn von *Barbarossa* geschlossen. Daneben gab es noch drei kleinere, einer davon die Zitadelle von Brest. Die Panzergruppen 2 und 3 stießen weiter nach Osten vor und schlossen wie stählerne Zangen am 16./17. Juli den Kessel von Smolensk. Hier machte man in vier kleineren und einem größeren Kessel 310.000 Gefangene. Diese Siege brachten aber unvorhergesehene Probleme mit sich. Anders als in Polen 1939 und

Oben: Ein Rottenführer der Waffen-SS bewacht eine Kolonne sowjetischer Gefangener. Manche tragen Stoffrollen, in denen sie persönliche Güter, die sie retten konnten, verstaut haben, und manche haben sogar Wasserflaschen – unerlässlich für das Überleben in Hitze und Staub.

Frankreich 1940 kämpften viele Einheiten weiter, was bedeutete, dass starke Kräfte die Eingeschlossenen daran hindern mussten, nach Osten zu ihren Einheiten durchzubrechen.

Im Kessel von Minsk waren zwei Panzergruppen und 23 Infanteriedivisionen erforderlich, die russischen Einheiten unter Kontrolle zu halten und schließlich zu vernichten. Dies war die halbe Kampfkraft der Heeresgruppe Mitte. Bei Smolensk brauchte man zwei Panzergruppen, bestehend aus zehn Panzer-, sechs motorisierten und 14 Infanteriedivisionen – ca. 60% der Kampfkraft der Heeresgruppe Mitte. Jeder Sieg verlangsamte den Vormarsch auf das Endziel: Moskau.

KAPITEL SIEBEN

HEERES-GRUPPE SÜD

Die sowjetischen Truppen, die der Heeresgruppe Süd gegenüberstanden, wurden von General Kirponos befehligt, einem der unbesungenen Helden von *Barbarossa*. Seine Männer verteidigten sich wirkungsvoll, bis das Kommando an Stalins alten Genossen Semion Budjonny übertragen wurde, einem früheren Unteroffizier der Kavallerie, dessen Schnurrbart „größer als sein Verstand“ war. Als man ihn in Kiew einkesselte, wurde er ausgeflogen. Kirponos übernahm das Kommando und starb beim Ausbruch aus dem Kessel.

IM SÜDEN, WO DIE SOWJETISCHEN STREITKRÄFTE am stärksten waren, rückten die Deutschen viel langsamer als geplant vor. Generaloberst M. P. Kirponos hatte eine Tiefenverteidigung aufgebaut, anstatt seine Armee in einer Linie an der Front zu stationieren. Er hatte vier Armeen in zwei Gruppen gestaffelt aufgestellt, die in Bunkern und Artilleriestellungen gut getarnt waren. Unterstützt wurde er auch von Mutter Natur, da die Flüsse Prut, Dnjestr, der südliche Bug und der Dnjepr im Südosten des Schwarzen Meeres verliefen und im Süden der Pripjet-Sümpfe gebrochenes Marschland lag.

Stalin hatte stets angenommen, dass ein Angriff auf die Sowjetunion auf die Ukraine mit ihren Getreidefeldern, Kohlereserven und Industriegebiete abzielen würde. Diese Region war mit 45 Schützen-, 20 Panzer-, 10 Panzergrenadier- und sechs Kavalleriedivisionen besser geschützt als der Norden oder die Mitte. Schukow bestätigt, dass Kirponos am 21. Juni um Mitternacht aus dem Feldstab in Tarnopol (heute Terno-

Links: Im Hintergrund steigt Rauch auf, während sich PzKpfw III und II einem SdKfz 250 Halbkettenfahrzeug nähern. Dieses Foto vermittelt einen Eindruck von den gigantischen Panzerschlachten im Osten, die über für viele erschreckend weite Distanzen ausgetragen wurden.

Oben: Kosaken des XVII. Kavalleriekorps von Generalleutnant Kiritschenko reiten in loser Formation über die Steppe bei Lemberg. In den weitläufigen Gebieten der Ukraine und Weißrusslands war die Kavallerie ideal für Patrouillen und Aufklärungsmissionen geeignet.

pol) an Moskau durchgab, dass ein Deserteur von einem bevorstehenden Angriff berichtet hatte. Heeresgruppe Süd und Luftflotte 4 umfassten drei Millionen Mann, 600.000 Fahrzeuge, 750.000 Pferde, 3.580 Panzer, 7.184 Kanonen und 1.830 Flugzeuge. Sie bestrichen eine Front von insgesamt 1.350 km Länge, 250 km davon in den Karpaten, wo keine deutschen Soldaten stationiert waren. Obwohl die Sowjets den deutschen Truppen große Verluste zufügten, waren ihre eigenen ungleich höher. Zudem vergeudete Kirponos seine Panzertruppen, indem er sie in den Kampf schickte, bevor sie sich korrekt formieren konnten. Wie in den Heeresgruppen Nord und Mitte herrschte unter den deutschen Streitkräften vor dem Angriff eine Mischung aus nervöser Aufregung, Angst und Selbstvertrauen. „Der Krieg mit Russland wird nur vier Wochen dauern“, erklärte Hauptmann von Rosenbach-Lepinski seiner Kraftradfahrer-Aufklärungskompanie.

DER AUFMARSCH

Am Samstag, dem 21. Juni, dem Tag vor dem deutschen Angriff, besuchte Nikolai Kirillowitsch Popiel, der oberste politische Offizier des VIII. Panzergrenadierkorps des Kiewer Sondermilitärdistrikts, eine Show in der Garnison der Roten Armee. Während des gesamten Abends war er abgelenkt und fragte sich, was am gegenüberliegenden Ufer des Flusses San geschah. „Nein, das war keine Vorahnung“, erinnerte er sich. „Wie oft habe ich später gehört: ‚Mein Herz sagte mir‘ oder ‚Ich habe es gespürt‘? Weder Herz noch Gespür sagten mir irgendetwas. Wie viele andere höhere Offiziere an der Front kannte ich bloß mehr Fakten, als ich mir erklären konnte.“

In der Nähe der polnisch-ukrainischen Stadt Lemberg, der Hauptstadt von Galizien, wurde Oberst Nikolai Jerjomin, ein Stabsoffizier der 41. Schützendivision, um 2 Uhr am 22. Juni durch einen telefonischen Bericht der Genzwachen an den Stab geweckt. Er eilte in den Stab, weil es das erste Mal war, dass ihn die Grenzwachen nachts kontaktiert hatten. Über eine gestörte Leitung hörte er eine besorgte Stimme: „Genosse Oberst, hier spricht der Kommandant des Sektors Ljubjtscha–Krulewkaja. Entlang der gesamten Grenze melden mei-

KARL RUDOLF GERD VON RUNDSTEDT

Gerd von Rundstedt, einer der erfahrensten Offiziere der deutschen Wehrmacht, wurde am 12. Dezember 1875 in Aschersleben geboren. Im Ersten Weltkrieg diente er als Generalstabsoffizier und kämpfte in Frankreich und in der Türkei. Er stieg rasch auf, wurde aber als Generaloberst in den Ruhestand geschickt, da er 1938 das Vorgehen gegen die Tschechoslowakei kritisiert hatte. 1939 erhielt er jedoch das Kommando über die Heeresgruppe Süd im Polenfeldzug, 1940 über die Heeresgruppe A in Frankreich und den Niederlanden und wurde zum Generalfeldmarschall befördert.

1941 befehligte er Heeresgruppe Süd in der UdSSR beim Vorstoß in die Ukraine. Wegen eines taktischen Rückzugs bei Rostow entließ ihn Hitler 12. Dezember 1941, doch am 1. März 1942 kehrte er als Chef der Heeresgruppe West in Frankreich zurück. Hier war er für die Vorbereitungen auf die erwartete alliierte Invasion zuständig. Am 2. Juli 1944 wurde er nach dem Erfolg der Landungen in der Normandie abermals entlassen, nur um im Dezember als Befehlshaber über die Ardennenoffensive wieder zurückzukehren. Er wusste vom Juli-Attentat, nahm jedoch nicht daran teil; nach dessen Scheitern saß er dem Ehrengericht vor, das die Verschwörer aus der Wehrmacht ausschloss.

Nach dem Krieg wurde von Rundstedt für die Weiterleitung des Kommandobefehls vom 18. Oktober 1942 verurteilt. Wegen schwerer Krankheit wurde er am 5. Mai 1949 entlassen. Er starb am 24. Februar 1953 in Hannover.

ne Männer ungewöhnliches Verhalten der Deutschen. Man kann Truppen- und Panzerbewegungen auf ihrer Seite hören. Unsere Horchposten haben Infanterie gesehen, die seit der Abenddämmerung massiert wird. Wir waren noch nie in einer solchen Lage und entschlossen uns, Ihnen davon zu berichten. Haben Sie irgendwelche Befehle für uns?"

In einem Brief an seine Mutter in Deutschland schrieb der 28-jährige Ulrich Modersohn zuversichtlich über die sowjetischen Truppen: „Er hatte nie eine Chance, eine gute Abwehr aufzubauen. Unsere Artillerie und Stukafeuer müssen die reine Hölle für ihn gewesen sein. Mittags lagen Behelfsbrücken über dem Bug und fertig. Nun rollen unsere Soldaten nach Russland. An diesem Nachmittag sah ich, wie die Erde bebte und der Himmel dröhnte … Alles läuft nach Plan."

Kurz bevor der Artilleriebeschuss niederging, meldete der Kommandeur des XLVIII. Panzergrenadierkorps: „Sokal ist nicht verdunkelt. Die Russen bemannen ihre Posten, die voll erleuchtet sind. Anscheinend ahnen sie nichts."

DIE ÜBERQUERUNG DES BUG

An der linken Flanke überquerte die 6. Armee unter Feldmarschall von Reichenau den südlichen Bug und die 56. und 62. Infanteriedivision war trotz schwerer Kämpfe bei Einbruch der Dunkelheit 14 km weit vorgedrungen. Zwei Vorhutbataillone wurden durch heftige Angriffe abgeschnitten.

Die Divisionen der 7. Armee unter General von Stülpnagel mussten sich Bunker für Bunker durch die Verteidigungsstellungen von Lemberg und Przemysl kämpfen. Die ersten Gruppen der sowjetischen 5. und 6. Armee hatten ihre Bunker mehr oder weniger erfolgreich besetzen können. Der

Unten: Generalfeldmarschall Gerd von Rundstedt scheute sich nicht, seine Meinung offen auszusprechen oder den Rückzug zu befehlen, wenn es die taktische Lage erforderte. Dadurch zog er sich Hitlers Zorn zu, der ihn während des Krieges zweimal entließ und wieder einsetzte.

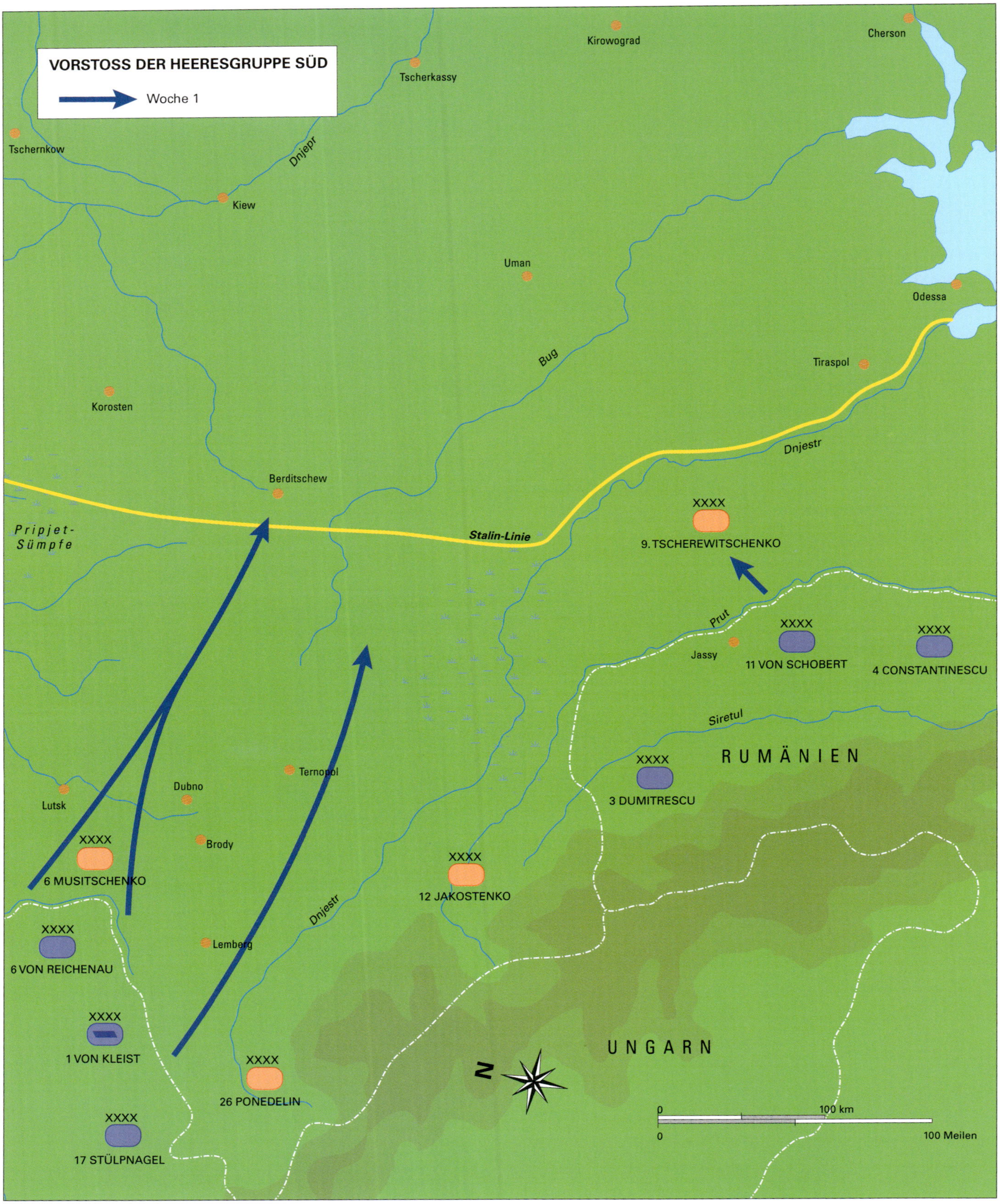
VORSTOSS DER HEERESGRUPPE SÜD
Woche 1
Kirowograd
Cherson
Tscherkassy
Tschernkow
Dnjepr
Kiew
Uman
Odessa
Bug
Tiraspol
Korosten
Dnjestr
Berditschew
XXXX
9. TSCHEREWITSCHENKO
Pripjet-Sümpfe
Stalin-Linie
Prut
XXXX
11 VON SCHOBERT
XXXX
4 CONSTANTINESCU
Jassy
Siretul
RUMÄNIEN
XXXX
3 DUMITRESCU
Ternopol
Dubno
Lutsk
Brody
XXXX
6 MUSITSCHENKO
XXXX
12 JAKOSTENKO
Dnjestr
XXXX
6 VON REICHENAU
Lemberg
XXXX
1 VON KLEIST
XXXX
26 PONEDELIN
UNGARN
N
XXXX
17 STÜLPNAGEL
0
100 km
0
100 Meilen

Aufbau der Südfront zwischen den Pripjet-Sümpfen und den Karpaten dauerte viel länger als erwartet.

Feldmarschall von Reichenaus 6. Armee überschritt den Fluss Styr, wurde jedoch ständig von sowjetischen Truppen angegriffen, die im bewaldeten Sumpfland an ihrer linken Flanke lagen. Reichenau geriet durch die ständigen Rückschläge so in Rage, dass er befahl, Gefangene als Partisanen hinzurichten, ob sie nun Uniformen trugen oder nicht. Auch die Rote Armee erschoss deutsche Kriegsgefangene, vor allem Luftwaffenpiloten, die sich mit dem Schleudersitz gerettet hatten. Es gab kaum Möglichkeiten, sie in Kriegsgefangenenlager zu schicken, und man wollte nicht, dass sie durch den vorrückenden Feind gerettet würden.

Links: Der Vorstoß der Heeresgruppe Südwas war durch Ungarn geteilt – deutsche und rumänische Truppen griffen im Juni 1941 an, später stießen ungarische Truppen zu ihnen. Durch eine kleine Verzögerung im Angriff waren die Russen vorgewarnt und ihr Widerstand stärker.

> Wir besiegen unsere Toten.
>
> *Generaloberst Ritter von Schobert*
> *11. Armee, Heeresgruppe Süd*

„LANGSAMER, ABER STETIGER FORTSCHRITT"

General Hube, der die 16. Panzerdivision befehligte, meldete seine Operationen in den ersten Tagen von *Barbarossa* als „langsamen, aber stetigen Fortschritt", doch das war nicht, was das OKW hören wollte. Die Pläne sahen tiefes Eindringen und Umfassung der sowjetischen Streitkräfte in Galizien und der Westukraine vor. Am Morgen des 23. Juni drang die

Unten: Zwei Pioniere steuern mit dem Außenbordmotor ein mit Infanteristen beladenes Sturmboot über einen Fluss. Der Soldat links trägt den Metallbehälter für zusätzliche MG34-Maschinengewehrläufe über der Schulter.

Heeresgruppe Süd tief in die sowjetischen Linien ein. Die Panzergruppe Kleist brach östlich von Lemberg durch und schuf einen 48 km breiten Korridor zwischen Potapows 5. und Musitschenkos 6. sowjetischer Armee. Mit ihren mit einem großen „K" bemalten Panzern begann die Gruppe eine Blitzkrieg-Offensive in Richtung der Stadt Rowno.

Hauptmann Curzio Malaparte, ein italienischer *Alpini*-Verbindungsoffizier und Beobachter bei der Heeresgruppe Süd, wachte am Ufer des Prut, als eine deutsche Panzerkolonne vorüberzog. „Aus dem Auspuff der Panzer stoßen Rauchzungen. Die Luft ist voll mit beißenden, bläulichen Schwaden, die sich mit dem feuchten Grün der Wiesen und dem goldenen Glanz des Getreides mischen. Unter den kreischenden Bögen der Stukas wirken die Spuren der Panzerkolonnen wie Bleistiftlinien auf der riesigen Tafel der moldawischen Ebene." Ihnen folgte die Infanterie auf Lastwagen und für den Poeten in Malaparte waren die Männer auf den Holzbänken „so weiß vor Staub, dass sie aussahen wie aus Marmor … [sie] … sahen aus wie Statuen."

Um diesen Vormarsch zu stoppen, wollte Kirponos in einem gewaltigen Schlag sämtliche Panzer der Panzergrenadiere beider Armeen sowie die 26. Armee einsetzen. Sein erstes Problem war jedoch, die verstreuten Panzertruppen zu sammeln, darunter auch das IV. Panzergrenadierkorps unter General Wlassow. Obwohl er später bei Moskau eine erfolgreiche Abwehrschlacht schlagen sollte, wurde Wlassow zu einer der umstrittensten Figuren des Zweiten Weltkriegs.

Zu den von Kirponos vorgesehenen Streitkräften gehörten verwundbare leichte Panzer, aber auch die gefürchteten KV-I und KV-II. Auch wenn die deutschen Panzer- und Panzerabwehrbesatzungen darüber geschockt waren, wie wenig ihre Waffen gegen diese gewaltigen Panzer ausrichteten, so hatten sie mit dem schwerfälligen mittelschweren T-28-Panzer keine Probleme.

Dieses Monster war ein Rückfall in die Anfänge der Panzerkriegsführungstheorie. 1932 als „Durchbruch" gefeiert, bestand seine Bewaffnung aus einem Turm mit einer 7,62-mm-Kanone und zwei Hilfstürmen ähnlich jenen des amphibischen T-37-Panzers zu beiden Seiten des Bug. Er sah aus wie ein Schlachtschiff zu Lande. Einige Versionen des T-28C mit verbesserter Panzerung hatten sich 1940 in Finnland gut geschlagen, doch gegen PzKpfw III und IV hatte das Modell 1941 keine Chance.

Rechts: Während einige sowjetische Kriegsgefangene zögernd einen Bach überqueren, beobachten Infanteristen von einem PzKpfw III aus einen brennenden Bauernhof. Auf dem Panzer befindet sich die übliche Mischung aus Reifen, Ketten, Eimern und improvisiertem Stauraum.

35

GEGENANGRIFF BEI RADZIECHOW

Der vielleicht zu ehrgeizige Gegenangriff wurde vom Militärsowjet der Südwestfront geplant, einem dreiköpfigen Gremium, das aus Kommandeur Kirponos, Stabschef Purkajew und Kommissar Nikita Chruschtschow bestand. Zwei Panzergrenadierkorps sollten mit ihren eigenen Infanterieeinheiten, der 5. und 6. Armee, operieren. Die verbleibenden vier (8, 15, 9 und 19) sollten den Krisenherd bei Lutsk, Rowno, Dubno und Brody decken und die Deutschen mit einem konzentrischen Schlag eliminieren.

Das Hauptgewicht des Gegenangriffs sollten das VIII. und XV. Panzergrenadierkorps tragen. Das IX. und XIX. Panzergrenadierkorps sollte General Potapows 5. Armee unterstehen und mit dem VIII. und XV. zusammenarbeiten. Potapow sollte an der Achse der Eisenbahnlinie Lutsk–Brody angreifen. Das IX., das in den Wäldern nördlich von Rowno konzentriert wurde, sollte von Klewani aus angreifen, das XIX. von Rowno aus in Richtung Dubno. Das VIII. und XV. wurden als „Mobile Frontgruppe" zusammengefasst; das VIII. unter General Ryabyschew sollte von Brody in Richtung Berestecko vorstoßen, das XV. von Toporiw nach Radziechow. Der Start war für 9.00 Uhr am 26 Juni geplant.

General Karpezos XV. Grenadiere, die seit dem 23. Juni große Verluste erlitten hatten, sollten sehr schwieriges Gelände – ein von fünf Flüssen durchzogenes Marschland – überqueren. Am Morgen des geplanten Angriffs hatte er nur eine Division bereit. Rechts waren die VIII. Grenadiere von Umam anmarschiert und wurden bei Brody formiert; die 12. Panzerdivision (Teil des VIII. Panzergrenadierkorps) hatte nur 60 Panzer zur Verfügung, die 34. nur 150. Um das XV. zu verstärken, sollte General Wlasow die 8. Panzerdivision von seinem IV. Panzergrenadierkorps abgeben. Eine weitere Division wurde als vermisst gemeldet, nachdem ihr Kommissar den befehlenden Offizier überstimmt hatte.

VERWIRRENDE GESCHEHNISSE

Die viertägige Panzerschlacht verlief sehr verwirrend. General Karpezos verfügbare Division traf die Südflanke des XLVIII. Panzerkorps bei Radziechow. In der Nacht vom 26. auf den 27. Juni befahl Kirponos den VIII. Grenadieren, sich

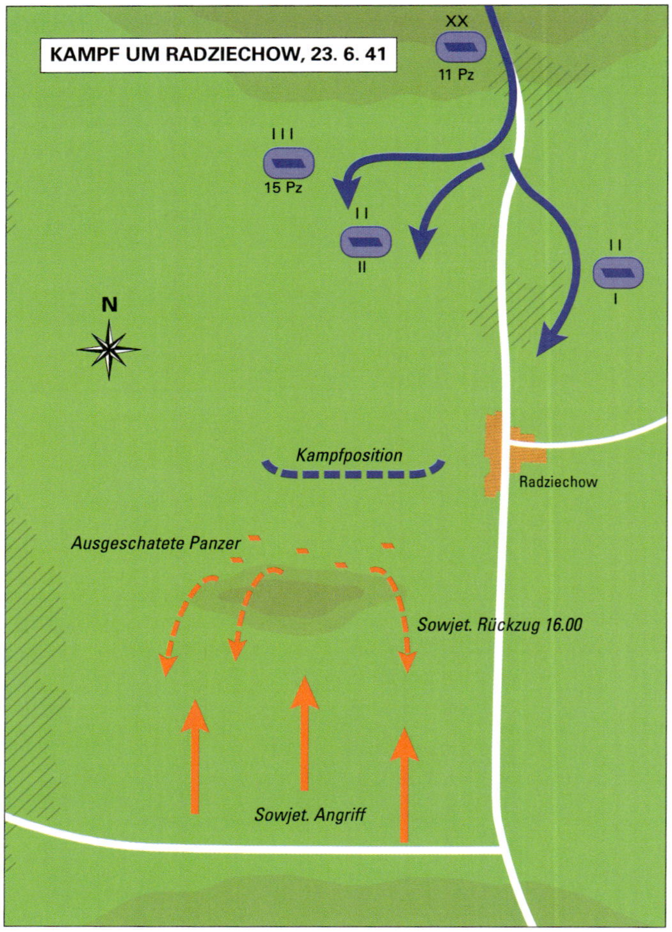

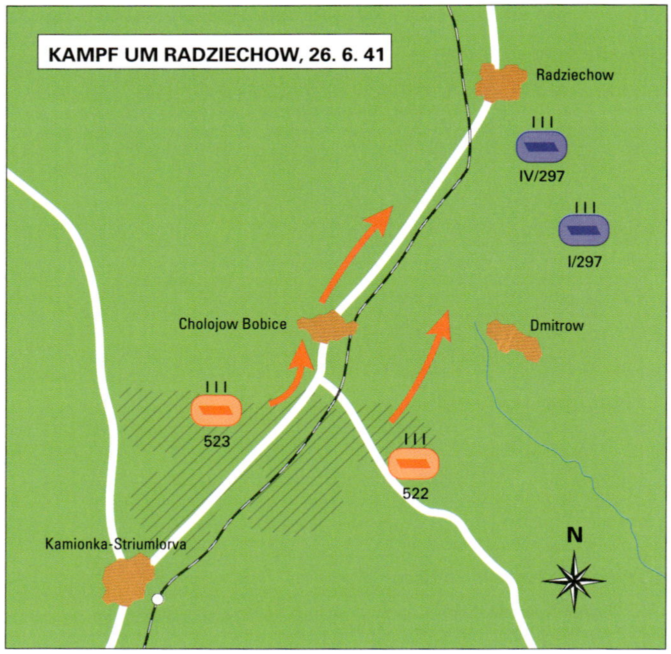

Links und oben: Der von General Kirponos befohlene Panzerangriff bei Radziechow war schlecht koordiniert und traf die Heeresgruppe Süd daher nicht mit der geplanten Wucht. Sowjetische Taktiker hätten den Kampf als „Treffpunktschlacht" bezeichnet, bei der die mobilen Streitkräfte gleichzeitig auf dem Schlachtfeld eintreffen. Die Deutschen, denen ihre guten Verbindungen und gutes taktisches Training zugute kamen, waren überrascht, dass sie den Angriff der Sowjets abwehrten.

nach Verba und Dubno durchzukämpfen, während das XV. Panzergrenadierkorps nach Berestecko vorrückte. Wie seine Panzereinheiten wurde auch Karpezo Opfer der Luftwaffe und übergab an seinen Stellvertreter, Oberst Jermolajew, als sein Stab außer Gefecht gesetzt wurde. Ryabyschew, dessen Einheiten noch immer verstreut waren, beschloss, aus der 34. Panzerdivision, einem Panzerregiment und einem Kraftradregiment eine „Mobile Gruppe" unter dem Kommando von Brigadegeneral Kommissar N. K. Popiel zu bilden. Diese Truppe eroberte Dubno zurück – in Wirklichkeit war die 11. Panzerdivision durch die Stadt gerollt und ihre unterstützende Infanterie war nicht nachgerückt, um die Eroberung zu festigen, also lag die Stadt im Vakuum.

Entscheidend war die Rolle der Luftwaffe, die die sowjetischen Panzerkolonnen abfing, bevor sie das Kampfgebiet erreichten. Popiels Mobile Gruppe wurde etwas später eingekesselt, doch am 2. Juli beschloss er auszubrechen und erreichte schließlich im August die sowjetischen Linien.

Mit der 11. Panzerdivision war Arthur Grimm bei Radziechow unterwegs, ein Fotojournalist von der internationalen Propagandaillustrierten *Signal*. Er fing gegen 5.20 Uhr die Situation ein, als SdKfz-251-Halbkettenfahrzeuge über die Steppe tuckerten und die Panzer das Feuer auf ihre weit entfernten Ziele eröffneten. Er schloss seinen Bericht mit den Worten: „Die Sowjets verließen nach elfstündigem Duell das Schlachtfeld. Mehr als 40 sowjetische Panzer waren zerstört. Die Verfolgung dauert an. Nur fünf unserer Panzer wurden kampfunfähig."

Curzio Malaparte beschrieb deutsche Soldaten, die ein KV-I-Wrack untersuchten: „Sie wirkten wie Experten, die eine Vor-Ort-Untersuchung eines Unfalls vornehmen. Am meisten interessiert sie die Qualität des feindlichen Geräts und die Art und Weise seines Einsatzes im Feld … Sie schütteln die Köpfe und murmeln ‚Ja, ja, aber …' Dieses ‚Aber' enthält das ganze Geheimnis des deutschen Erfolges."

Eine Nachkriegsanalyse sowjetischer Historiker führte das Versagen in diesem Kampf auf mangelnde oder nicht vorhandene Kommunikation zwischen Panzern und höheren

Rechts: Ein deutscher Oberfeldwebel betrachtet einen beschädigten sowjetischen Panzer. Technisches Wissen über die Ausrüstung des Feindes zu sammeln, war eine wichtige, aber auch grausige Aufgabe, da sich die Überreste der Besatzung oft noch im Inneren eines Flugzeug- oder Fahrzeugwracks befanden.

Einheiten zurück. Viele Panzer hatten keinen Funk und verwendeten bunte Flaggensignale. Die Panzer von Truppen- oder Schwadronkommandeuren verfügten über Funk; da die Antenne ein gut sichtbares Gebilde rund um den Turm war, waren sie leicht erkennbar und wurden oft zum ersten Ziel.

Am 29. Juni gab Kirponos eine Sonderdirektive zu operativen Mängeln heraus, die die Sicherheit der Flanken, die korrekte Organisation der Aufklärung, den Einsatz des Funks und die Koordination von Infanterie und Artillerie behandelte. Die Instruktionen waren vernünftig und verständlich, doch sie konnten den akuten Mangel an Ausrüstung und Reserven nicht wettmachen. Die XV. Grenadiere verfügten über zwei statt acht Funkeinheiten, die XXII. Grenadiere hatten in den ersten acht Tagen 119 Panzer verloren, doch 58 davon waren von der eigenen Mannschaft gesprengt worden, weil geringe Schäden nicht repariert werden konnten.

Die 11. Panzerdivision war bereits bis Ostrow vorgerückt und bedrohte die große sowjetische Versorgungsbasis in Schepetiwka. General M. F. Lukin, Kommandeur der 16. Armee, wartete dort auf seine Truppen, die sich anschließend mit der Westfront (der frühere Sondermilitärdistrikt Kiew) vereinigen sollten. Da das zivile Telefonnetz außer Betrieb war, wurde Lukin mit Kirponos' Stab via Eisenbahntelefonsystem verbunden und sprach mit Kirponos' Stellvertreter,

GENERALLEUTNANT ANDREJ WLASSOW

Wlassow wurde am 1. September 1890 bei Nischni Nowgorod geboren und trat 1919 in die Rote Armee ein. Als Deutschland in der UdSSR einfiel, war er General und befehligte das IV. Panzergrenadierkorps. Bei der Verteidigung von Kiew im September 1941 war er stellvertretender Kommandeur der 37. Armee, im Dezember 1941 erfolgreich an der Verteidigung Moskaus beteiligt. Als er die 2. Stoßarmee an der Wolchow-Front befehligte, wurde er im März 1942 eingekesselt und am 11. Juli gefangen genommen. Aus Enttäuschung über Stalins Herrschaft schloss er sich dem *Smolensker Komitee* an, einer antistalinistischen Gruppe sowjetischer Offiziere und Politiker, die hinter den Linien Flugblätter abwarf, in denen sowjetische Soldaten zum Desertieren aufgefordert wurden. Er wollte eine militärische Truppe gegen die Sowjetunion aufstellen. Die Deutschen benützten ihn für ihre Propaganda, doch erst gegen Kriegsende übergab man ihm das Kommando über die Wlassow-Armee – zwei Divisionen in deutschen Uniformen mit charakteristischem Schildabzeichen am Arm und erbeuteten sowjetischen Waffen. Bei Kriegsende von den Briten gefangen genommen, wurde er an die UdSSR ausgeliefert, wegen Hochverrats angeklagt und am 2. August 1946 hingerichtet.

Generalleutnant Jakowlew, der ihm befahl, Schepetiwka zu halten, weil die Front sonst keine Munition hätte.

Nun folgte ein Albtraum an Bürokratie. Als sich die Versorgungsstelle weigerte, ohne die korrekten Formulare Munition herauszugeben, griff Lukin ein. An die 250 LKWs, die ungenutzt zur Verfügung des Bezirksmilitärkommissariats herumstanden, wurden eingesetzt, um die Munition zu befördern, während Zivilisten die Züge bestiegen. Dann bildete Lukin aus Teilen der 213. und 109. Schützendivision sowie dem XIX. Panzergrenadierkorps die „Gruppe Lukin". Die Kommunikation wurde über das Bahnsystem abgewickelt. In der temporären Gruppierung herrschte beispielhafte Führung – die gesamte Kompanie, zwei Drittel des Bataillons und fünf Regimentskommandanten fielen. Die „Gruppe Lukin" wurde schließlich vom VII. Schützenkorps entsetzt.

Links: Wie die Sieger eines Reitbewerbes steigt die Besatzung eines Panzer III ab, um ein 57-mm-Panzerabwehrgeschütz Modell 1941 zu inspizieren, mit dem sie sich heftige Gefechte geliefert hatte. Die Deutschen waren von dem Geschütz beeindruckt und setzten erbeutete Stücke ein.

Oben: Panzergrenadiere klettern durch die Doppeltür am Heck ihres SdKfz 251-Halbkettenfahrzeugs. Dort ist auch ein MG34 zur lokalen Abwehr und zum Schutz vor Luftangriffen montiert. Panzergrenadiere und Panzer bildeten effektive Teams.

BEFREIUNG VON LEMBERG

Am 30. Juni nahmen die Deutschen Lemberg ein, wo sie entdeckten, dass der NKWD 4.000 politische Gefangene und ukrainische Intellektuelle im Brygidsky- und im früheren Samastinow-Militärgefängnis ermordet hatten; Ersteres setzten sie danach in Brand, damit die Gefangenen nicht freikamen. Diese Tat war zweifellos der Atmosphäre von Verdächtigung, Chaos, Trunkenheit und Plünderei in der Stadt zuzuschreiben. Lemberg hatte nicht nur Luftangriffe erlebt, sondern auch Sabotageakte ukrainischer Nationalisten, die von den Deutschen organisiert wurden. Die gewalttätig-ängstliche Stimmung war kurz vor dem Eintreffen der Panzer durch Sprüche der nicht-russischen Bevölkerung angefacht worden, wie „Die Deutschen werden dich holen". In der Ukraine hatten Admiral Canaris und die Abwehr aus einer *Bergbauernhilfe* genannten ukrainischen nationalistischen Organisation separatistische Gruppierungen gebildet. Sie sabotierten Eisenbahn- und Telefonverbindungen, sprengten Treibstoff- und Munitionsdepots und versuchten sich in lokalen Aufständen, die immer wieder von der Roten Armee und dem NKWD brutal niedergeschlagen wurden.

> Obwohl die Panzer keine Infanterie sahen, waren sowjetische Soldaten in den Kornfeldern versteckt. Auch die Deutschen, die sie heraustreiben sollten, waren unsichtbar. Und dann begann das schreckliche Werk, man kämpfte Mann gegen Mann in der ersten Morgendämmerung. Die Felder waren voller Schützen. Um jeden Meter Boden wurde gekämpft. Die Sowjets gaben nicht auf. Sogar Handgranaten konnten sie nicht aus ihren Verstecken bringen.
>
> *Arthur Grimm*
> *Propagandakorrespondent, 11. Panzerdivision*

Nachdem die Deutschen die Stadt erobert hatten, riefen sie die Bevölkerung via Radio auf, zu den Gefängnissen zu kommen und die Leichen zu identifizieren. Maria Seniwa, deren Ehemann vom NKWD eingesperrt worden war, betrat einen Hof voller Leichen. „Ich wollte einen Toten ansehen, er war mit einem Tuch zugedeckt. Ich hob das Tuch an und da war er, ich hatte ihn gefunden, doch sein Gesicht war ganz schwarz. Er hatte keine Augen, da war nichts, und keine Nase." Deutsche Soldaten, die die Leichen in Lemberg gesehen und gerochen hatten, waren von der Brutalität entsetzt; in einem SD-Bericht aus der zweiten Juliwoche stand, dass Lemberg „tiefen Abscheu ausgelöst hatte. Viele fragten sich, welches Schicksal unsere eigenen Soldaten erwartete, wenn sie gefangen genommen würden, und was wir selbst mit den Bolschewiken tun sollten, ‚die keine Menschen mehr waren'." Nazi-Propagandateams nutzten die Morde aus und veröffentlichten Fotos der Opfer unter dem Titel „Jüdische Morde".

ANTIJÜDISCHE MASSNAHMEN

Die NKWD-Morde waren nicht die erste und auch nicht die letzte Bluttat, die in der kulturell gespaltenen Stadt Lemberg stattfand. Die im 13. Jahrhundert in Ostgalizien gegründete Stadt stand von 1772 bis 1918 unter der Herrschaft Österreichs, dann Polens (als „Lwow") bis zur Annexion durch das sowjetische Russland Ende September 1939; im Juni 1941 eroberte Deutschland die Stadt, und nach dessen Niederlage fiel sie 1945 wieder an die Sowjetunion.

Vor dem Zweiten Weltkrieg hatte Lemberg die drittgrößte jüdische Gemeinde Polens. Die Stadt war als Kultur- und Industriezentrum bekannt und besaß eine lebendige jüdische

In wie vielen Feldern und Wäldern und Gräben starben deutsche Soldaten, während sie auf Hilfe warteten, die nie eintraf – oder zu spät? Sicherlich hatte ich gedacht, dass die Wehrmacht bessere Vorkehrungen für diese höllische Mischung aus Verwirrung, Schrecken und Verzweiflung getroffen hätte, die der unerbittliche Vormarsch unserer Sturmtruppen hinterließ.

Die Organisation der kämpfenden Truppen und ihrer Ausrüstung schien mit beachtenswerter Präzision betrieben worden zu sein, doch anscheinend herrschte eine kriminelle Ignoranz bezüglich der Bedürfnisse jenseits der Fronttruppen. Natürlich wäre es besser gewesen, langsamer vorzurücken, wenn uns das Zeit gegeben hätte, die Verwundeten zu versorgen und die Toten zu begraben.

Leutnant Heinrich Happe
Medizinischer Offizier, Infanterieregiment 18

Unten: Ein sowjetisches Fahrzeug brennt nach der Begegnung mit einer deutschen Pak 35/36. Diese kleinen Panzerabwehrkanonen konnten schnell gegen einen sowjetischen Panzerangriff in Stellung gebracht werden, waren gegen die besser gepanzerten KV-1 und T-34 aber machtlos.

Oben: Mit einem gelben Stern an der Kleidung geht eine ukrainische jüdische Bauernfamilie vermutlich 1942 ihrem ungewissen Schicksal entgegen. Viele Juden, denen man gesagt hatte, sie würden umgesiedelt, wurden von Einsatzgruppen außerhalb von Städten und Dörfern getötet.

Kulturszene. Nach dem Einmarsch der Deutschen in Polen am 1. September 1939 und der Annexion Lembergs durch die UdSSR drei Wochen später fand rund 1 Million Juden aus dem von den Nazis besetzten Polen in Lemberg Zuflucht. Im folgenden Jahr verschickten die sowjetischen Behörden viele davon in entlegene Regionen der Sowjetunion.

Nach dem Juni 1941 wurden sofort extrem harte antijüdische Maßnahmen eingeführt. Den Sommer über gab es in den später so genannten „Petlura-Tagen" eine Serie von Massakern an den Juden von Lemberg, die von Deutschen und Ukrainern begangen wurden. Die Pogrome waren symbolisch nach dem früheren ukrainischen Premierminister benannt worden, der 15 Jahre zuvor in Paris von einem Juden ermordet worden war.

Links: Ein sowjetischer Patrouillenkommandeur mit einer PPD-1940 observiert eine feindliche Position. Die Soldaten hinter ihm haben automatische SVT-40-Gewehre. Die Deutschen waren von diesen Waffen, die in Schnee und Schlamm verlässlich funktionierten, tief beeindruckt.

Die Unzufriedenheit der Ukrainer mit Moskau und Stalins Sowjetunion ging auf die 1930er-Jahre zurück, als die Bauern im Rahmen der Kollektivierung ihr Land und ihr Vieh verloren. Die deutsche Verwaltung der besetzten Ukraine behielt die landwirtschaftlichen Kollektive bei, nannte sie jedoch „Kooperationen". 1933 litt die Ukraine unter einer künstlichen Hungersnot, die von Lazar Kaganovitsch verursacht wurde, indem er Stalins Befehle buchstabengetreu befolgte. Damals verhungerten rund 7 Millionen Ukrainer.

In den späten 30er-Jahren wurden tausende Ukrainer, deren Patriotismus vom NKWD angezweifelt wurde, eingesperrt. Darunter waren Intellektuelle, Autoren, Künstler und sogar Musiker. Diese Periode der Unterdrückung von Autoren, Dichtern und Dramatikern wurde später *Rozstrilaniy vidrodzhennia* („Exekutierte Renaissance") genannt. Beide ukrainischen Kirchen, die orthodoxe und die katholische, wurden verboten, nur die russisch-orthodoxe Kirche durfte in der Region wirken; unter deutscher Herrschaft durften sie wieder praktizieren. Die sowjetische Schreckensherrschaft in den 30ern brachte viele Ukrainer zu der Ansicht, dass es nichts Schlimmeres als kommunistische russische Sklaverei gab; daher sahen sie die Heeresgruppe Süd als Befreier. Nach der Einnahme von Lemberg riefen Jaroslaw Stetsko und der neue Flügel der ukrainischen Nationalisten unter der Führung von Stepan Bandera in der Stadt einen unabhängigen ukrainischen Staat aus. Er war sehr kurzlebig, da die Ukrainer in der Stetsko-Regierung am 12. Juli verhaftet wurden und Bandera, Stetsko und andere in das Konzentrationslager Sachsenhausen in Deutschland deportiert wurden.

Das unter der pro-deutschen Führung des autoritären Admirals Miklós Horthy stehende Ungarn erklärte der Sowjetunion am 27. Juni den Krieg. Ungarische Truppen wurden am 3. Juli unter von Rundstedts Kommando gestellt. Sie sollten unter General Ferenc Szombathelyi als mobile Truppe wirken, waren aber nur teilweise motorisiert – sie umfassten zwei motorisierte Brigaden, eine Kavalleriebrigade und zehn alpine Bataillone, von denen sechs mit Fahrrädern bestückt waren. Der winzige italienische Marionettenstaat Albanien erklärte der UdSSR am 28. Juni den Krieg.

Die ständigen aufreibenden Märsche und die mehrere Tage andauernden Kämpfe hatten die Panzerbesatzungen aufs Äußerste belastet. Seit Kriegsbeginn hatten weder Offiziere noch Mannschaft eine einzige Stunde freigehabt und selten erhielten sie warme Mahlzeiten. Unsere Körperkraft schwand dahin. Wir brauchten unbedingt Pause.

Stephan Matysh
32. sowjetische Panzerdivision

Unten: Deutsche Offiziere inspizieren einen verlassenen, im Moor eingesunkenen KV-2. Der KV-2 war mit einer mächtigen 152-mm-Haubitze bewaffnet, doch durch den großen Turm wurde der Panzer instabil; die Produktion wurde nach dem Juni 1941 eingestellt.

Rechts: Ein sowjetischer Gefangener lächelt dem deutschen Fotografen hoffnungsvoll zu. Nur wenige überlebten die vier Jahre Gefangenschaft und jene, die überlebten und von der Roten Armee befreit wurden, wurden von Moskau als Kollaborateure behandelt.

STAWKA

Bei ihrem Kriegseintritt 1941 hatte die Sowjetunion de facto keinen Oberkommandierenden, da diese Position im Rahmen der Reformen in den 1920er-Jahren abgeschafft worden war. Der höchste militärische Rang war der Volkskommissar für die Verteidigung, bekleidet von Kliment Woroschilow. Durch die Reorganisation in den 30ern und die Einführung einer schwerfälligen Bürokratie (darunter das Verteidigungskommissariat, den Verteidigungskommissar und der Militärsowjet *Woennij Sowjet*) war die Armee noch weniger effizient geworden. 1938 bekam die Armee den *Glawnij Woennij Sowjet RKKA* (Hauptmilitärsowjet), die Marine erhielt etwas Ähnliches. Außerdem gab es ein *Komitet Oboroni* (Verteidigungskomitee), obwohl dessen Rolle unklar war und es keine Kommandofunktionen hatte.

Am Montag, dem 23. Juni, gründeten Stalin und das *Sovnarkom* das *Stawka Glawnowo Komandowanija* (Oberkommando), das bald als *Stawka* bekannt wurde. Dies war sowohl eine Institution als auch ein Ort. Als Institution umfasste sie Marschalle der Sowjetunion, den Generalstabschef, die Oberbefehlshaber von Marine und Luftwaffe und, als der Krieg andauerte, auch die aller anderen Streitkräfte. *Stawka* war auch ein Kommandozentrum im Kreml mit eigener Krisenzentrale und komplizierten Kommunikationsverbindungen.

In den ersten zwei Kriegsmonaten installierte sich Stalin selbst als Oberbefehlshaber und so setzen das *Stawka* und Stalin gemeinsam die strategischen Kriegsziele fest. Manche waren im Anfangschaos unerreichbar, doch Anfang 1943 hatte man das Gesamtbild an der Ostfront recht gut im Griff. Admiral Kusnezow, der Oberbefehlshaber der sowjetischen Marine, erinnerte sich, dass sich Stalin den Weg nach oben „in ganz kleinen Schritten" erarbeitet hatte, doch am 8. August wurde er Oberbefehlshaber über die sowjetischen Streitkräfte.

An diesem Tag erreichte die 13. Panzerdivision das Gebiet von Rowno, hatte jedoch nicht genügend Infanterieunterstützung, um weiter vorzurücken, da die Infanteriedivisionen nach Süden geschwenkt waren, um bei Dubno zu helfen. Das sowjetische Kommando verstärkte seine Stellungen bei Lutsk und zog Teile des IX. und XXII. Panzergrenadierkorps aus der Region Dubno zurück; daher konnte es nördlich und südöstlich von Lutsk eine relativ starke Verteidigungslinie aufbauen, die bis nördlich von Rowno reichte. Die 5. Armee verstärkte diese Linie und bedrohte so die Heeresgruppe Süd. Daher wurde die Hauptangriffsachse der Heeresgruppe Mitte nach Süden auf Kiew verlegt, weg von Smolensk.

VERZÖGERUNGEN IN RUMÄNIEN

Weit im Süden, an der rumänisch-sowjetischen Grenze, wo die 11. Armee unter Generaloberst Ritter von Schobert in Stellung lag, passierte im Morgengrauen des 22. Juni gar nichts. Es gab ein wenig Patrouillenaktivität am Fluss Prut, was gefährlich war, da seine Ufer wenig Deckung boten und die Rote Luftwaffe Bombenangriffe flog. Das Infanterieregiment 30, Teil der 198. Infanteriedivision, führte am 22. Juni starke Aufklärungsaktivitäten durch und besetzte das Dorf Sculeni am gegenüberliegenden Ufer des Prut.

Curzio Malaparte befand sich mit Generaloberst Ritter von Schobert in einem vorgeschobenen Kommandoposten, als er seine Panzereinheiten in der Nähe des Dnjepr in den Kampf ziehen sah: „General von Schobert lächelte. Über ihm schwebte bereits der Schatten des Todes – ein sehr heller Schatten, wie ein Spinnennetz: Und ohne Zweifel spürte er diesen Schatten auf seinen Augen … er sollte ein paar Tage später sterben, während er sein kleines Flugzeug, eine *Storch*, auf dem jüngst eroberten Flugplatz von Kiew landete; die Räder seiner *Storch* sollten im Gras der Landebahn eine Mine streifen und er würde in einem Strauß roter Blumen, in einer plötzlichen Explosion verschwinden und nur sein blaues Taschentuch mit den weiß gestickten Initialen würde unberührt ins Gras fallen … Am Dnjestr sagte er zu mir: ‚*Wir besiegen unsere Toten.*' Er meinte, dass die letzten Lorbeeren der deutschen Siege den Tod des deutschen Volkes bedeuten würden, dass die deutsche Nation und all ihre Siege nur den Tod als Lohn erhalten würden."

Aufgrund von operativen Verzögerungen weiter im Norden konnten größere Aktionen erst Anfang Juli stattfinden. Die 11. Armee sollte in die UdSSR eindringen und sich an den Grenzkämpfen um die Einkesselung beteiligen, die Teil eines größeren taktischen Plans waren. Heeresgruppe Süd hatte harte Kämpfe durchgemacht, doch am 16. Juli hatte Feldmarschall von Rundstedt mit Unterstützung der Rumänen, der Ungarn und der 11. Armee eine gewaltige Zahl sowjetischer Soldaten in einem großen Kessel bei Uman zwischen Kiew und und Odessa eingeschlossen. Erst am 8. August wurde er mit 100.000 Gefangenen zugezogen, doch wie bei Heeresgruppe Mitte war der Preis für diesen Sieg eine weitere Verzögerung im Zeitplan, der mit dem Einsetzen des

Winters begrenzt war. Nun schien der Vormarsch in die Ukraine über die offene Steppe voller Sonnenblumen, Sojabohnen und nicht abgeerntetem Getreide unaufhaltbar.

Doch der Sieg hatte seinen Preis. Bei Jahresende sollte die Zahl der Gefallenen und Verwundeten erschreckend hoch sein. Kirponos vermutete, dass die Verluste, die seine Streitkräfte der Panzergruppe 1 zugefügt hatten, einen Durchbruch im Zentrum und an der linken Flanke verhindert hatten. Die vielleicht größte Ehre erwies General Halder Kirponos, indem er ihm reuig attestierte, er hätte „gute Arbeit“ geleistet. Die sowjetischen Streitkräfte waren unter der Wucht des Blitzkriegs nicht zusammengebrochen, und obwohl sie schwere Verluste erlitten hatten, hatten sie auch welche zugefügt. Kirponos’ Truppen wurden nun von Lemberg abgezogen.

Am 29. Juni wurde in Moskau ein Verteidigungskomitee gebildet, darunter auch Stalin, Molotow, Woroschilow, Malenkow und Beria, das den Krieg schrecklich rücksichtslos betrieb. Am nächsten Tag gestattete das neu gegründete Stawka der Südwestfront und dem rechten Flügel der Südfront, sich an die alte polnisch-sowjetische Grenze zurückzuziehen. Dadurch wurde der von Kirponos zu deckende Frontabschnitt um 322 km reduziert; außerdem konnte er hinter die gut befestigte Stalinlinie zurückfallen. In bitterer Ironie wurde vieles von seiner guten Arbeit in den folgenden Wochen von Marschall Budjonny zunichte gemacht und die katastrophale Lage dann, nachdem dieser zu seiner Niederlage bei Kiew abgezogen war, wieder in Kirponos’ Hände gelegt.

DAS ENDE DES ANFANGS

Als der Sommer in den Herbst überging und der Blitzkrieg langsamer wurde, marschierten deutsche Soldaten endlosen Horizonten entgegen und ihre Kommandeure, die neue Kesselschlachten mit schwindenen Panzerformationen planten, wussten, dass der Krieg nicht 1941 vorüber sein würde. Der mit ihnen reisende Curzio Malaparte sah „den weißen Fleck der Angst, der in den dumpfen Augen deutscher Offiziere und Soldaten wuchs. Wenn Deutsche Angst bekommen,

Unten: Sowjetische Soldaten haben Zeit für einen Scherz, während sie sich in einem Bunker an der Stalinlinie in der Südukraine auf den erwarteten deutschen Vorstoß vorbereiten. Die Stalinlinie verlangsamte den Vormarsch der Heeresgruppe Süd, konnte ihn aber nicht stoppen.

wenn die mysteriöse deutsche Angst in ihre Knochen kriecht, befällt sie stets ein besonderes Entsetzen und Leid. Ihr Aussehen ist miserabel, ihre Grausamkeit traurig, ihr Mut still und hoffnungslos. In einer solchen Lage werden Deutsche gemein … Sie begannen, Gefangene zu töten, weil sie Blasen an den Füßen hatten und nicht mehr so schnell gehen konnten. Sie setzten Dörfer in Brand, weil sie die verlangte Menge an Weizen und Mehl, Mais und Gerste, Pferden und Rindern nicht an die requirierenden Züge liefern konnten. Wenn nur noch ein paar Juden übrig waren, fingen sie an, die Bauern zu hängen. Sie hängten sie am Hals oder an den Füßen an die Äste der Bäume in den kleinen Dörfern … Seite an Seite mit den regendurchtränkten Leichen der Juden, die dort schon seit Tagen baumelten."

Links: Infanteristen betrachten neidisch das deutsche Armeepferd, während sie aus einem Trog Wasser aus einem Dorfbrunnen trinken. Durch den Staub, der die Soldaten bedeckte, sahen viele Männer aus wie „Statuen aus weißem Marmor" (Curzio Malaparte).

Unten: Eine russische Bäuerin weint, als ihr Hof in Flammen aufgeht. Manche Gebäude fingen durch Artilleriebeschuss Feuer, manche durch Leuchtspurgeschosse, doch einige wurden rücksichtslos von Sowjettruppen in Brand gesetzt, damit sie nicht dem Feind nützten.

ITALIENISCHER BEOBACHTER

Curzio Malaparte, der 1898 als Erich Suckert in Prato bei Florenz als Sohn eines deutschen Vaters und einer italienischen Mutter geboren wurde, kannte den Krieg. Im Alter von 16 hatte er sich zu Peppino Garibaldis Freiwilligenlegion gemeldet und bis Mai 1915 in Frankreich gekämpft. 1918 war er an der französischen Front Senfgas ausgesetzt, was 1957 zu seinem Lungenkrebstod führte.

Vor dem Zweiten Weltkrieg schloss sich Malaparte den italienischen Faschisten an. Obwohl er in seinen Berichten für die Zeitung *Corriere della Sera* manchmal die faschistischen und nazistischen Behörden kritisierte, erhielt er das Exklusivrecht, sich den in die UdSSR vorrückenden deutschen Truppen anzuschließen und täglich darüber zu berichten. Seine gesammelte Korrespondenz aus Frankreich 1940/41 wurde unter dem Titel *Il sole è cieco* (1947) publiziert, die von der Ostfront 1941/42 als *Il Volga nasce in Europa* (1943). Literatur und Politik faszinierten ihn und als angesehener Autor hatte er im 2. Weltkrieg zahlreiche Kontakte. Gegen Kriegsende diente er als italienischer Verbindungsoffizier beim Alliierten Kommando.

KAPITEL ACHT

TOD IM SCHNEE

Der Blitzkrieg verlor an Schwung, als die Heeresgruppe Mitte unmittelbar vor Moskau stand. Zur gleichen Zeit setzte der Winter mit solcher Intensität ein, dass Menschen und Tiere erfroren, Waffen und Maschinen ausfielen, weil Schmiermittel zäh wurden und Buna-Kautschuk spröde wie Holz wurde. Zu diesem Zeitpunkt startete die Rote Armee eine entscheidende Gegenoffensive und drängte die Angreifer von der Hauptstadt zurück.

Einen Monat nach Beginn des Feldzuges erließ der Führer in seinem Hauptquartier namens Wolfsschanze bei Rastenburg in Ostpreußen die Direktive 33, mit der er sich, wie in letzter Zeit immer häufiger, in militärische Operationen einmischte. Darin wurden Leningrad und die Ukraine zu den neuen Angriffsschwerpunkten erklärt. Falls das OKW hierzu Zweifel anmeldete, stellte er es mit dem Hinweis ruhig, dass es nichts von Wirtschaft verstünde, denn Kohle, Weizen und Industrie im Donbecken und in der Ukraine wären die Ziele im Süden. Für diese Ziele musste die Heeresgruppe Mitte ihre Panzer an die Heeresgruppen Nord und Süd übergeben.

Der Luftwaffe wurde befohlen, sich auf Angriffsziele in Moskau zu konzentrieren. Der erste Angriff der Luftflotte II unter Generalfeldmarschall Albert Kesselring erfolgte am 22. Juli mit 127 Flugzeugen. Im Jahresverlauf folgten weitere 75 Angriffe, von denen 59 mit weniger als 60 Maschinen durchgeführt wurden.

Links: Die Schützen eines sowjetischen leichten 7,62-mm-Maschinengewehrs nehmen ein weit entferntes Ziel unter Feuer. Normalerweise würde sich eine MG-Mannschaft niemals in einer Fensteröffnung einnisten, wo das Mündungsfeuer sie sofort verraten würde.

> **Es ist kaum übertrieben zu sagen, dass der Feldzug gegen Russland in 14 Tagen gewonnen wurde.**
>
> *General Franz Halder*
> *Tagebuch, 3 Juli 1941*

Am 3. Juli ordnete Stalin via Rundfunk die Politik der „verbrannten Erde“ an. Diese skrupellose, erstmals im russisch-japanischen Krieg angewandte Taktik nahm auf die Zivilbevölkerung keine Rücksicht. Es war eine militärisch vernünftige Anordnung, die das Leid der Zivilisten in der Ukraine und Weißrussland grausam steigerte. Stalin sagte: „Wenn sich die Einheiten der Roten Armee zurückziehen müssen, muss alles bewegliche Inventar mitgenommen werden; für den Feind darf keine Maschine, kein Eisenbahnwagen, kein Pfund Getreide, kein Liter Benzin zurückbleiben ... In den besetzten Gebieten müssen die Bedingungen für den Feind und seine Komplizen unerträglich werden. Sie müssen gejagt und vernichtet und alle ihre Schritte vereitelt werden.“

SMOLENSK KAPITULIERT

Der Kessel von Smolensk kapitulierte am 5. August: 310.000 Russen zogen in Gefangenschaft. Doch Hitler änderte knapp einen Monat nach diesem Sieg wieder seine Meinung und erhob Moskau abermals zum Hauptangriffsziel. Die Heeresgruppen Nord und Süd mussten die ihnen geliehenen Panzer sowie die eigenen zurückgeben. Im Süden war dies leichter

Links: Herbst 1941 – Deutsche Infanterie ruht sich in der Sonne aus, während Stukas und Artillerie eine sowjetische Stellung bombardieren. Mangels Bedrohung aus der Luft oder durch Artillerie sind die Soldaten weder verschanzt noch getarnt, sondern lagern sogar dicht gedrängt.

Rechts: Monat für Monat rollten die Heeresgruppen Nord, Mitte und Süd ostwärts. Je tiefer sie jedoch in die UDSSR vorstießen, desto länger wurden ihre Nachschubwege und umso länger die Front; die Versorgung mit Treibstoff, Verpflegung und Munition wurde unregelmäßig.

FRONTVERLAUF, 4. SEPT. 1941
Deutsche Front, 22. Juni 1941
Front, 29. Juni 1941
Front, 4. September 1941
Sowjetische Kessel
N
Ostsee
ESTLAND
LETTL.
LIT.
OSTPREUSSEN
POLEN
TSCHECHOSLOWAKEI
UNGARN
RUMÄNIEN
Leningrad
Tallin
Tartu
Riga
Nowgorod
Ostrow
Memel
Kaunas
Vilnius
Königsberg
Grodno
Bialystok
Minsk
Orscha
Smolensk
Magiljou
Düna
Rschew
Moskau
Tula
Warschau
Brest
Pinsk
Babruisk
Pripjet-sümpfe
Gomel
Brjansk
Orel
Kursk
Chernkow
Korosten
Kiew
Lemberg
Charkow
Tscherkassi
Uman
Donetz
Dnjepropetrowsk
Dnjestr
Dnjepr
Odessa
Melitopol
XXXXX NORD
XXXXX MITTE
XXXXX SÜD
XXXXX SÜD
XXXXX LENINGRAD
XXXXX NORDWEST
XXXXX WEST
XXXXX BRJANSK
XXXXX SÜDWEST
XXXXX SÜD

Oben: Der Mozjayskoye-Shosse-*Boulevard in Moskau ist auf den Straßenkampf im Oktober 1941 vorbereitet. Die Bevölkerung errichtete Verteidigungsanlagen um und in der Stadt. Links von den Barrikaden ließ man einen schmalen Weg durch die Igelstellungen für Fahrzeuge offen.*

anzuordnen als durchzuführen, weil die Heeresgruppe Süd ihren Gegner in einem riesigen Kessel eingeschlossen hatte und dabei war, diesen zu verengen. Es war ein größerer Sieg auf Kosten des Vormarsches nach Moskau, da der Sowjetarmee und den Zivilisten Zeit blieb, Abwehrstellungen um die Hauptstadt herum aufzubauen. Diese Befestigungen wurden in erster Linie von Frauen und Kindern errichtet, weil alle körperlich tauglichen Männer eingezogen worden waren.

Im Laufe des November bauten sie 1.428 Artillerie- und Maschinengewehrstellungen auf, gruben 160 km Panzergräben aus und verlegten 112 km dreifachen Stacheldraht zur Außenverteidigung der Stadt.

Hitler hat den Umfang der Operationen in Russland nie ganz begriffen. Im Westen und in Polen hatte man gesiegt, weil die Straßen gut und die Entfernungen klein waren. Die Deutschen hatten von vollen und gut erreichbaren Lagern aus angegriffen und so schnell agiert, dass Hitler kaum Einfluss nehmen konnte. Hätte er von Anfang an Moskau zum Hauptangriffsziel gemacht, wären die beiden Panzergruppen an der Moskauer Fernstraße, der einzigen befestigten Straße außerhalb der Städte, auf dieser bis in die Stadt gerollt. Vielleicht hätte man um Moskau genauso gekämpft wie um Stalingrad ein Jahr später; sein Verlust wäre ein schwerer Schlag für die Moral der Sowjets gewesen. Außerdem wäre die Nord-Süd-Eisenbahnverbindung unterbrochen gewesen.

SCHLAMM UND SCHNEE

Der Herbstregen setzte am 27. September ein. Wie die deutschen Planer erwartet hatten, verwandelten sich die staubigen Straßen in Morastwege, auf denen sich Bewegungen stark verzögerten. Drei Tage später wurde die Operation Taifun mit dem Ziel Moskau gestartet. Die 2. Panzerarmee sowie die Panzergruppen 3 und 4 standen drei sowjetischen Fronten gegenüber. General Iwan Konew hielt mit sieben Armeen die Westfront, General Andrej Eremenko mit drei

Armeen die Brjansk-Linie und dahinter Marschall Budjonny, Stalins alter Gefährte aus dem Bürgerkrieg, der die Reserve von fünf Armeen befehligte. Die größte Bedrohung ging aber von „General Winter" aus, dem strengen russischen Winter, der sich nach dem Regen ankündigte. Auf den schlechten Straßen brach der Nachschub zusammen; Verpflegung, Treibstoff und Munition kamen nur unregelmäßig an.

Bei Brjansk schnitt die 2. Panzerarmee unter Guderian blitzschnell russische Einheiten ab und kesselte sie ein, während im Norden die 9. Armee unter General Strauss und die 4. Armee unter Generalfeldmarschall von Kluge eine andere Gruppe beim Eisenbahnknoten Wjasma abschnitt. Brjansk und die Brücke über die Desna wurden in einer raschen Aktion der 17. Panzerdivision unter General von Arnim erobert.

Die Stadt war voller Soldaten, schwerer Artillerie und NKWD-Einheiten; 100.000 Molotowcocktails lagen bereit. Mit der Stadt bekamen die Deutschen einen der wichtigsten Bahnknotenpunkte des europäischen Russland in die Hand. Die deutschen Einheiten arbeiteten sich auf Moskau vor, wo-

DER GROSSE PATRIOTISCHE KRIEG

In seiner Rundfunkansprache am 3.Juli sprach Stalin seine Hörer nicht als Kommunisten, sondern als Russen und Patrioten an: „Der Krieg, den ihr führt, ist ein Befreiungskrieg, ein gerechter Krieg. Lasst euch in diesem Krieg von unseren großen Vorfahren Alexander Newski, Dimitri Donskoi, Mini und Poscharski, Alexander Suworow und Michail Kututsow inspirieren! Möge euch Lenins siegreiches Banner segnen! Tod den deutschen Invasoren! Lang lebe unser ruhmreiches Land, seine Freiheit und Unabhängigkeit! Unter Lenins Fahne vorwärts zum Sieg!"

Unten: Frauen und ältere Männer sind bei Kiew zwangsverpflichtet, einen Panzergraben auszuheben. Ein solcher war für gewöhnlich V-förmig, damit sich die Nase des Panzers beim Hineinfahren festfahren sollte. Beide Seiten setzten für Arbeiten dieser Art Zivilisten ein.

Links: Ein patriotisches Plakat animiert die Moskauer Bevölkerung zur Verteidigung ihrer Stadt. Vor den Türmen des Kreml stehen ein Soldat, ein Milizionär, ein Seemann und eine Frau, die die Bevölkerung schützen und ihre Gewehre auf den Feind richten.

bei sie der russischen Armee weitere schwere Niederlagen bereiteten. Am 3. Oktober prahlte Hitler in Berlin, Russland sei vernichtet und würde sich nicht mehr erheben.

SCHUKOW WIRD ERNANNT

Am 10. Oktober übernahm Marschall Schukow den Oberbefehl über die Westfront und damit die Verteidigung Moskaus. Der 280 km lange Abschnitt wurde von acht Armeen verteidigt; das Zentrum lag bei Moschalsk, 100 km westlich von Moskau. Vier Tage später kapitulierte Brjansk, und obwohl viele noch durchbrechen konnten, mussten rund 50.000 Gefangene den Marsch in den Westen antreten.

Wie ein militärischer Dilettant änderte Hitler wiederum seine Meinung. Moskau sollte nicht direkt, sondern mit einem Umfassungsangriff erobert werden. Mitte Oktober verbreitete sich Angst in der Stadt; obwohl Stalin blieb, verlegte man Ministerien und ausländische Botschaften nach Kujbischew östlich der Wolga. Der britische und der US-Heeresattaché waren überzeugt, Moskau würde fallen. Der Ausnahmezustand wurde verhängt und selbst die Gefängnisse nach geeigneten Verstärkungen durchsucht. Ein Büro im Kreml mit einem für die Moskauer gut sichtbaren Fenster zum Roten Platz, in dem nachts Licht brannte, wurde als Stalins Büro ausgegeben; die Leute sollten glauben, dass Stalin arbeitete.

Wichtig war, dass die Sowjets schon früh ihre wichtigsten Rüstungsbetriebe abgebaut und hunderte Kilometer ostwärts hinter den Ural verlegt hatten. Obwohl dies eine große Produktionsunterbrechung bedeutete, lagen die Werke nun außerhalb des Aktionsbereichs der Luftwaffe. In Tscheljabinsk wurde der berühmte T-34 auf mehreren Produktionsstraßen gebaut. Auch in Gorki (jetzt Nischni Nowgorod) und Kirow wurden Panzer gefertigt – die UdSSR war auf dem besten Weg, die Produktionsschlacht zu gewinnen.

Gespannt hältst du nach einem Ziel Ausschau. Der Motor startet und auf und ab geht's, vorwärts. Du richtest die Kanone und der Fahrer schreit „Feuer!". Wenn du einen deutschen Panzer in der Schlacht triffst, feuerst du nicht auf den nächsten, sondern öffnest die Luke. Du schaust hinraus und vergewisserst dich, dass du ihn erwischt hast.

Leutnant Alexander Fadin
Kommandant eines T-34

T-34/76

Der T34/76 entstand aus der Vorkriegsserie schneller BT-Panzer mit der amerikanischen Christie-Aufhängung. Die frühen T-34 verfügten über einen voll verschweißten, sehr engen Turm für zwei Mann ohne Funkeinrichtung und ohne Sehschlitze für den Kommandanten. Die 76,2-mm-Kurzrohrkanone wurde bald durch eine längere mit höherer Durchschlagskraft ersetzt. Dadurch wurde der Turm größer und mit einer Kuppel für den Kommandanten ausgestattet. Der Aktionsradius des T-34 konnte durch zwei oder vier Treibstoffkanister auf dem Hinterdeck verdoppelt werden. Im Juni 1941 hatte die sowjetische Armee 967 T-34 im Einsatz. Dies waren die ersten von zehntausenden der effektivsten Panzer des Zweiten Weltkrieges.

VOR MOSKAU

Am 18. Oktober erreichte die 9. Armee Moschalsk und durchbrach den äußeren Verteidigungsring um Moskau. Am nächsten Tag kapitulierte der Kessel von Wjasma mit 670.000 Soldaten, 1.000 Panzern und 4.000 Geschützen. Die 2. Panzerarmee konnte am 30. Oktober aber Oriol nicht einnehmen, weil man fast kein Benzin mehr hatte und der Morast die Panzer, die noch Treibstoff besaßen, behindert hatte. Zum Heranführen von Proviant und Verstärkungen für den Angriff auf Moskau wurde eine Pause eingelegt.

Am 7. November hatte der Frost den Morast gefrieren lassen, sodass sich die Fahrzeuge nun besser bewegen ließen und man beschloss, den Vormarsch weiterzuführen, obwohl nun etwa 80 Sowjetdivisionen vor Moskau in Stellung lagen. Nach zwei Wochen harten Kämpfen warfen die Deutschen ihren Gegner 60 km weit in Stellungen im Nordwesten der Hauptstadt zurück. Im Süden erreichten die Angreifer Kaschira am Fluss Oka, 120 km vor Moskau. Im Tagesbefehl vom 17. November schrieb General Erich Höppner: „Lass deine Männer aufhorchen. Wecke ihren Geist. Zeige ihnen das Ziel, das für sie den glorreichen Abschluss eines bitteren Kampfes und die Aussicht auf wohlverdiente Ruhe bedeutet. Führe sie mit Kraft und Vertrauen zum Sieg. Möge euch der Herr der himmlischen Heerscharen Erfolg bescheren!“

Bis Dezember 1941 hatte die deutsche Armee 3.350.639 Gefangene gemacht und der sowjetischen Armee erhebliche Verluste beigebracht. Die Zeitungen in Deutschland waren voller Bilder von brennenden oder zerstörten Fahrzeugen und Kolonnen von müden, verschmutzten und hungernden Gefangenen, so genannten Untermenschen, die sich nach Westen schleppten. Was den deutschen Truppen noch blieb, war der Sturm auf Moskau und – wie es Hitler zu Beginn von *Barbarossa* ausdrückte – zuzusehen, wie das ganze morsche Gebilde zusammenbrach.

Der Vorstoß kam schließlich am 5. Dezember zum Stehen, als Hitler befahl, die Kriegshandlungen wegen des Winters einzustellen, weil einige der eroberten Stellungen bereits östlich von Moskau lagen. Moskau liegt in 37° östlicher Länge, und als die 29. motorisierte Infanteriedivision aus Guderians 2. Panzerarmee Michailow erreichte, stand sie in 39° östlicher Länge, ca. 150 km südlich und 30 km östlich von Moskau. Die Verteidigungsanlagen bei der Stadt Tula, „Klein-Moskau“, unter dem Befehl von General Katukow hielten stand und verhinderten so ein Aufrollen der Front durch die Panzer. Im Norden von Moskau hatte die 4. Panzergruppe von General Höppner bei Jachroma den Wolga-Kanal und bei Krasnaja Poljana die Straßenbahnlinie der äußeren Vororte von Moskau erreicht. Hier wurden sie von den Abwehrstellungen der 20. und 33. Armee der sowjetischen Westfront aufgehalten.

Die sowjetischen Soldaten hatten stets ein Talent zur Verteidigung bewiesen, und zu ihrem Beharrungsvermögen, ihrer Widerstandskraft und ihrer Schläue gesellte sich die finstere Bedrohung durch NKWD-Einheiten direkt hinter der Front. Ihre Aufgabe war es, Soldaten am Rückzug oder Desertieren zu hindern; aufgrund des Tagesbefehls 356 von 1940 waren sie berechtigt, jeden Deserteur zu erschießen.

Am 2. Dezember beobachtete Unterscharführer Streng

Rechts: Der T-34/76 war mit einer 76-mm-Kanone und mit zwei 7,62-mm-Maschinengewehren ausgestattet. Sein 500 PS starker 12-Zylinder-Dieselmotor V-2-34 verlieh ihm eine Geschwindigkeit von 54 km/h und einen Aktionsradius von 300 km.

von der Waffen-SS von seinem Vorposten aus einen Luftangriff auf Moskau. „Über Moskau hingen Leuchtbomben wie Venus-Sterne und dichte Bündel von Scheinwerferstrahlen verschwanden in den Wolken, kamen wieder heraus, tasteten einen anderen Bereich ab und kreuzten sich in riesigen Strahlenbündeln. Dazwischen die Perlschnüre von schwerem russischem Flak-Feuer. Die Leuchtspuren der Granaten schickten lange dunkelrote oder orangefarbene Fäden in den Nachthimmel. Moskau erdröhnte, der laute Donner bohrte sich in die Dezembernacht."

Unten: Ein MG-Schütze und sein zweiter Mann ringen sich für den Fotografen ein Lächeln ab, während sie durch den Schnee stapfen. Für 1941 sind sie relativ gut mit Handschuhen und Schals ausgestattet. Die Helme hängen an ihrer Ausrüstung, weil Stahl die Kälte leitet.

„GENERAL WINTER"

Als der Winter am 8. Dezember hereinbrach, begriffen die deutschen Kommandeure, dass sie sich verschanzen mussten, um einen der kältesten Winter Russlands zu überleben. Die Thermometer sanken auf –35 °C und sollten noch tiefer fallen. Die Deutschen hatte 250.000 Tote und doppelt so viele Verwundete zu beklagen. Bis Jahresende würde ihr Defizit 340.000 Mann betragen, sodass Verstärkungen aus Frankreich zum Auffüllen der Verbände herangeschafft werden mussten.

Ein Soldat des Schützenregiments 69 der 10. Panzerdivision schrieb wehmütig in sein Tagebuch: „Wir ziehen in den Winterkrieg, als ob es sich um einen Winter wie bei uns im Schwarzwald handelte." Von 26 Nachschubzügen, die täglich von der Heeresgruppe Mitte erwartet wurden, kamen wegen des kalten Wetters nur acht bis zehn an.

MARSCHALL GEORGI SCHUKOW

Schukow hatte in der Armee keinen guten Start, brachte es aber zum besten Heerführer der Sowjetarmee. In kleinbäuerlichen Verhältnissen 1896 in der Nähe von Moskau geboren, trat er mit 15 in die Zarenarmee ein. Wie viele von Stalins Gefährten wurde er Unteroffizier der Kavallerie, aber anders als die Generäle Woroschilow oder Budjonny war er zäh und äußerst kompetent. 1919 trat er in die kommunistische Partei ein. Im September 1939 brachte der damals kaum bekannte General Schukow der japanischen Kwantung-Armee am Halha-Fluss bei Halhin-Gol in der äußeren Mongolei eine vernichtende Niederlage bei, wofür er mit dem Lenin-Orden ausgezeichnet wurde.

Bei Leningrad hielt er den deutschen Vormarsch auf, worauf Stalin ihn nach Moskau beorderte. Hier stoppte schlechtes Wetter, die Erschöpfung der Soldaten und der sich verhärtende russische Widerstand den deutschen Angriff. Mit Verstärkungen aus dem Fernen Osten eröffnete Schukow im Dezember eine Offensive, die bis März 1942 anhielt. Er leitete die Operation Uranus, die Gegenoffensive bei Stalingrad, und anschließend die Operation Saturn, die die Deutschen bis an den Donez zurückwarf. Im Januar 1943 wurde er zum Marschall befördert. Bei Kursk hielten seine Einheiten den deutschen Angriffen stand und gingen dann in eine unaufhaltsame Offensive. Er vernichtete die Heeresgruppe Mitte in der Operation Bagration im Juni und Juli 1944 und führte seine 1. weißrussische Front 1945 schließlich zum Sieg nach Berlin.

Stalin war wegen Schukows Popularität besorgt und versetzte ihn nach dem Krieg in einen entlegenen Militärdistrikt. Nach Stalins Tod wurde er zum Verteidigungsminister ernannt (1955–57). Er starb 1974.

Richard Sorges Warnungen vor *Barbarossa* mögen ignoriert worden sein, aber seine wichtigste Information für Stalin war, dass die Japaner die Lage der Sowjetunion nicht ausnutzen wollten, indem sie von der Mandschurei aus einmarschierten. Die japanische Kwantung-Armee war eine Elitetruppe und somit mussten die sowjetischen Kräfte ihr gegenüber von gleicher Qualität sein. Sorges Nachricht erlaubte dem Stawka (sowjetisches Oberkommando), die letzten Reserven aus acht Panzerbrigaden und 34 sibirischen Elitedivisionen aus dem Osten abzuziehen und sie beim Gegenangriff bei Moskau im Winter 1941/42 einzusetzen.

Am 20. Dezember wurde in Deutschland die bedrohliche Lage an der Ostfront offensichtlich, als Propagandaminister Goebbels zur Sammlung von Winterkleidung für die Soldaten an der Ostfront aufrief. Diese ergab eine ungewöhnliche Mischung aus Wintersport- und Modekleidung wie Pelzmäntel und -mützen. In der Zwischenzeit behalfen sich deutsche Gefangene, indem sie den Arbeitsanzug über ihre Uniform zogen und den Zwischenraum mit Papier ausstopften, etwa mit Flugblättern, die nicht über den russischen Linien abgeworfen wurden. Panzer und Fahrzeuge wurden weiß gestrichen und Betttücher zur persönlichen Tarnung verwendet. Erfahrene Soldaten aus dem Osten Deutschlands wuss-

Rechts: Marschall Schukow nimmt bei Kriegsende in Berlin eine Parade ab. Als erfolgreicher Heerführer war er bei seinen Soldaten, die ihn „Altes Essiggesicht“ nannten, sehr populär. Nicht siegreichen Offizieren gegenüber war er dagegen recht unnachsichtig.

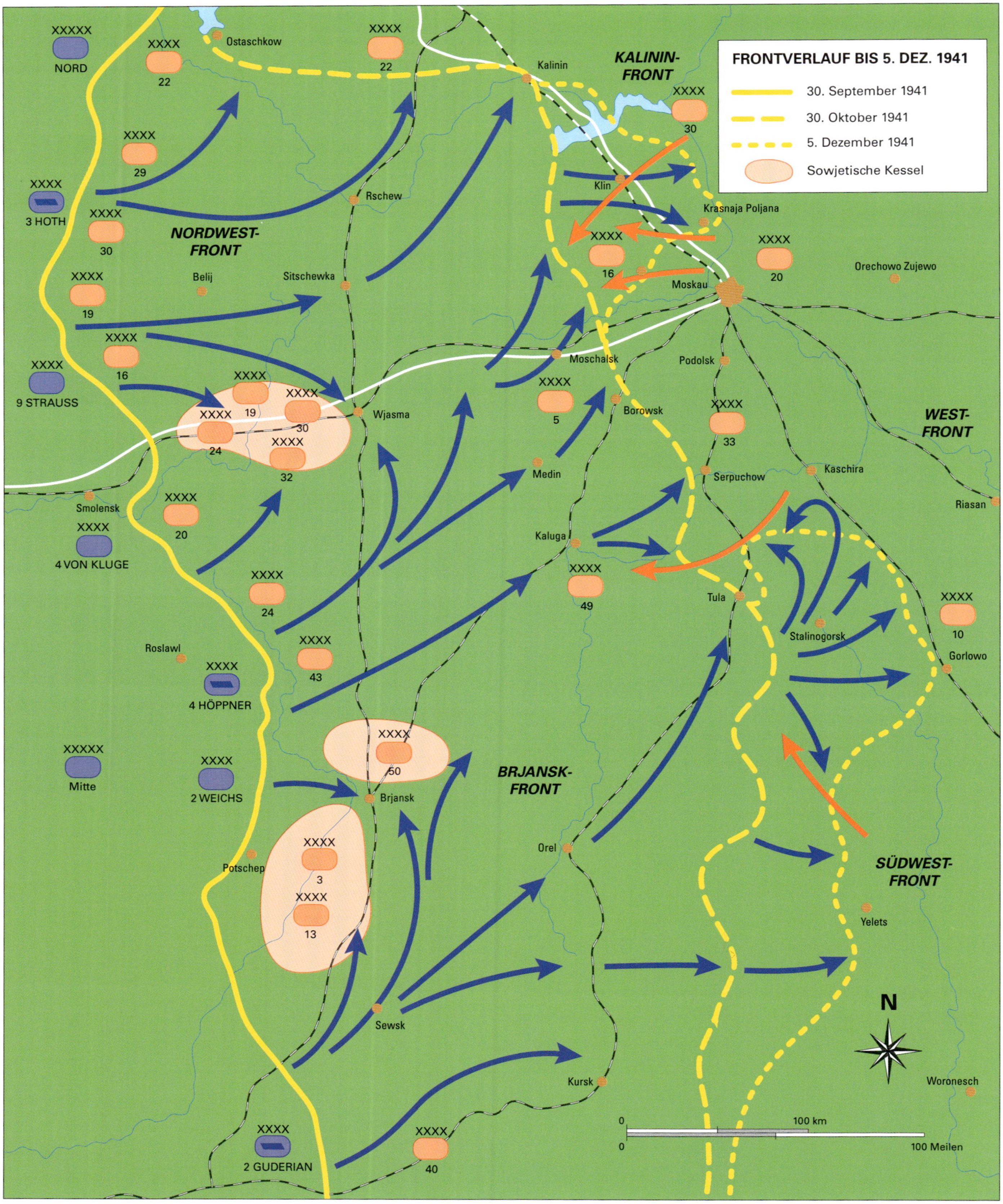
FRONTVERLAUF BIS 5. DEZ. 1941
30. September 1941
30. Oktober 1941
5. Dezember 1941
Sowjetische Kessel
KALININ-FRONT
NORDWEST-FRONT
WEST-FRONT
BRJANSK-FRONT
SÜDWEST-FRONT
XXXXX NORD
XXXX 3 HOTH
XXXX 9 STRAUSS
XXXX 4 VON KLUGE
XXXX 4 HÖPPNER
XXXXX Mitte
XXXX 2 WEICHS
XXXX 2 GUDERIAN
Ostaschkow
Kalinin
Rschew
Klin
Krasnaja Poljana
Moskau
Orechowo Zujewo
Belij
Sitschewka
Moschalsk
Podolsk
Wjasma
Borowsk
Smolensk
Medin
Serpuchow
Kaschira
Riasan
Kaluga
Tula
Stalinogorsk
Gorlowo
Roslawl
Brjansk
Potschep
Orel
Yelets
Sewsk
Kursk
Woronesch
N
0
100 km
100 Meilen

Links: Theoretisch hätte die Gegenoffensive von Moskau nicht gelingen dürfen, weil die deutschen Einheiten stärker waren. Doch die Sowjets hatten frische Kräfte aus Sibirien in ihren Reihen, während die Deutschen nach sechs Monaten Marschieren und Kämpfen erschöpft waren.

> Die eisige Kälte, die miserable Unterbringung, die unzureichende Bekleidung, die schweren Verluste an Menschen und Material und die mangelhafte Versorgung mit Treibstoff lassen militärische Operationen zur Qual werden. Die enorme Verantwortung, die mir trotz allem niemand von den Schultern nehmen kann, deprimiert mich zunehmend.
>
> *Heinz Guderian in einem Brief an seine Frau*

ten über strenge Winter Bescheid und trugen daher größere Stiefel, die sie mit Isoliermaterial auskleideten. Mit Stahlhelm und genagelten Stiefeln fror man an Kopf und Füßen.

Die Kälte wurde so hart, dass das Mineralöl zäh wurde und die Waffen nicht mehr schmierte. Der synthetische Buna-Gummi auf Rädern und Reifen wurde hart und spröde wie Holz. Ungeschützte Hände froren sofort an exponierten Metallteilen von Waffen und Fahrzeugen fest; Erfrierungen wurden zu einer ebenso großen Gefahr wie plündernde russische Soldaten. Deutsche Soldaten nahmen sich Mützen, Handschuhe, Stiefel und Steppmäntel von toten Russen und beraubten auch die Gefangenen ihrer Kleidung, was in der extremen Kälte einem Todesurteil gleichkam.

SOWJETISCHE VORBEREITUNGEN

Im Gegensatz zu den deutschen waren die russischen Soldaten hervorragend gegen die Kälte ausgestattet. Unter ihren weißen Tarnkitteln und Hosen trugen sie eine wattierte Schafsfelljacke, wattierte Hosen, eine Lammfellmütze und manchmal Stiefel aus gepresstem Filz, von denen die bessere und teurere Version wasserdichte Gummisohlen hatte.

Die Kavallerie- und Ski-Einheiten konnten sich leicht im Schnee und auf den zugefrorenen Flüssen bewegen und deutsche Stellungen umgehen. Die Deutschen verließen sich notgedrungen auf mobile Patrouillen und Artilleriefeuer, um die Lücken zwischen ihren Stellungen zu überwachen, durch welche russische Einheiten schlüpften.

Nicht alle russischen Soldaten, die im Winter 1941 eingesetzt wurden, waren zäh und erfahren, weil viele zu jung oder zu alt und unzureichend ausgebildet waren; die Soldaten aus den sibirischen Einheiten mussten ihnen moralisch den Rücken stärken.

Die ersten Anzeichen dafür, dass frische Truppen um Moskau zum Einsatz kamen, erhielten die Deutschen Anfang Dezember. Die Funker des 135. Infanterieregiments der 45. Infanteriedivision kämpften im Dorf Jelez auf der rechten Flanke der deutschen Front. Beim Anzapfen einer russischen Telefonleitung fingen sie Hinweise auf die „Tschabarowsk-Truppe“ auf. Bei Tschabarowsk handelt es sich um eine Stadt im fernen Sibirien, in der Marschall Tuchachewski in den frühen 30er-Jahren das Spezialkorps der Fernost-Armee gegründet hatte. 1936 bestand diese Truppe aus 60.000 Soldaten, zu denen man 50.000 Reservisten – zumeist Bauern – einziehen konnte.

GEGENANGRIFF

Die Rote Armee unter General Schukow trat am 6. Dezember zum Gegenangriff bei Moskau an. Der Plan schien ehrgeizig, weil auf großer Breite von der Nordwestfront, der Kalinin-Front, der Westfront und der Südwestfront angegriffen werden sollte. Die Angriffe sollten im Dezember beginnen und bis ins neue Jahr andauern.

Rechts: General Timoschenko in einer Uniform der 30er-Jahre. Zur Wiederbelebung der Tradition wurde 1943 eine neue Uniform mit Schulterstücken für Offiziere eingeführt, die auf alten, zaristischen Modellen beruhten.

> Alarmstimmung verbreitete sich in der Stadt. Die Evakuierung von Industrieunternehmen, Ministerien, Ämtern und Institutionen beschleunigte sich. In der Öffentlichkeit verbreiteten sich sporadisch Falschmeldungen, sodass Leute in Panik gerieten, ihre Arbeitsplätze verließen und zusahen, dass sie aus der Stadt kamen. Es gab auch Verräter, welche die Situation ausnutzten, um sich am Volkseigentum zu bereichern, und versuchten, die Leistungsfähigkeit des sowjetischen Staates zu unterminieren.
>
> *A. M. Samsonow*
> *Offizieller sowjetischer Historiker*

Die 21. Fallschirmjägerbrigade und das 250. Fallschirmjägerregiment unternahmen von 18. bis 22. Januar sogar Luftlandeangriffe im Rücken der Heeresgruppe Mitte vor Moskau.

Das Stawka hatte nicht gemerkt, dass der deutsche Angriff buchstäblich eingefroren war, und hielt die Bedrohung von Moskau immer noch für sehr ernst. Seine Angriffe erfolgten sowohl mit der Absicht, die Stadt vom Druck zu befreien, als auch seine taktischen Vorteile im Winterkrieg auszunutzen. Die drei Fronten waren der Heeresgruppe Mitte unterlegen – sie hatten 718.000 Mann, 7.985 Geschütze und 720 Panzer, während die Deutschen über 800.000 Mann, 14.000 Geschütze und 1.000 Panzer verfügten. Die deutschen Einheiten lagen jedoch am Ende einer langen Logistikkette von den Depots in Deutschland quer durch Polen und Westrussland. Wenn auch Partisanenangriffe noch nicht die Rolle wie 1942/43 und danach spielten, fingen sie doch an, den Materialfluss zu unterbrechen. Die Rote Luftwaffe, die in den ers-

Links: Ein Scharfschütze mit einer Tokarew SVT1940 Automatik und einem 3,5-PV-Zielfernrohr wartet im Hinterhalt. Er hat seine Position so gewählt, dass das Gestrüpp hinter ihm seine Silhouette stört. Seine Fausthandschuhe aus Pelz haben nur einen Finger für den Abzug.

LEIH-PACHT

Am 24. Juni 1941 unterbreitete der englische Außenminister dem Unterhaus ein anglosowjetisches Hilfsabkommen, das am 12. Juli in Moskau vom britischen Botschafter Sir Stafford Cripps und dem sowjetischen Außenminister Wjatscheslaw Molotow unterzeichnet wurde. Damit begannen Lieferungen an Waffen und Ausrüstung, die von England über die arktischen Häfen Murmansk und Archangelsk und später – nach dem Eintritt der USA in den Krieg – über Persien geliefert wurden. Der erste Geleitzug erreichte unter dem Codenamen „Derwisch" am 31. August Archangelsk.

Amerikanische, britische und kanadische Leih-Pacht-Waffen trugen erheblich zum Sieg der Sowjetunion im Osten bei. Nach dem Krieg spielten die Sowjets die Bedeutung dieser Unterstützung erheblich herunter. Tatsächlich machte sie 15% der sowjetischen Ausrüstung aus. Im wahrsten Sinne des Wortes schafften es nur zwei Fahrzeugtypen, durch den Schlamm nach Deutschland zu fahren: der T-34 mit seinen breiten Ketten und der Leih-Pacht-Laster Studebaker aus den USA.

Die USA lieferten der Sowjetunion 6.430 Flugzeuge, 3.734 Panzer, 104 Schiffe, 210.000 Motorfahrzeuge, 3.000 Fliegerabwehrgeschütze, 245.000 Feldtelefone, Benzin, Aluminium, Stahl und 5 Mio. Tonnen Nahrungsmittel. Die Rote Armee hing stark von amerikanischen Lastwagen ab, denn 427.000 von ihren 665.000 Motorfahrzeugen waren westlichen Ursprungs. Interessant ist, dass der sowjetische Botschafter in Washington, Ourmansky, die Hilfszusage am 4. August 1941 erhielt, vier Monate vor dem Eintritt der USA in den Krieg. Am 1. Oktober 1941 unterzeichneten Lord Beaverbrook für England und Averell Harriman für die USA das Abkommen in Moskau.

England lieferte 5.800 Flugzeuge, 4.292 Panzer und zwölf Minensuchboote. Die britischen Panzer waren dem T-34 zwar unterlegen, aber zu der Zeit, als die Produktion im Ural noch nicht voll lief, für die Russen wichtig, weil sie in den ersten *Barbarossa*-Monaten erhebliche Panzerverluste erlitten hatten.

Kanada lieferte 1.188 Panzer, 842 gepanzerte Fahrzeuge, fast 1 Mio. Granaten und 208.000 Tonnen Weizen und Mehl.

Ein westlicher Diplomat in Moskau hielt seinem sowjetischen Kollegen vor, dass die Leih-Pacht in der sowjetischen Presse kaum erwähnt werde, und deutete dies als Mangel an Dankbarkeit. Er erhielt die knappe Antwort: „Wir verlieren Millionen Menschen im Kampf gegen die Nazis und Sie erwarten von uns Dankbarkeit für Werbeartikel?"

ten Kriegsmonaten praktisch völlig zerstört worden war, wurde nun langsam zur Bedrohung. Die veralteten, langsamen Modelle wie die Radialmotor-getriebene Polykarpow waren in der Luft und auf dem Boden zerstört worden, aber die neuen Jagdflugzeuge wie die Lavochkin LaGG-3 oder die Mikojan-Gurevitsch MiG-3 oder die Jakowlew Jak-1, die von Flugplätzen mit geheizten Schuppen um Moskau aus operierten, konnten die deutschen Bomber abfangen.

Der erste sowjetische Angriff erfolgte am 5. Dezember frühmorgens durch General Koniews Kalinin-Front. Seine Truppen überquerten die zugefrorene obere Wolga. Trotz bitterer Kälte war der deutsche Widerstand so stark, dass nur eine der drei Armeen, und zwar die 31. unter Juschkewitsch, Boden gewinnen konnte. Am Ende des zweiten Tages war sie 40 km weit vorgedrungen und hatte die Stadt Turginowo erobert. Schukows Westfront griff am 6. Dezember die überdehnten Panzergruppen 3 und 4 an. Der Angriff erfolgte ursprünglich durch die drei am weitesten im Norden stehenden Armeen, die nur langsam vorwärts kamen, selbst als die 16. Armee am 7. Dezember eingriff. Der sowjetischen Taktik des Frontalangriffs konnte man leicht widerstehen und die Deutschen konnten sich in voller Ordnung zurückziehen. Auf Stalins Bitten hin ging Schukow zu Flankenangriffen über,

Unten: Die Köche einer Feldküche der Roten Armee verteilen warmes Essen im Winter 1941. Wahrscheinlich wird Suppe ausgegeben oder aber das traditionelle russische Gericht Kascha *– ein sättigender Buchweizenbrei, den man mit Gemüse oder Fleisch würzen kann.*

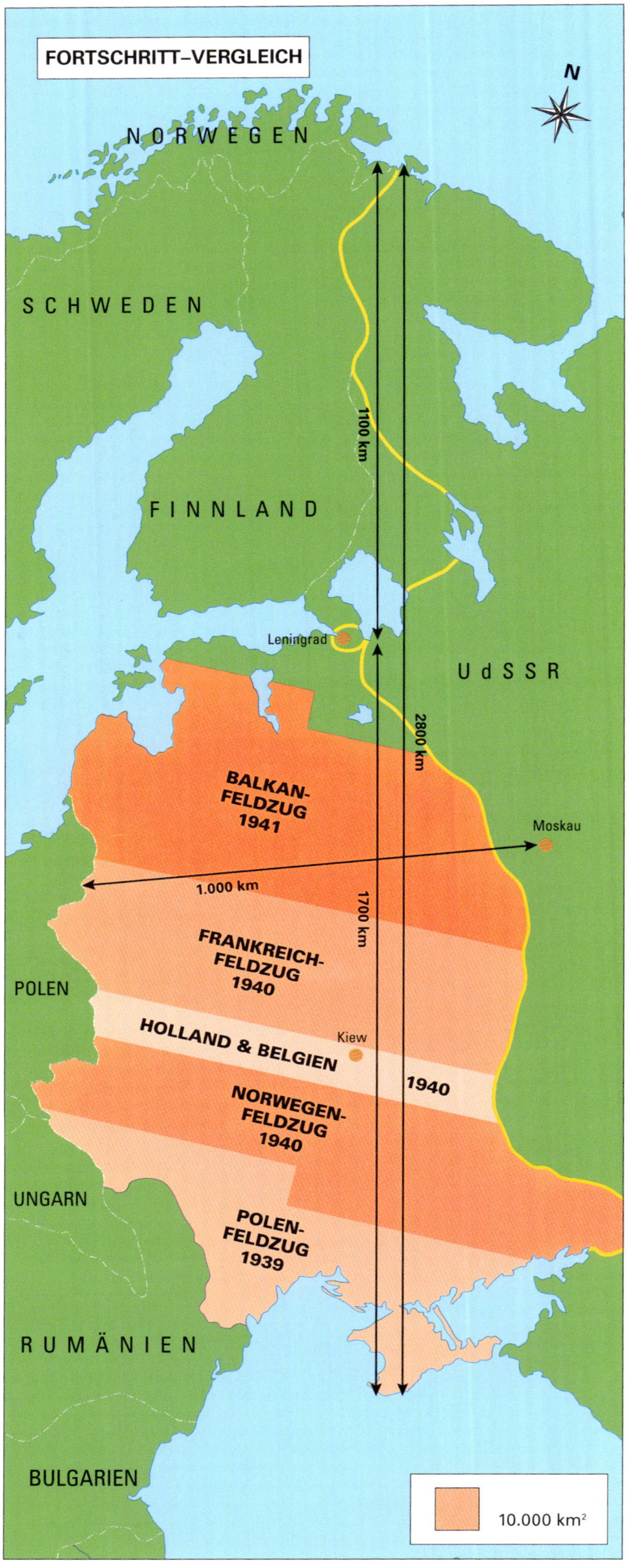

> Kommandeure und Offiziere müssen durch persönliche Teilnahme am Kampf ihre Soldaten dazu zwingen, in ihren Stellungen fanatischen Widerstand zu leisten, ohne Rücksicht auf feindliche Durchbrüche auf den Flanken oder in den Rücken. Nur wenn gut angelegte, verkürzte rückwärtige Auffangstellungen von Reservisten aufgebaut sind, darf ein Rückzug dorthin in Betracht gezogen werden.
>
> *Adolf Hitler*
> *Allgemeiner Befehl, 19. Dezember 1941*

wobei er sich im Norden Moskaus auf die Stadt Klein konzentrierte, wo die Bahn nach Leningrad abzweigte. Hätte Schukow sie schnell eingenommen, wäre die Panzergruppe 3 abgeschnitten worden und die linke Flanke der Heeresgruppe Mitte ins Wanken gekommen. Die Stäbe der Westfront und der Brjansk-Front waren aber in Taktikfragen nicht sehr bewandert, sodass ehrgeizige Flankenangriffe schwer zu kontrollieren und koordinieren gewesen wären. Als Generalfeldmarschall von Leeb am 7. Dezember aufgrund von Berichten seine Einheiten neu aufstellte, wurden ihm neue Angriffe auf seine rechte Flanke gemeldet. Am 13. Dezember startete Timoschenkos Südwestfront Vorstöße nach Nordwesten zwischen Jelets und Liwni. Seine 13. Armee stieß in die rechte Flanke der 2. deutschen Armee. Guderian musste sich rasch zurückziehen, da seine rechte Flanke exponiert war.

„STEH UND KÄMPFE"

Generalfeldmarschall Walther von Brauchitsch flog an die Front, um mit Bock zu konferieren, und entschied, dass sich die Heeresgruppe Mitte auf eine Winterlinie ca. 180 km westlich der Front zurückziehen sollte. Diese sollte entlang der Nord-Süd-Straße östlich von Wjasma, durch Zubtsow, Gschatsk (das heutige Gagarin) und Juchnow verlaufen. Im OKH bezeichnete General Halder die sowjetische Gegenoffensive als die größte Krise beider Weltkriege. Größere sollten folgen.

Links: Dieses Diagramm veranschaulicht die großen Eroberungen der deutschen Armee im Herbst 1941 im Vergleich zu früheren Feldzügen in Westeuropa. Während die längsten früheren Operationen nicht mehr als sechs Wochen gedauert hatten, sollte der Feldzug im Osten vier Jahre dauern und mit der deutschen Niederlage enden.

Rechts: Ein fröhliches Bild für die Heimat. Die deutschen Truppen waren für den harten Winter jämmerlich ausgerüstet. Man hatte keine spezielle Winterkleidung, sodass einige ihre Uniformen mit Papier ausstopften.

Links: Eine Kosaken-Patrouille im Einsatz. Sie haben ihre Schaschka, *den traditionellen geraden Säbel, gezogen. Sie tragen keine Sporen, sondern verwenden eine Peitsche, die* Nagaika; *der typische Bocksattel mit dem Lederkissen verlieh dem Reiter den charakteristischen hohen Sitz.*

Oben: Der PzKpfw II war ein guter Panzerspähwagen in den Kämpfen 1939/40, aber für den Winter 1941 völlig überholt. Seine Panzerung war zu schwach, seine 2-cm-Kanone ineffektiv und seine schmalen Ketten für den Schnee ungeeignet.

Hitler war über diesen Vorschlag außer sich; er widerrief die Befehle am 14. Dezember und leitete eine Reihe von Entlassungen ein. Von Bock wurde am 18. Dezember durch von Kluge ersetzt, von Brauchitsch reichte seinen Rücktritt ein und Hitler, der Gefreite aus dem Ersten Weltkrieg, übernahm das Kommando über die deutsche Wehrmacht im Osten und befahl den Soldaten, ihre Stellungen zu halten. Guderian, der Stratege des Panzerkampfes, wurde zu Weihnachten entlassen und mit ihm ein weiterer Spezialist auf diesem Gebiet.

Die Bedrohung Moskaus war nun geringer und die Ministerien, die in den Osten verlegt worden waren, kehrten zurück. Die Brjansk-Front unter General Tscherewitschenko wurde am 18. Dezember im Süden der Stadt aufgestellt und sollte einen Angriff in nordwestlicher Richtung vorbereiten, um die Heeresgruppe Mitte einzuschließen.

Hitlers Befehl „Steh und kämpfe!" und die erfolgreiche Verteidigung zweier Kessel im Norden bei Demiansk und Cholm, die aus der Luft versorgt und später von der 16. Armee entsetzt wurden, verhinderten den Zusammenbruch der Heeresgruppe Mitte. Hitler merkte sich diese Maßnahmen als Wundermittel bei allen Kesselschlachten und sollte später der 6. Armee in Stalingrad 1942 ähnliche Befehle geben. Wo

Truppen zum Rückzug gezwungen waren, sollten sie laut Hitler alle Gebäude, die von den nachrückenden Russen genutzt werden konnten, zerstören. Dieser Befehl der verbrannten Erde wurde bei einigen Rückzugsaktionen befolgt; da aber viele wussten, dass der Rauch umherschweifende russische Patrouillen aufmerksam gemacht hätte, verschonte man im eigenen Interesse manches Stroh- oder Lehm-Haus.

DER PREIS DES ERSTEN WINTERS

Die Kämpfe um Moskau dauerten von Dezember bis März 1942, wobei die deutschen Einheiten an manchen Stellen bis zu 500 km zurückgedrängt wurden. In fünf Monaten (22. Juni bis 26. November 1941) hatten die deutschen Streitkräfte 187.000 Mann – tot oder vermisst – verloren. Im gleichen Zeitraum wurden 550.000 Mann verwundet, von denen zwei Drittel in den Dienst zurückkehrten. Die Zahl der Toten und Vermissten belief sich an der ganzen Ostfront in der Zeit vom 27. November bis zum 31. März 1942 auf 108.000, die der Verwundeten auf 268.000, insgesamt also 376.000 Mann.

Zu dieser Zahl muss man 228.000 Fälle von Erfrierungen und mehr als eine Viertel Million Fälle von Erschöpfung, Typhus, Scharlach, Gelbsucht, Diphtherie, Magen- und Hautkrankheiten verschiedener Art hinzuzählen. Die meisten dieser Fälle waren Folgen der grauenhaften Bedingungen, unter denen die Truppen an der Front zu leben hatten. Im April 1942 belief sich das Truppendefizit an der Ostfront auf 625.000 Mann.

Unten: Der Wärme wegen unter leeren Postsäcken dicht zusammengedrängt erwarten deutsche Gefangene die Anweisungen der Russen. Der arrogante Optimismus, welcher die Planung und die ersten Monate von Barbarossa *beflügelt hatte, war restlos verflogen.*

Links: Die Jak-1 war mit einer 2-mm-ShWAK-Kanone, die durch den Propeller schoss, und mit zwei 7,6-mm-ShKAS-Maschinengewehren in der Verkleidung ausgestattet. Darüber hinaus konnte sie 200 kg Bomben oder sechs 82-mm-RS-82-Raketen tragen. Maximal konnte sie mit 500 km/h 850 km weit fliegen.

JAKOWLEW JAK-1

Im Juni 1941 waren rund 400 Jak-1-Jäger verfügbar, weitere 8.720 wurden im Laufe des Krieges gebaut. Sie war die erste vieler erfolgreicher Konstruktionen von Jakowlew und wurde bald durch die Jak-3-Serie abgelöst. Das rein weibliche 586. Jägerregiment, die freiwillige französische Jagdschwadron „Normandie-Niémen" sowie die erste von vier polnischen Freiwilligen-Einheiten flogen alle Jak-1.

Die Schlacht um Moskau kostete nicht nur Menschenleben. Die Hälfte der Pferde, die in die UdSSR gekommen waren, 250.000 Tiere, kamen um. Die Deutschen verloren 2.300 gepanzerte Fahrzeuge, davon 1.600 Panzer III und IV sowie Sturmgeschütze. Im April fehlten der Artillerie 2.000 Geschütze und Haubitzen sowie 7.000 Panzerabwehrkanonen.

VORKEHRUNGEN FÜR DEN FRÜHLING

Stalin begann, auf seine höheren Offiziere zu hören und ihnen strategische Ziele vorzugeben, was man heute als Auftragstaktik bezeichnen würde. Ihnen wurde Angriff oder Verteidigung befohlen, aber freie Hand gelassen, wie sie den Einsatz taktisch am effektivsten ausführten. Hitler dagegen schlug Empfehlungen zum Rückzug, um Einkesselungen von gefährdeten Frontausbuchtungen zu vermeiden, blindlings in den Wind. Halder bezeichnete seine Taktik als Flickwerk, weil er Truppen aus anderen Abschnitten abzog, um Abwehrstellungen zum Auffangen von Durchbrüchen zu flicken.

Mit Einsetzen des Frühlings stabilisierte sich die Front im Schlamm. Im Norden hatte sich mit dem befreiten Gelände ein großer Frontvorsprung gebildet, aus dem kleinere Ausbuchtungen wie Finger hervorragten und nach Südwesten nach Witebsk zeigten. Im Süden hatte sich ein deutscher Frontvorsprung mit Wjasma an der Basis und Rschew an seinem nördlichsten Punkt gebildet. Hitler gab sich der Illusion hin, dass dieser einen Ausgangspunkt für eine neue Offensive gegen Moskau im Sommer 1942 abgeben könnte. Tausende junge Männer und Frauen aus Wjasma wurden während der Besetzung als „Ostarbeiter" nach Deutschland verschickt. Die Deutschen zerstörten praktisch die ganze Stadt, als sie sich im Frühling 1943 zurückziehen mussten. Im Süden wurde eine lange Frontausbuchtung bis Tula von der Brjansk-Front eliminiert und die Front zu einer grob von Norden nach Süden verlaufenden Linie begradigt. Schukows Westfront hatte sich in Richtung Dnjepr nördlich von Brjansk verlagert und dabei einen kleinen Vorsprung gebildet. Als die Gegenoffensive zuvor besetzte Gebiete befreite, offenbarte sich der brutale Charakter der deutschen Besetzung.

Den sowjetischen Sieg bei Moskau kann man gut mit den Worten umschreiben, die Wellington für seinen eigenen Triumph bei Waterloo 1815 verwendete: „Eine knappe Sache". Wenn Hitler den Schwerpunkt des deutschen Angriffs nicht zwischen den Heeresgruppen hin- und hergeschoben und die Deutschen Moskau im September oder Oktober erreicht hätten, hätten sie dann den Krieg im Osten gewonnen?

Es gibt Berichte, denen zufolge Schukow annahm, dass Stalin Ende 1941 zu einem Separatfrieden mit Hitler bereit war. Es ist jedoch unwahrscheinlich, dass Nazideutschland diesen akzeptiert hätte, als man nach Moskau marschierte. Wie Stalingrad ein Jahr später zeigte, ist der Bedarf an Truppen für einen anhaltenden Kampf in einer Stadt enorm. Diese hätte man aus den Heeresgruppen Nord und Süd abziehen

Die Disziplin begann aufzuweichen. Mehr und mehr Soldaten suchten selbst ihren Weg zurück in den Westen und schleppten sich mühsam ohne Führung und ohne Waffen, aber mit einem Kalb an der Leine oder einen Schlitten mit Kartoffeln hinter sich her ziehend, westwärts. Soldaten, die durch Luftangriffe umkamen, wurden nicht mehr beerdigt. Versorgungseinheiten – häufig ohne Offiziere – hatten das Sagen auf den Straßen, während die kämpfende Truppe aller Gattungen inklusive der Flak verzweifelt die Front hielt. Der ganze Nachschub – außer sehr straff geführten Einheiten – strömte in wilder Flucht zurück.

General Schaal
Panzerdivision 10

EINE PARTISANENHELDIN

Im Schutt des Schlachtfeldes fand man Fotos aus den letzten Minuten von Zoja Kosmodemianskaja, einer jungen russischen Komsomolzin, die von den Deutschen am 29. November 1941 hingerichtet wurde. Die Aufnahme zeigt grinsende Soldaten, die das Mädchen zum improvisierten Galgen begleiten. Auf dem Schild um ihren Hals steht: „Sie hat Häuser angesteckt." Das Schild war gängige Praxis zur Rechtfertigung der Hinrichtung. Zoja war beim Versuch gefangen worden, im Dorf Petrischewo einen Stall mit deutschen Armeepferden anzuzünden. Kurz vor ihrer Exekution wandte sie sich mit den Worten an ihre Henker: „Ihr könnt nicht alle 190 Millionen von uns aufhängen."

Zwei Wochen später fand der *Prawda*-Reporter Lidin während des sowjetischen Gegenstoßes die Fotos auf der Leiche eines deutschen Soldaten, einem „Greuel-Touristen". Dann fand er auch noch ihre Leiche im Schnee. Seine Aufnahme von ihrer Leiche und der Bericht über ihren Tod machten aus Zoja ein Symbol des Widerstandes.

müssen, was den Druck auf die entsprechenden russischen Einheiten vermindert und ihnen Gelegenheit zur Vorbereitung einer Gegenoffensive gegeben hätte.

Das Unternehmen *Barbarossa* war die Demonstration von Selbstüberschätzung vom Konzept der Hybris wie in der griechischen Tragödie, in der der Protagonist am Ende für seinen vermessenen Stolz zu Recht bestraft wird. Der sowjetische Autor Ilja Ehrenburg kommentierte in der Armeezeitung *Roter Stern* den erfolgreichen Gegenangriff der Sowjets und die Erfahrungen der deutschen Armee im Winter 1941/42 trocken: „Der russische Winter war eine Überraschung für die preußischen Touristen."

Rechts: Ein Kreuz auf einem Feldfriedhof trägt die Inschrift: „Gefallen für Gross-Deutschland". Der Friedhof in Krasnaja Poljana war in der Nähe des Grabs von Leo Tolstoi angelegt worden, der außerhalb von Moskau in der Nähe seiner Datscha begraben ist.

Unten: Eine der Aufnahmen von der Hinrichtung von Zoja Kosmodemianskaja zeigt eine seltsame und makabre Gruppe deutscher Soldaten, welche die Partisanin an den Galgen begleiten. Um ihren Hals trägt sie ein Schild mit der Inschrift: „Sie hat Häuser angesteckt".

1939
Gefallen
Gross-Deutschland!

Führerhauptquartier

18. Dezember, 1940
9 Ausfertigungen

OKW/WFSt/Abt. L (I) Nr. 33 408/40 gK Chefs.

Weisung Nr. 21
Fall Barbarossa

Die deutsche Wehrmacht muss darauf vorbereitet sein, auch vor Beendigung des Krieges gegen England *Sowjetrussland in einem schnellen Feldzug niederzuwerfen* (Fall Barbarossa).

Das Heer wird hierzu alle verfügbaren Verbände einzusetzen haben mit der Einschränkung, dass die besetzten Gebiete gegen Überraschungen gesichert sein müssen.

Für die Luftwaffe wird es darauf ankommen, für den Ostfeldzug so starke Kräfte zur Unterstützung des Heeres freizumachen, dass mit einem raschen Ablauf der Erdoperationen gerechnet werden kann und die Schädigung des ostdeutschen Raumes durch feindliche Luftangriffe so gering wie möglich bleibt. Diese Schwerpunktbildung im Osten findet ihre Grenze in der Forderung, dass der von uns beherrschte Kampf- und Rüstungsraum gegen feindliche Luftangriffe hinreichend geschützt bleiben muss und die Angriffshandlungen gegen England, insbesondere seine Zufuhr, nicht zum Erliegen kommen dürfen.

Der Schwerpunkt des Einsatzes der Kriegsmarine bleibt auch während eines Ostfeldzuges eindeutig gegen England gerichtet.

Den Aufmarsch gegen Sowjetrussland werde ich gegebenenfalls acht Wochen vor dem beabsichtigten Operationsbeginn befehlen. Vorbereitungen, die eine längere Anlaufzeit benötigen, sind – soweit noch nicht geschehen – schon jetzt in Angriff zu nehmen und bis zum 15. 5. 41 abzuschließen. Entscheidender Wert ist jedoch darauf zu legen, dass die Absicht eines Angriffs nicht erkennbar wird. Die Vorbereitungen des Oberkommandos sind auf folgender Grundlage zu treffen:

I. Allgemeine Absicht

Die im westlichen Russland stehende Masse des russischen Heeres soll in kühnen Operationen unter weitem Vortreiben von Panzerkeilen vernichtet, der Abzug kampfkräftiger Teile in die Weite des russischen Raumes verhindert werden.

In rascher Verfolgung ist dann eine Linie zu erreichen, aus der die russische Luftwaffe reichsdeutsches Gebiet nicht mehr angreifen kann. Das Endziel der Operation ist die Abschirmung gegen das asiatische Russland aus der allgemeinen Linie Wolga–Archangelsk. So kann erforderlichenfalls das letzte Russland verbleibende Industriegebiet am Ural durch die Luftwaffe ausgeschaltet werden.

Im Zuge dieser Operationen wird die russische Ostseeflotte schnell ihre Stützpunkte verlieren und damit nicht mehr kampffähig sein.

Wirksames Eingreifen der russischen Luftwaffe ist schon bei Beginn der Operation durch kraftvolle Schläge zu verhindern.

II. Voraussichtliche Verbündete und deren Aufgaben

1. Auf den Flügeln unserer Operation ist mit der aktiven Teilnahme Rumäniens und Finnlands am Kriege gegen Sowjetrussland zu rechnen. In welcher Form die Streitkräfte beider Länder bei ihrem Eingreifen deutschem Befehl unterstellt werden, wird das Oberkommando der Wehrmacht zeitgerecht vereinbaren und festlegen.

2. Rumäniens Aufgabe wird es sein, [...] den Gegner [...] zu fesseln und im Übrigen Hilfsdienste im rückwärtigen Gebiet zu leisten.

3. Finnland wird den Aufmarsch der aus Norwegen kommenden abgesetzten deutschen Nordgruppe (Teile der Gruppe XXI) zu decken und mit ihr gemeinsam zu operieren haben. Daneben wird Finnland die Ausschaltung von Hangö zufallen.

4. Mit der Möglichkeit, dass schwedische Bahnen und Straßen für den Aufmarsch der deutschen Nordgruppe spätestens von Operationsbeginn an zur Verfügung stehen, kann gerechnet werden.

III. Die Führung der Operationen

(A) Heer: (in Genehmigung der mir vorgetragenen Absichten)

In dem durch die Pripetsümpfe in eine südliche und eine nördliche Hälfte getrennten Operationsraum ist der Schwerpunkt *nördlich* dieses Gebietes zu bilden. Hier sind zwei Heeresgruppen vorzusehen.

Der südlichen dieser beiden Heeresgruppen – Mitte der Gesamtfront – fällt die Aufgabe zu, mit besonders starken Panzer- und mot. Verbänden aus dem Raum um und nördlich Warschau vorbrechend die feindlichen Kräfte in Weißrussland zu zersprengen. Dadurch muss die Voraussetzung geschaffen werden für das Eindrehen von starken Teilen der schnellen Truppen nach Norden, um im Zusammenwirken mit der aus Ostpreußen in allgemeiner Richtung Leningrad operierenden nördlichen Kräfte zu vernichten. Erst nach Sicherstellung dieser vordringlichsten Aufgabe, welcher die Besetzung von Leningrad und Kronstadt folgen muss, sind die Angriffsoperationen zur Besitznahme des wichtigen Verkehrs- und Rüstungszentrums Moskau zu führen. Nur ein überraschend schnell eintretender Zusammenbruch der russischen Widerstandskraft könnte es rechtfertigen, beide Ziele gleichzeitig anzustreben.

Die wichtigste Aufgabe der Gruppe XXI bleibt auch während der Ostoperation der Schutz Norwegens. Die darüber hinaus verfügbaren Kräfte sind im Norden (Gebirgskorps) zunächst zur Sicherung des Petsamo-Gebietes und seiner Erzgruben sowie der Eismeerstraße einzusetzen, um dann mit finnischen Kräften gegen die Murmansk-Bahn vorzustoßen und die Versorgung des Murmansk-Gebietes auf dem Landwege zu unterbinden.

Ob eine derartige Operation mit stärkeren deutschen Kräften (2–3 Div.) aus dem Raum von Rovaniemi und südlich geführt werden kann, hängt von der Bereitwilligkeit Schwedens ab, seine Eisenbahnen für einen solchen Aufmarsch zur Verfügung zu stellen.

Der Masse des finnischen Heeres wird die Aufgabe zufallen, in Übereinstimmung mit den Fortschritten des deutschen Nordflügels möglichst starke russische Kräfte durch Angriff westlich oder beiderseits des Ladoga-Sees zu fesseln und sich in den Besitz von Hangö zu setzen.

Auch bei der südlich der Pripjetsümpfe angesetzten Heeresgruppe ist der Schwerpunkt aus dem Raum von Lublin in allgemeiner Richtung Kiew zu bilden, mit dem Ziel, mit starken Panzerverbänden tief in die Flanke und rückwärtige Gebiete der russischen Streitkräfte vorzustoßen und den Feind entlang des Dnjepr aufzurollen.

Der deutsch-rumänischen Gruppe an der rechten Flanke wird die Aufgabe zufallen:

(a) das rumänische Gebiet zu schützen und so die Südflanke der gesamten Operation zu decken;

(b) die feindlichen Kräfte in ihrem Frontabschnitt zu fesseln, in Koordination mit dem Angriff der nördlichen Teile der südlichen Heeresgruppe; mit Weiterentwicklung der Lage einen zweiten Vorstoß vorzutragen und so in Verbindung mit der Luftwaffe den geordneten Rückzug des Feindes hinter den Dnjestr zu verhindern.

Sind die Schlachten südlich bzw. nördlich der Pripjet-Sümpfe geschlagen, ist im Rahmen der Verfolgung anzustreben:

– *im Süden* die frühzeitige Inbesitznahme des wehrwirtschaftlich wichtigen Donez-Beckens;

– *im Norden* die schnelle Eroberung Moskaus.

(B) Luftwaffe:
Ihre Aufgabe wird es sein, die Einwirkung der russischen Luftwaffe so weit wie möglich zu lähmen und auszuschalten sowie die Operationen des Heeres in ihren Schwerpunkten, namentlich bei der mittleren Heeresgruppe und auf dem Schwerpunktflügel der südlichen Heeresgruppe, zu unterstützen. Die russischen Bahnen werden je nach ihrer Bedeutung für die Operationen zu unterbrechen bzw. in ihren wichtigsten nahe gelegenen Objekten (Flussübergänge!) durch kühnen Einsatz von Fallschirm- und Luftlandetruppen in Besitz zu nehmen sein. Um alle Kräfte gegen die feindliche Luftwaffe und zur unmittelbaren Unterstützung des Heeres zusammenfassen zu können, ist die Rüstungsindustrie während der Hauptoperationen nicht anzugreifen. Erst nach dem Abschluss der Bewegungsoperationen kommen derartige Angriffe, in erster Linie gegen das Uralgebiet, in Frage.

(C) Kriegsmarine:
Der Kriegsmarine fällt gegen Sowjetrussland die Aufgabe zu, unter Sicherung der eigenen Küste ein Ausbrechen feindlicher Seestreitkräfte aus der Ostsee zu verhindern. Da nach dem Erreichen von Leningrad der russischen Ostseeflotte der letzte Stützpunkt genommen und diese dann in hoffnungsloser Lage sein wird, sind vorher größere Seeoperationen zu vermeiden. Nach dem Ausschalten der russischen Flotte wird es darauf ankommen, den vollen Seeverkehr in der Ostsee, dabei auch den Nachschub für den nördlichen Heeresflügel über See, sicherzustellen (Minenräumung!).

IV

Alle von den Herren Oberbefehlshabern auf Grund dieser Weisung zu treffenden Anordnungen müssen eindeutig darauf abgestimmt sein, dass es sich um *Vorsichtsmaßnahmen* handelt für den Fall, dass Russland seine bisherige Haltung gegen uns ändern sollte. Die Zahl der frühzeitig zu den Vorarbeiten heranzuziehenden Offiziere ist so klein wie möglich zu halten, weitere Mitarbeiter sind so spät wie möglich und nur in dem für die Tätigkeit jedes Einzelnen erforderlichen Umfang einzuweisen. Sonst besteht die Gefahr, dass durch ein Bekanntwerden unserer Vorbereitungen, deren Durchführung zeitlich noch gar nicht festliegt, schwerste politische und militärische Nachteile entstehen.

V

Vorträgen der Herren Oberbefehlshaber über ihre weiteren Absichten auf Grund dieser Weisung sehe ich entgegen. Die beabsichtigten Vorbereitungen aller Wehrmachtteile sind mir, auch in ihrem zeitlichen Ablauf, über das Oberkommando der Wehrmacht zu melden.

gezeichnet
Adolf Hitler

SCHLACHTORDNUNG, 22. JUNI 1941

DEUTSCHES OBERKOMMANDO DES HEERES
(von Brauchitsch)

Heeresgruppe Nord (von Leeb)

16. ARMEE (Busch)

II. KORPS (von Brockdorff-Ahlefeldt)
12. Infanteriedivision (von Seydlitz-Kurzbach)
32. Infanteriedivision (Bohnstedt)
121. Infanteriedivision (von Lancelle)

X. KORPS (Hansen)
30. Infanteriedivision (von Tippelskirch)
126. Infanteriedivision (Laux)

XXVIII. KORPS (von Wiktorin)
122. Infanteriedivision (Macholz)
123. Infanteriedivision (Lichel)

(Reserve)
206. Infanteriedivision (Hofl)
251. Infanteriedivision (Kratzert)
253. Infanteriedivision (Schellert)

18. ARMEE (von Küchler)

I. KORPS (von Both)
1. Infanteriedivision (Kleffel)
11. Infanteriedivision (von Böckmann)
21. Infanteriedivision (Sponheimer)

XXVI. KORPS (Wodrig)
61. Infanteriedivision (Hänicke)
217. Infanteriedivision (Baltzer)
291. Infanteriedivision (Herzog)

XXXVIII. KORPS (von Chappuis)
58. Infanteriedivision (Heunert)
254. Infanteriedivision (Behschnitt)

PANZERGRUPPE 4 (Höppner)

XLI. KORPS (MOT.) (Reinhardt)
269. Infanteriedivision (von Leyser)
1. Panzerdivision (Kirchner)
6. Panzerdivision (Langraf)

LVI. KORPS (MOT.) (von Manstein)
290. Infanteriedivision (von Werde)
8. Panzerdivision (Brandenberger)

(Reserve)
3. Infanteriedivision (mot.) (Jahn)
36. Infanteriedivision (mot.) (Ottenbacher)
SS-Division *Totenkopf* (Eicke)

Heeresgruppe Mitte (von Bock)

4. ARMEE (von Kluge)

VII. KORPS (Fahrmbacher)
7. Infanteriedivision (von Gablenz)
23. Infanteriedivision (Hellmich)
258. Infanteriedivision (Henrici)
268. Infanteriedivision (Straube)

IX. KORPS (Geyer)
137. Infanteriedivision (Bergmann)
263. Infanteriedivision (Haeckel)
292. Infanteriedivision (Dehmel)

XIII. KORPS (Felber)
17. Infanteriedivision (Loch)
87. Infanteriedivision (von Studnitz)
78. Infanteriedivision (Gallenkamp)

LXIII. KORPS (Heinrici)
131. Infanteriedivision (Meyer-Bürdorf)
134. Infanteriedivision (von Cochenhausen)
252. Infanteriedivision (von Böhm-Bezing)

9. ARMEE (Strauss)

VIII. KORPS (Heitz)
8. Infanteriedivision (Hohne)
28. Infanteriedivision (Sinnhuber)
161. Infanteriedivision (Wilck)

XX. KORPS (Materna)
162. Infanteriedivision (Francke)
256. Infanteriedivision (Kauffmann)

LXII. KORPS (Kuntze)
102. Infanteriedivision (Ansat)
129. Infanteriedivision (Rittau)

PANZERGRUPPE 2 (Guderian)

XII. KORPS (Schroth)
31. Infanteriedivision (Kalmukoff)
34. Infanteriedivision (Behlendorff)
45. Infanteriedivision (Schlieper)

XXIV. KORPS (von Schweppenburg)
1. Kavallerie-Division (Feldt)
255. Infanteriedivision (Wetzel)
267. Infanteriedivision (von Wachter)
10. Infanteriedivision (mot.) (Löper)
3. Panzerdivision (Model)
4. Panzerdivision (von Langermann-Erlencamp)

XLVI. PANZERKORPS (von Vietinghoff-Scheel)
Infanterieregiment *Großdeutschland* (mot.) (von Stockhausen)
10. Panzerdivision (Schaal)
SS-Division *Das Reich* (Hausser)

XLVII. PANZERKORPS (Lemelsen)
167. Infanteriedivision (Schönhärl)
29. Infanteriedivision (mot.) (von Boltenstern)
17. Panzerdivision (von Weber)
18. Panzerdivision (Nehring)

PANZERGRUPPE THREE (Hoth)

V. KORPS (Ruoff)
5. Infanteriedivision (Allmendinger)
35. Infanteriedivision (von Weikersthal)

VI. KORPS (Förster)
6. Infanteriedivision (Auleb)
26. Infanteriedivision (Weiss)

XXXIX. KORPS (MOT.) (Schmidt)
14. Infanteriedivision (mot.) (Wosch)
20. Infanteriedivision (mot.) (Zorn)
7. Panzerdivision (von Funck)
20. Panzerdivision (Stumpf)

LVII. KORPS (MOT.) (Kuntzen)
18. Infanteriedivision (mot.) (Herrlein)
12. Panzerdivision (Harpe)
19. Panzerdivision (von Knobelsdorff)

Heeresgruppe Süd (von Rundstedt)

6. ARMEE (von Reichenau)

XVII. KORPS (Kienitz)
56. Infanteriedivision (von Oven)
62. Infanteriedivision (Keiner)

XLIV. KORPS (Koch)
9. Infanteriedivision (von Schleinitz)
297. Infanteriedivision (Pfeffer)

LV. KORPS (Vierow)
168. Infanteriedivision (Mundt)
213. Sicherungsdivision (de l'Homme de Courbière)

11. ARMEE (von Schobert)

XI. KORPS (von Kortzfleisch)
76. Infanteriedivision (de Angelis)
239. Infanteriedivision (Neuling)

XXX. KORPS (von Salmuth)
198. Infanteriedivision (Röttig)

LIV. KORPS (Hansen)
50. Infanteriedivision (Hollidt)
170. Infanteriedivision (Wittke)

(Reserve)
22. Infanteriedivision (von Sponeck)
72. Infanteriedivision (Mattenklott)
99. Infanteriedivision (von der Chevallerie)

17. ARMEE (Stülpnagel)

IV. KORPS (von Schwedler)
24. Infanteriedivision (von Tettau)
71. Infanteriedivision (von Hartmann)
262. Infanteriedivision (Theisen)
295. Infanteriedivision (Geitner)
296. Infanteriedivision (Stemmermann)

XLIX. KORPS (MTN) (Kübler)
68. Infanteriedivision (Braun)
257. Infanteriedivision (Sachs)
1. Gebirgsdivision (Lanz)

LII. KORPS (von Briesen)
101. Leichte Infanteriedivision (Marcks)
444. Sicherungsdivision (Rußwurm)
454. Sicherungsdivision (Krantz)

(Reserve)
97. Leichte Infanteriedivision (Fretter-Pico)
100. Leichte Infanteriedivision (Sanne)

PANZERGRUPPE 1 (von Kleist)

III. KORPS (MOT.) (von Mackensen)
44. Infanteriedivision (Siebert)
298. Infanteriedivision (Gräßner)
14. Panzerdivision (Kühn)

XIV. PANZERKORPS (von Wietersheim)
9. Panzerdivision (von Hubicki)
16. Panzerdivision (Hube)
SS Division *Wiking* (Steiner)

XXIX. KORPS (von Obstfelder)
111. Infanteriedivision (Stapf)
299. Infanteriedivision (Moser)

XLVIII PANZER. KORPS (Kempf)
57. Infanteriedivision (Blümm)
75. Infanteriedivision (Hammer)
11. Panzerdivision (Crüwell)

(Reserve)
16. Infanteriedivision (mot.) (Henrici)
25. Infanteriedivision (mot.) (Clößner)
13. Panzerdivision (Düvert)
Leibstandarte SS Adolf Hitler (Dietrich)

3. ARMEE, RUMÄNIEN (Dumitrescu)

GEBIRGSKORPS
1. Gebirgsbrigade
2. Gebirgsbrigade
4. Gebirgsbrigade

KAVALLERIEKORPS
5. Kavalleriebrigade
6. Kavalleriebrigade
8. Kavalleriebrigade

4. ARMEE (Constantinescu)

5. Infanteriedivision
6. Infanteriedivision
7. Infanteriedivision
Gardeinfanteriedivision
Grenzbrigade
Panzerbrigade

NORWEGEN UND FINNLAND

NORWEGISCHE ARMEE (Dietl)

XXXVI. KORPS
SSKg Nord
169. Infanteriedivision
6. Infanteriedivision (Finnisch)

GEBIRGSKORPS
2. Gebirgsdivision
3. Gebirgsdivision

III. FINNISCHES KORPS
3. Infanteriedivision

SÜDOSTARMEE, FINNLAND (Laatikainen)

II. KORPS
2. Infanteriedivision
10. Infanteriedivision
15. Infanteriedivision
18. Infanteriedivision

IV. KORPS
4. Infanteriedivision
8. Infanteriedivision
17. Infanteriedivision

KARELISCHE ARMEE (Mannerheim)

VI. KORPS
1. Infanteriedivision
5. Infanteriedivision
11. Infanteriedivision
163. Infanteriedivision (Deutsch)

SOWJET. OBERKOMMANDO (Timoschenko)

Militärdistrikt Leningrad (M. M. Popow)

14. ARMEE (W. A. Frolow)

17. ARMEE (G. A. Gorelenko)

23. ARMEE (F .S. Pschennikow)
X. GREN.-KORPS

Sondermilitärdistrikt Baltikum (F. I. Kusnezow [dann Sobennikow])

8. ARMEE (P. P. Sobennikow)

27. ARMEE (N. E. Berzarin)

11. ARMEE (V. I. Morosow)
III. GREN.-KORPS
XVIII. GREN.-KORPS

Sondermilitärdistrikt West (D. G. Pawlow [dann Timoschenko])

3. ARMEE (V. I. Kuinestow)
IV. KORPS
XI. GREN.-KORPS

4. ARMEE (A. A. Korobkow)
XXVIII. KORPS
XIV. GREN.-KORPS

10. ARMEE (K. D. Golubew)
V. KORPS
I. KORPS
VI. GREN.-KORPS
XIII GREN.-KORPS

Sondermilitärdistrikt Kiew (M. P. Kirponos [dann Budjonny])

5. ARMEE (M. I. Potapow)
XXII. GREN.-KORPS

6. ARMEE (I. N. Musitschenko)
IV. GREN.-KORPS

12. ARMEE (F. Jakostenko)
XV. GREN -KORPS

26. ARMEE (P. D. Ponedelin)
VIII. GREN.-KORPS

Militärdistrikt Odessa (I. V. Tjulenew)

18. ARMEE (A. K. Smirnow)
XVI. GREN.-KORPS

9. ARMEE (Ja. T. Tscherewitschenko)
II. GREN.-KORPS
XVIII. GREN.-KORPS

BIBLIOGRAFIE

Abbot, Peter and Nigel Thomas. *Germany's Eastern Front Allies 1941–45.* London: Osprey Publishing, 1982.
Bekker, Cajus. *The Luftwaffe War Diaries.* London: Macdonald, 1964.
Carell, Paul. *Hitler's War on Russia.* London: Harrap, 1964.
Chamberlain, Peter and Chris Ellis. *Soviet Combat Tanks.* London: Almark Publishing, 1970.
Fugate, Bryan. *Operation Barbarossa.* Novato, California: Presidio Press, 1984.
Guderian, Heinz, General. *Panzer Leader.* London: Michael Joseph, 1952.
Glantz, David. *The Initial Period of War on the Eastern Front.* London: Frank Cass, 1993.
Grunberger, Richard. *A Social History of the Third Reich.* London: Weidenfeld & Nicholson, 1971.
Haupt, Werner. *Heeresgruppe North: The Wehrmacht in Russia 1941–1945.* Atglen, Pennsylvania: Schiffer Military History, 1997.
________*Heeresgruppe Center: The Wehrmacht in Russia 1941–1945.* Atglen, Pennsylvania: Schiffer Military History, 1997.
________*Heeresgruppe South: The Wehrmacht in Russia 1941–1945.* Atglen, Pennsylvania: Schiffer Military History, 1998.
Karpov, Vladimir. *Russia at War 1941–45*, London: Century Hutchinson, 1987.
Kershaw, Robert. *War Without Garlands: Operation Barbarossa 1941–42.* London: Ian Allan, 2000.
Knappe, Siegfried and Ted Brusaw. *Soldat*, London: Airlife Publishing, 1992.
Lucas, James. *War on the Eastern Front.* London: Greenhill Books, 1979.
Manstein, Erich von, General. *Lost Victories.* London: Methuen & Co, 1958.
Mayer, S.L. (Editor). *The Russian War Machine.* London: Bison Books, 1977.
Metelmann, Henry. *Through Hell for Hitler.* London: Spellmount, 2001.
Neumann, Peter. *Other Men's Graves.* London: Weidenfeld and Nicholson, 1958.
Reitlinger, Gerald. *The SS: Alibi of a Nation 1922–1945.* London: Arms and Armour Press, 1981.
Seaton, Albert. *The Russo-German War 1941–45.* Novato, California: Presidio Press, 1971.
Shalito, Anton, Ilya Savchenkov and Andrew Mollo. *Red Armee Uniforms of World War II.* London: Windrow and Greene, 1993.
Zaloga, Steven. *The Red Armee of the Great Patriotic War 1941–5.* London: Osprey Publishing, 1989.

REGISTER

Kursive Seitengaben beziehen sich auf Abbildungen, **fette** auf Spezialkästen oder Biografien.